南方医科大学思想政治理论课国家统编教材（2018年版）之辅助教材
"医学人文精神培育"丛书 / 任映红　邹　飞 ◎ 主编

国家命运与医学变革
——《中国近现代史纲要》（2018年版）教学案例集

朱文哲　主编

GUOJIA MINGYUN YU YIXUE BIANGE

·广州·

版权所有　翻印必究

图书在版编目（CIP）数据

国家命运与医学变革：《中国近现代史纲要》（2018年版）教学案例集/朱文哲主编 . —广州：中山大学出版社，2019.12
（"医学人文精神培育"丛书/任映红，邹飞主编）
ISBN 978-7-306-06744-9

Ⅰ. ①国… Ⅱ. ①朱… Ⅲ. ①中国历史—近现代—教案（教育）—高等学校 Ⅳ. ①K25

中国版本图书馆CIP数据核字（2019）第240633号

出 版 人：王天琪
策划编辑：嵇春霞
责任编辑：李先萍
封面设计：曾　斌
责任校对：叶　枫
责任技编：何雅涛
出版发行：中山大学出版社
电　　话：编辑部 020-84111996，84113349，84111997，84110779
　　　　　发行部 020-84111998，84111981，84111160
地　　址：广州市新港西路135号
邮　　编：510275　　　　传　真：020-84036565
网　　址：http://www.zsup.com.cn　　E-mail：zdcbs@mail.sysu.edu.cn
印 刷 者：佛山市浩文彩色印刷有限公司
规　　格：787mm×1092mm　1/16　16印张　286千字
版次印次：2019年12月第1版　2019年12月第1次印刷
定　　价：62.00元

如发现本书因印装质量影响阅读，请与出版社发行部联系调换

"医学人文精神培育"丛书

顾　问

张雷声：中央马克思主义理论研究和建设工程首席专家，中国人民大学首批"大华讲席教授"

王宏波：教育部马克思主义理论研究和建设工程专家，西安交通大学马克思主义学院原院长

陈金龙：教育部长江学者特聘教授，华南师范大学马克思主义学院院长

王永贵：教育部长江学者特聘教授，南京师范大学教授

主　任

陈敏生："全国五一劳动奖章"获得者，南方医科大学党委书记

黎孟枫：教育部长江学者特聘教授，南方医科大学校长

副主任

昌家杰：南方医科大学党委副书记

文民刚：南方医科大学副校长

主　编

任映红：南方医科大学马克思主义学院院长

邹　飞：国家级教学名师，南方医科大学公共卫生学院原院长

委　员（均为南方医科大学教师）

李俊平　邹　莹　段俊杰　余克强　陈士良　陈旭坚

夏欧东　谢传仓　曾　楠　傅义强　肖　健　吉志鹏

罗海滢　朱文哲

本 书

主编　朱文哲

编委　何火萍　毛圣泰　党彦虹

总　序

教育是国之大计、党之大计，承担着立德树人的根本任务。思想政治理论课（简称"思政课"）是落实立德树人根本任务的关键课程，发挥着不可替代的作用。2016年12月底，习近平总书记在全国高校思想政治工作会议中强调："要用好课堂教学这个主渠道，思想政治理论课要坚持在改进中加强，提升思想政治教育亲和力和针对性，满足学生成长发展需求和期待。"2019年3月18日，习近平总书记亲自主持召开学校思政课教师座谈会，从"培养什么人、怎样培养人、为谁培养人"的根本问题出发，特别强调了思政课作用的不可替代性，提出必须按照"八个统一"的要求，理直气壮开好思政课。2019年8月14日，中共中央办公厅、国务院办公厅印发了《关于深化新时代学校思想政治理论课改革创新的若干意见》，提出"思政课建设只能加强、不能削弱，必须切实增强办好思政课的信心，全面提高思政课质量和水平"的要求。可见，把立德树人作为中心环节，理直气壮开好思政课是高校的重要任务，也是时代的要求。

青少年阶段是人生的"拔节孕穗期"。这一时期，他们的心智逐渐健全，思维开始进入最活跃的状态，最需要精心地引导和栽培，思政课不可或缺。特别是在科学技术日新月异、移动互联网以及人工智能发展的背景下，青少年在面对海量信息时，容易产生困惑与迷茫，甚至会受到错误思想的冲击和渗透。面对各种思潮的纷扰，思政课教师必须承担起精心引导和栽培青年学生，帮助他们廓清思想迷雾，用马克思主义及其中国化的马克思主义理论成果武装新时代青年头脑的重任，使他们能够把爱国情、强国志、报国行统一于坚持和发展中国特色社会主义事业、建设社会主义现代化强国、实现中华民族伟大复兴的奋斗之中。

习近平新时代中国特色社会主义思想是当代中国的马克思主义，是马克思主义中国化的最新成果。党的十九大报告指出："要加强理论武装，推动新时代中国特色社会主义思想深入人心。"为深入贯彻落实习近平新时代中国特色社会主义思想和党的十九大精神，贯彻落实习近平总书记关于教育的重要论述，全面贯彻党的教育方针，解决好"培养什么人、怎样培养人、为谁培养人"这个根本问题，中宣部、教育部全面修订了2018年版思政课教材，为习近平新时代中国特色社会主义思想"三进"（进教材、进课堂、进头脑）奠定了基础。

"三进"的关键是进头脑，入脑入心，引发学生共鸣，使学生对党的创新理论从认知、接受、理解到认可、认同、践行。然而，一些高校的思政课仍然存在着教学方法不够生动鲜活、教学案例资源缺乏、教学对象研究不足等问题，以至于出现政治性和学理性存在间距、价值性和知识性存在鸿沟、理论性和实践性存在脱节等问题。尤其是与学生专业学习结合不足，让学生对思政课产生"空洞感""陌生感"和"疏离感"，影响了教学针对性和实效性的提升。因此，根据新时代要求和大学生思想实际，不断地探索教学新内容、新形式、新规律，是保证思政课吸引力、实效性的重要环节。如何从学生的专业实际、现实诉求和知识场域出发，拉近学生与思政课的距离，活化教学内容，增强思政课教学的思想性、理论性和亲和力、针对性是思政课教学迫切需要面对与解决的问题。作为专业性较强的院校，如何结合医学生自身特点，从医学专业或是医学生熟悉的领域切入，开展思政课教学，是医学院校思政课教学迫切需要面对与解答的难题。

医学是人学，健康中国背景下医学院校理直气壮开好思政课尤其重要。教育部等六部门于2014年出台的《关于医教协同深化临床医学人才培养改革的意见》，教育部、国家卫生健康委员会、国家中医药管理局于2018年发布的《关于加强医教协同实施卓越医生教育培养计划2.0的意见》均提出医学院校卓越医生教育培养计划。其中，医学院校卓越医生教育培养计划的第一项任务就是"全面加强德医双修的素质能力培养"。事实上，中国自古以来已有以医事论国事的文化传统。例如，《国语·晋语》中："文子曰：'医及国家乎？'对曰：'上医医国，其次疾人，固医官也。'"唐代著名医学家孙思邈在《备急

总序

千金要方》中更是明确说道:"古之善为医者,上医医国,中医医人,下医医病。"当前,卓越医生教育培养要求与中国古代对医者的定位有异曲同工之处,也指明医学人才培养中思政课的不可替代。

南方医科大学前身是中国人民解放军第一军医大学,一直以来保持着军队讲政治的好传统。2008年,南方医科大学成立了广东省第一家独立设置的马克思主义学院。多年来,该学院不断探索医学院校思政课教育教学的特色发展之路。该学院根据多年的教学积累,组织编写了与2018年最新版思政课教材相配套的医学生思政课教学案例集,分别是本科生"马克思主义基本原理概论"课的《医学殿堂中的大道行思》、"毛泽东思想和中国特色社会主义理论体系概论"课的《民族复兴的医学梦》、"思想道德修养与法律基础"课的《新时代医者的形塑》、"中国近现代史纲要"课的《国家命运与医学变革》,以及研究生"中国特色社会主义理论与实践研究"课的《卓越医学人才的思想政治修炼》,形成了一套五本内容丰富、逻辑严密的"医学人文精神培育"丛书。

这套丛书以立德树人、提升医学人文精神为目标,以在各门思政主干课程中融入与医药卫生相关的元素为主线,选用与医药健康、卫生事业相关的典型案例,从理论到思想、从国家到社会、从历史到现实、从国外到国内、从政策到个人,内容丰富、资料翔实、解析到位。有些看似不相关的案例,经过独特的视角观察点评和对教学内容的深入理解阐释,使医学生有"豁然开朗"之感,拓展了知识视域、碰撞出了思想火花,让思想理论入脑入心。

这套丛书是医学院校提升思政课的思想性、理论性和亲和力、针对性的宝贵教学素材,也是医学院校开展课程思政的独创性成果。这套丛书体现了南方医科大学的政治站位、家国情怀和责任担当,凝聚了马克思主义学院老师们的大量心血,在对各类案例成果进行广泛收集、分析整理以及与教材内容的衔接中呈现了这支队伍独特的教学理念和较高的业务素质。

希望这套丛书的出版,对全国医学院校思政课教学质量提升、对医学专业教师推进课程思政都有较大帮助,以确保思政课程与课程思政的同向同行,充分发挥各门课程的育人功能,将思想政治教育元素"润物细无声"地融入专业课程的教育教学,落细、落实在每一堂课中,帮助学生成为德才兼备、全面发展的人才,成为中国特色社会主义伟大事业的建设者与接班人。

丛书出版之际,喜逢中华人民共和国成立70周年,因此,本丛书也是南方医科大学庆祝中华人民共和国成立70周年的献礼之作。我欣喜地看到,南方医科大学正在通过实施多元化教育教学改革,强化"医学人文精神培育",构建"大思政"格局,推进"三全育人",形成卓越医学创新人才培养体系,为推进健康中国建设服务,为祖国的繁荣昌盛贡献自己的智慧和力量!

2019年10月

作者简介:张雷声,中国人民大学首批"大华讲席教授"、博士生导师,国家"万人计划"首批哲学社会科学领军人才,全国文化宣传系统"四个一批"人才,享受国务院政府特殊津贴专家,担任中央马克思主义理论研究和建设工程首席专家、国务院学位委员会马克思主义理论学科评议组召集人、教育部社会科学委员会马克思主义理论学部委员、教育部思想政治理论课教学指导委员会委员、全国马克思列宁主义经济学说史学会副会长、全国高校马克思主义理论学科研究会副会长、《马克思主义理论学科研究》常务副主编等职。

目　录

前　言 …………………………………………………………… 1

上编　从鸦片战争到五四运动前夜（1840—1919）

综述　风云变幻的八十年 …………………………………… 3
 案例一　中医药文化源远流长 …………………………… 3
 案例二　世界外科医生第一人——华佗 ………………… 7
 案例三　明清之际中医药物学的成就 …………………… 9
 案例四　明清之际中国与欧洲国家的医药交流 ………… 12

第一章　反对外国侵略的斗争 ……………………………… 15
 案例一　鸦片贸易 ………………………………………… 15
 案例二　鸦片和牛痘 ……………………………………… 19
 案例三　茶叶大盗 ………………………………………… 22
 案例四　鸦片战争前夕进入中国的西医 ………………… 25
 案例五　廉吏林则徐与名医何书田 ……………………… 28

第二章　对国家出路的早期探索 …………………………… 31
 案例一　太平天国的进步卫生措施 ……………………… 31
 案例二　第一个出国学医的中国人——黄宽 …………… 35
 案例三　中国最早的官立西医学校 ……………………… 38
 案例四　洋务派代表人物对中西医学的看法 …………… 41
 案例五　早期维新思想家郑观应对中西医的看法 ……… 43
 案例六　极力贬中褒西的学界泰斗——吴汝纶 ………… 45
 案例七　资产阶级改良派的卫生方针 …………………… 48
 案例八　中国近代第一位女留学生——金韵梅 ………… 50

第三章　辛亥革命与君主专制制度的终结 …… 53
  案例一　孙中山的医学生涯 …… 53
  案例二　鲁迅的弃医从文 …… 56
  案例三　秋瑾与我国护理事业 …… 59
  案例四　章太炎的中医情怀 …… 62
  案例五　辛亥革命中的红十字会救护行动 …… 65
  案例六　中华医学会的建立 …… 68
  案例七　北京医学专门学校的成立 …… 70

中编　从五四运动到新中国成立（1919—1949）

第四章　开天辟地的大事变 …… 77
  案例一　新文化运动时期中西医文化冲突 …… 77
  案例二　梁启超医疗事件与中医境遇 …… 80
  案例三　民国前期的中西医之争 …… 84
  案例四　汇通中西医学的恽铁樵 …… 88
  案例五　毛泽东与"湘雅"的不解之缘 …… 92
  案例六　孙中山病逝前的特殊治疗手段 …… 98
  案例七　"丙寅医学社"的家国情怀 …… 101
  案例八　大革命中的浙江医药专门学校 …… 104

第五章　中国革命的新道路 …… 106
  案例一　傅连暲和戴济民献出医院、投身革命 …… 106
  案例二　长征路上的中医药力量 …… 109
  案例三　苏区时期的中西医结合 …… 111
  案例四　中央苏区卫生防疫运动 …… 114
  案例五　土地革命时期军事医学教育 …… 117

第六章　中华民族的抗日战争 …… 121
  案例一　国际主义战士白求恩、柯棣华 …… 121
  案例二　侵华日军七三一细菌部队 …… 124
  案例三　晋察冀边区药品器械的自主生产 …… 127
  案例四　李鼎铭先生的药箱 …… 129

　　案例五　太行山上的名医 ………………………………………… 132
　　案例六　马海德的中国情缘 ……………………………………… 136
　　案例七　中医抗战纾国难 ………………………………………… 141
　　案例八　抗战时期敌后的中医及中医学校 ……………………… 144
　　案例九　中国红十字会对中共敌后抗战的救护行动 …………… 148
　　案例十　人民的医生要有一颗救死扶伤的心 …………………… 151

第七章　为新中国而奋斗 ……………………………………………… 153
　　案例一　解放战争时期军队医德规范的形成 …………………… 153
　　案例二　解放战争时期解放区的医学教育 ……………………… 155
　　案例三　解放战争时期人民军队及根据地的护理工作 ………… 158
　　案例四　"中国的南丁格尔"——李兰丁 ……………………… 161
　　案例五　解放战争时期的日籍医护人员 ………………………… 164

下编　从新中国成立到社会主义现代化建设新时期（1949—2018）

第八章　社会主义基本制度在中国的确立 …………………………… 171
　　案例一　中国人民解放军东北军区军医学校的建立 …………… 171
　　案例二　新中国成立初期的爱国卫生运动 ……………………… 173
　　案例三　同仁堂的社会主义改造 ………………………………… 175
　　案例四　一代名医——施今墨 …………………………………… 180
　　案例五　国之大医——吴阶平 …………………………………… 184
　　案例六　治医一生——何世英 …………………………………… 186

第九章　社会主义建设在探索中曲折发展 …………………………… 190
　　案例一　毛泽东与中医 …………………………………………… 190
　　案例二　悬壶济世的温暖记忆 …………………………………… 194
　　案例三　中国科学家人工合成牛胰岛素 ………………………… 198
　　案例四　卓越的人民医学家——林巧稚 ………………………… 201
　　案例五　"中国脊髓灰质炎疫苗之父"——顾方舟 …………… 206
　　案例六　"中国解剖学之父"——钟世镇 ……………………… 209

第十章　中国特色社会主义的开创与接续发展 ……………………… 213
　　案例一　抗击非典 ………………………………………………… 213

  案例二　医者仁心——钟南山 ………………………………… 217
  案例三　外科之父——裘法祖 ………………………………… 220
  案例四　大医为人——吴孟超 ………………………………… 223
第十一章　中国特色社会主义进入新时代 …………………………… 226
  案例一　健康中国战略 …………………………………………… 226
  案例二　改革开放四十年中的计划生育工作 ………………… 229
  案例三　屠呦呦用一株小草改变世界 ………………………… 231
  案例四　不凡医者——侯凡凡 ………………………………… 235

后　　记 ……………………………………………………………………… 239

前　言

清代医学家徐大椿（1693—1771）就已经洞察到中国古代历史上不同医派的兴衰与时代、国运之间的密切关系，因此在《医学源流论》中提出了"病随国运论"。进入近代以来，医学发展与国家命运的关系更加密切，中国传统医学与中国文化的共生关系遇到了前所未有的挑战，甚至在中国医学发展中日渐退居边缘位置，而西方医学则借助西方列强的坚船利炮和西方文化一步一步打开了中国大门，进而占据了中国医学发展的主导地位。"现代西方医学"甚至一度成为传教士"以医传教"和帝国主义在中国扩展其文化影响力的重要手段。在近代中国这样一个"最坏的时代"，医者的存在显得极为重要和必要，不过面对列强侵略、政府腐败、制度落后和民智未开，医学又显得那么无力。

但正如鲁迅先生所说，"中华民族自古以来就有埋头苦干的人，就有拼命硬干的人，就有舍身求法的人，就有为民请命的人——他们是中国的脊梁"。面对山河破碎、民不聊生，孙中山先生以精湛的医术作为入世之道，虽"弃医从政"却从未舍弃救国救世的宏愿，"救人救国救世，医病医身医心"，为振兴中华付出了毕生的心血。鲁迅"弃医从文"，则是期望通过如椽巨笔，以显微镜和放大镜的治医之道解剖和医治"身患重病"的"中国人"。而更多的人则走出国门，潜心研修西方现代医学，进而将这种新知识带回国内，开创了中国现代医学发展的新篇章；还有很多人则立足自身的医学传统，借鉴现代医学的优长，试图实现中医与西医的汇通，促进古老中医的现代性转换。这些通过医学拯民救世、投身医学治病救人的前辈先贤，无不是将自己的精湛医术与家国情怀相结合，实现了有意义的人生价值的同时也推进了社会变革。

而中国共产党为中国医学的发展做出了巨大贡献。在革命战争时期，面对极为艰苦的自然条件，中国共产党立足农村，注重发扬中国传统医学的优势；同时，又主要依靠自身的力量创办现代医院。中华人民共和国的成立，破除了医学发展的诸多障碍，为医学的发展创造了很好的条件，也真正使得医学成为造福人民大众的事业。身为医生的林巧稚对此深有感触地说："我从'协和'窗里也看到解放军纪律严明，有高度的爱国精神，能吃苦耐劳；我看到短时间内物价平稳，交通迅速恢复，到处都在建设，人民事业不断发展。从这一连串的事实，我开始认识这个政府与从前的政府不同，是为人民做事的政府。"在1956年，毛泽东主席发出"把中医中药的知识和西医西药的知识结合起来，创造中国统一的新医学、新药学"的号召，更为中国医学发展指明了方向。进入改革开放以来，社会经济迅速发展，人民医疗卫生事业取得了更大的成绩；特别是进入新时代以来，以习近平同志为核心的党中央将人民健康视为民族昌盛和国家富强的重要标志，提出了"健康中国"战略，对当前和今后一个时期内更好保障人民健康做出了制度性安排。

"明镜所以照形，古事所以知今。""中国近现代史纲要"课程所要展现的就是自1840年以来中国人民为了实现国家独立、民族解放、国家富强和人民富裕的愿望所进行的艰苦奋斗和卓绝斗争。对医学院校的学生而言，了解近代以来中华民族为实现伟大复兴"中国梦"所经历的艰难困苦，了解近代以来医者名家为改变国家命运、推动医学发展的呕心沥血，必将提升他们"知史鉴往"的能力与素养，也必将增强他们投身新时代医学发展和国家发展的自觉性。

为了更好地达到"中国近现代史纲要"课程的教学目标，增强思想政治课的思想性、理论性和亲和力、针对性，我们编写了这本《国家命运与医学变革——〈中国近现代史纲要〉（2018年版）教学案例集》，通过近代以来医学发展变化的历史进程，呈现医学变革与国家命运的紧密关系，增强课程教学案例的思想性；通过解析这些历史事件与课程理论逻辑的内在关系，明晰马克思主义理论对问题认识的指导作用，增强课程教学的理论性；而通过编选近代以来的医学名家的动人故事，以医学的事和医学的人，增强课程教学的亲和力和针对性。

当然，这本案例集的编写还存在诸多问题。一是限于编者自身的水平，对案例的解析和认识仍有不到位的地方。个别案例的解析与案例本身的内容不够贴切，理论分析还不够透彻，这是我们需要不断改进和提升的地方。二是由于在案例集的编写过程中，所选择的案例来源较广泛，本着尊重历史和作者的原则，引用案例和引文除了改正错误外，尽量保持原貌。尽管我们已经详细注明了案例出处和相关信息，但仍有不够完善的地方。如有任何问题，期待读者看到后与我们联系。

编委会
2019年5月30日

上编 从鸦片战争到五四运动前夜（1840—1919）

综述　风云变幻的八十年

▶ 案例一　中医药文化源远流长

案例

中医药文化源远流长、宝藏丰富，汇聚着几千年我国人民和疾病斗争的智慧。

早在原始社会，我国的先民们就有医药活动。随着生产技术的不断发展和生产工具的逐步改进，人们逐渐认识了可以治病的药物，摸索出一些原始的治病方法，并学会制作骨针之类在治病时使用的原始工具，这些构成了我国中医药史的起源阶段。

原始时期，史载神农之外，有史可稽的传说中的医药人物有伏羲、黄帝、僦季贷、岐伯、雷公、桐君、鬼臾区、俞跗、少俞、伯高等。这些人为在黑暗中摸索的原始医学开出了一线光明。

春秋时期，巫术盛行。《尚书》有云："周公祷武王之疾而瘳。"当时数殷王朝的贤大夫巫彭和巫咸最为有名，以至《说文解字》有"古者，巫彭初作医"的说法。然而巫医治病也并非全然不用药物。

周王朝时，随着社会发展和医药知识的积累，以及巫医队伍本身的分化，巫、医开始分道扬镳。其显著标志是出现了专职医生和医疗分科，以及设立了医事考评制度。

在药物剂型上，商代已有治病用的药酒，并有所谓伊尹创制汤药的说法。伊尹为商汤时大臣，他所发明的汤药为药物相互配合后降低毒性、提高药效，并由生药向熟药过渡迈出了可喜的一步。

值得重视的是，中医临床"六气致病"的学说，这时也已渐露端倪。当秦国良医医和为晋平公诊疗后，曾经这样说："天有六气，降生五味，发为五色，征为五声，淫生六疾。六气曰：阴、阳、风、雨、晦、明也。分为四时，序为五节，过则为灾。阴淫寒疾，阳淫热疾，风淫末疾，雨淫腹疾，晦淫惑疾，明淫心疾。"医和提出的"六气致病说"，表明当时医家已开始摆脱"鬼神致病说"的羁绊，这对中医学走上独立发展的道路和中医病因学说的形成产生了正面的影响。

此外，阴阳、五味、五色、五声等概念的形成，说明在春秋时期，阴阳五行学说已向中医学领域渗透。从战国到东汉将近700年间，中医药学从实践经验的积累进入到系统的理论总结，其标志是《黄帝内经》《难经》《神农本草经》和《伤寒杂病论》四部划时代著作的问世。医圣张仲景确立的理、法、方、药的辨证施治原则为中医临床学奠定了基础。此外，名医扁鹊神奇的诊法，华佗在外科和针灸领域的高超医术，淳于意开病案记载的先声等，都是这一时期中医学成就的体现。

魏晋南北朝时，系统的医学理论又上了一个台阶。王叔和整理编次的《伤寒论》和撰写的《脉经》，皇甫谧编著的《针灸甲乙经》，以及陶弘景的《本草经集注》和雷敩的《炮炙论》等，都在中医药史上留下了辉煌的一笔。这一时期，由于战乱频繁，疫疠及外伤等疾患盛行，因此，着眼于简便廉验的实用急救方书和外伤科医书应运而生。比较著名有葛洪的《肘后备急方》，陈延之的《小品方》《范汪方》，姚僧垣的《直验方》和无名氏的《刘涓子鬼遗方》等。其中，《刘涓子鬼遗方》还是我国现存的第一部外科医学专著。由隋迄唐大约400年间，在医学理论、方剂药物、临床各科和医学教育等方面，都有了长足的进步。隋唐间产生了一些名医和名著，如巢元方等编著的《诸病源候论》分述了各科疾病的病因、病理、症状等，是我国最早的病因症候学专著。孙思邈的《备急千金要方》和《千金翼方》从基础理论、临床各科到养生保健，均做了较为系统而又精辟的论述，在医学史上占有重要地位。此外，杨上善、王冰对《内经》的阐发，王焘《外台秘要》集唐以前方书之大成，都对后世中医学产生了较大影响。

药物学方面，唐政府组织编写的《新修本草》不但是我国第一部由政府颁定的药典性本草，而且也是世界上最早的一部药典。当时，外科、妇科、儿科、伤科等都已形成独立专科，并出现了较大规模的由政府开办的医药院校——太医署。

宋辽金元时期，在解剖学、诊断学、病因学、法医学，以及临床各科和对《伤寒论》的研究诸方面，又有了突破性的发展。由于政府重视，宋王朝创立

了校正医书局，对历代传世的重要医籍进行了大规模的收集校正，并刊行出版，为保存和传播中医典籍做出了不可磨灭的贡献。

金元时期，医学上的最大成就就是学术流派的空前繁荣。当时，刘完素提出火热论，著述有《素问玄机原病式》等；张从正提出攻邪论，有《儒门事亲》行于世；李杲提出脾胃论，著述有《脾胃论》《兰室秘藏》等；朱震亨提出相火论，著述有《格致余论》《局方发挥》等。刘、张、李、朱，医史上称之为"金元四大家"，可见当时学术争鸣的繁荣景象。

明代，李时珍著《本草纲目》，这是我国中药学史上最为辉煌的一部巨著，后来被译成日、朝、拉丁、英、法、德等多种文字，广泛传播于世界各地。《本草纲目》之外，明王朝对中医学有较大贡献的，还有吴有性著《温疫论》，创"戾气"致病学说。这是17世纪在传染病病因学上的卓越创见，它为清代我国医学在传染病领域里的开拓崛起起到了先导作用。这一时期，还出现了一些高水平的医学全书，其中享有盛名、至今仍为医家推崇的则数张介宾的《景岳全书》。

清朝医学的最大成就是形成了与伤寒学说相羽翼而又相对独立的新理论——温病学说，从而丰富了我国医学治疗外感热病的手段和经验。当时，叶天士著《温热论》，薛生白著《湿热条辨》，吴鞠通著《温病条辨》，王孟英著《温热经纬》。

温病学说之外，王清任《医林改错》和吴尚先《理瀹骈文》也在中医学发展中各树一帜。王清任注重实践，不仅在解剖学及研究医学的方法论方面做出了可贵的贡献，而且还创造了许多活血化瘀和益气的方剂，扩大并深化了我国医学对瘀血病症的认识和治疗。吴尚先的创新精神在于从理论和实践上，对古代外治法进行了系统的继承和发扬，使这一简便廉验的治疗方法得到了广泛的推广和应用。

民国以来，随着西洋医学源源不断地输入，自清代形成的中西医汇通思潮有了进一步发展。当时出现的衷中参西学派为中西医互相取长补短，做出了有益的探索，并使中西医汇通的思想和学术内容作为中医事业发展的一个重要方面，逐渐渗透到中医各科临床、教学和书刊中，成为现代中西医结合研究的先行者。

历史上的中医学一直是以民间的研究和发展为主流，政府实际上对医学的研究并没有起到主导作用，这为中医的学派形成、治疗技术方面的多样化创造了好的外部条件。但是，中医学的研究和发展也始终没有得到政府的重视，在僵化的人文社会环境下，作为自然科学一部分的中医学甚至受到压制，一批社会精英不愿从事医学，直接导致清末封建王朝解体之后我国医学一蹶不振，如

5

形骸独立。

案例出处

佚名：《源远流长的中医药文化》，见浙江中医药大学图书馆网（https://lib.zcmu.edu.cn/info1060/2771.htm）最后访问日期：2019年6月8日。（有删减）

案例解析

本案例介绍了源远流长、博大精深的中国古代中医药文化。在中国几千年的历史中，涌现出了许多著名的医药学家，比如案例中具体提到的扁鹊、华佗、张仲景、孙思邈、李时珍等，以及一笔带过的黄帝、岐伯等等。中国一代又一代名医取得成就的人生经历、奋斗过程，一方面反映出了他们精益求精的敬业精神和工匠精神；另一方面，反映出了他们高尚的道德品质，从而给大学生以敬业修身的人生启迪。

中医药学是我国几千年医疗经验的精粹，是中华民族的宝贵文化遗产，在世界传统医学中有重要的地位。通过案例，医学生可以了解中医药的历史，了解中医药的成就，认识中医药文化是几千年传统文化的积淀，是中国古代文明的重要代表。正如教材上所说，"中国古代物质文明和精神文明丰富多彩、灿烂辉煌。古代中国的经济发展和科学技术长期处于世界领先地位。古代中国的哲学思想博大精深，典籍文献浩如烟海。古代中国的文学艺术高峰迭起，美不胜收。

案例启思

本案例反映了绵延发展的中医药文化与文明，折射出灿烂的中国古代文明，请简要介绍中国古代文明其他方面的内容。

教学建议

本案例结合医学生的专业特点，通过介绍中国古代一大批著名的中医药学家和古典医学书籍，全景式地展现了中国博大精深的古代医药文化，从而体现了灿烂的中国古代文明。本案例可用于上编综述中"鸦片战争前的中国与世界"的相关内容讲解。

综述 风云变幻的八十年

案例二 世界外科医生第一人——华佗

案例

华佗，公元145年生于中国豫州沛国谯县，公元208年卒于洛阳。他是中国医学史上的先驱人物，第一个使用麻醉药的医生。

虽然中国医生华佗精通针灸术、妇科学和产科学，但最有影响的是其外科医术。他擅长开胸破腹，如阑尾切除术。他还能实施结肠造口术，切除一段有炎症的结肠。华佗的形象经常出现在中国的艺术作品或与针灸相关的产品中。

华佗生活在汉献帝时期，汉朝是中国重要的历史阶段之一。他出生于一个贫穷的家庭，7岁丧父，母亲希望他习医从医。华佗与父亲的一位挚友一起钻研医学。华佗学识渊博，深谙占星术、文学、农业及历史。华佗在自己家乡一带行医。他医术精湛，只需用针灸或使用草药就能手到病除，获得良好治疗效果，因此获得"妙手医圣"之美誉。华佗通过针刺脊椎两旁的穴位就可治疗肢体功能障碍，后来该穴位被命名为"华佗夹脊穴"。华佗还创制了一套模仿虎、鹿、猴、熊、鸟五种动物的动作而组成的气功，故得名"五禽戏"。

《三国志》（207年）和《后汉记》（430年）对华佗的手术都有记述。据史书记载，华佗剖开腹腔，割除溃疡，清洗创面，缝合创口，涂上草药膏以助创口愈合。他发明了一种麻醉粉，叫作"麻沸散"。麻沸散以酒调服，用于术前全身麻醉。遗憾的是麻沸散配方后来失传，不过，据研究得知，麻沸散里含有曼陀罗花、附子根、杜鹃属的植物的花或茉莉花根等成分。

华佗信仰道家，淡泊名利，他手下有许多虔诚的弟子。他也写了不少医学著作，但无一留存于世。人们认为他可以长生不老，因他虽为高龄却犹有壮容，身体非常健康。据记载，东汉丞相曹操不让华佗给百姓治病，令其长期做自己的侍医。华佗拒绝这一要求，便托故回家乡，一去不归。华佗再次被带到曹操府上为其医治头痛疾患时，建议曹操做开颅手术，因此被怀疑有谋杀动机，于是被曹操杀害。华佗之死中断了中国的外科医学发展。他死后没有人再给病人做手术。后来西方医生把手术技术带到中国，这门外科技术才在中国复兴。到1846年，世界上才又有人研发了全身麻醉药物。研发者是美国麻省总

7

医院的威廉·汤姆斯·格林·莫顿,他是第一个使用乙醚给病人实施麻醉的医生。

🔑 案例出处

［英］苏珊·阿尔德里奇:《话说医学》,曹菁译,北京大学出版社2010年版,第12～13页。(有删减)

🔪 案例解析

本案例简要介绍了东汉时期杰出的医学家——华佗,突出了他在外科方面的成就,反映了中华民族是一个拥有悠久历史文化的民族。与我国悠久的历史相应,中医也经历了漫长的发展过程,取得了许多伟大的成就。春秋战国时期就有了关于药物麻醉的记载。有人评价说,"《列子·汤问》记载了扁鹊让患者喝下毒酒,令人无所觉,然后施以手术。虽未标明具体的毒酒内容,但是这一做法可以说是药物麻醉的萌芽"。东汉时期的华佗,以外科成就名垂青史。《三国志》上记载,他发明的麻沸散是世界医学史上最早的全身麻醉药,比《列子》的记载更为翔实可信。而西方一直到第一次鸦片战争以后的1846年才研发出了全身麻醉药物。因此,我们对中医学所取得的伟大成就感到骄傲,也应该由此激发我们的民族自信心,同时坚定中医学能够继续为世界做出贡献的信念。

虽然以华佗为代表的中国古代医学取得了辉煌成就,但是到近代,中医遭遇了西医的巨大冲击。中医与西方医学相比,具有鲜明的特殊性。中医在漫长的发展过程中,经历由远古到春秋时期单纯医药经验的积累,战国到汉代的理论总结形成学术体系,从而不断丰富和完善。中医始终重视临床实践,但忽略基础医学研究,没有发展出系统的科学实验。因此,中医技术具有直接实用性的特点,无论是诊断技术还是治疗技术,或是制药配方技术,都是经过临床反复实践总结出来的。也正是由于中医的直接实用性,大部分医药书籍都是医生撰著的。华佗开创的外科手术疗法不符合中国传统伦理观念,不同于传统的中医学范式,体现了一种创新。西医是不同于中医的另一种医学模式,西方医学由于与现代科学技术密切结合,使它更具普遍性和国际性,也产生了更大的影响。然而,由于它异于中国传统文化,在此情况下,中西医的论争不可避免,而且与近代的政治、思想和文化斗争纠结在一起。

💡 案例启思

以古代医学为代表的中国古代文明丰富多彩,长期处于世界领先地位,但

综述 风云变幻的八十年

到了近代,在与西方工业文明的竞争中却败下阵来。请问鸦片战争前夕中国封建社会由盛转衰的原因有哪些?

教学建议

本案例通过介绍中国古代医学界最有影响力的人物——华佗,反映了中医学对世界的贡献,从一个侧面反映了中国灿烂的古代文明。与此同时,本案例也引出了中医与西医的比较。一方面,古代中医学在某些方面走在西医前面;另一方面,西方医学又在特定时期超越了中医学。这就让人们不得不去思考近代西医对中医学造成冲击的原因。本案例可用于上编综述中"鸦片战争前的中国与世界"相关内容的讲解。

▶ 案例三 明清之际中医药物学的成就

案例

明代是我国药物学发展的重要时期,有关著作百余种,特别是《本草纲目》的出现,成为中国药学史上的里程碑著作,在国内外产生了巨大影响。

《本草纲目》的作者李时珍(1518—1593),湖北蕲春县(明代属蕲州)人,中国古代医药专家。家中三代为医,因三次乡试均未中举,弃科考从医。李时珍在行医时感到旧《本草》的问题很多,需要整理、修改和补充。他在父亲的鼓励下,决心自己修订《本草》。

1556年,李时珍被推荐到太医院任职,但不久便托病辞去官职,回到南方。为了修订《本草》,李时珍研读了800多种医药学和其他参考书籍,写了几百万字笔记,走遍湖北、江西、安徽、江苏、河南等地。他上山采药,深入民间,向有实践经验的药农、乡医请教,取得第一手资料。他还尝试药草,体验药性。在此基础上,他把各种药物分类对比,着手编写和绘图。经过反复修改,历时20多年,他终于写成了190万字的巨著《本草纲目》。

《本草纲目》是一本杰出的药物学和植物学著作,共记载药物1892种,其中有374种为李时珍新增,附图1109幅,载方11096首。李时珍在继承宋代唐慎微的本草名著《经史证类备急本草》的基础上,创设了一种纲目编写

9

体系，以正名为纲，即每一种药都确定一个全国通用的名称，下设释名、集解、辨疑、修治、气味、主治、发明、附方八个栏目。采用这种编写体例，使得每一味药物的有关知识都能囊括无余，而又纲举目张，有条不紊。《本草纲目》引用明代以前的古籍将近千种，汇集了古代多方面的科学技术成就，大大超越了历史上各种本草著作对药物研究的范围；因此，被国内外学者看作是一部"博物学"著作。李时珍还对历代本草著作的错误进行了系统的学术清理，予以批评更正，充满了科学精神。同时，在对药物的分类方面，李时珍比瑞典植物学家林奈提出的类似分类法早100多年，也达到了当时的世界最高水平。李时珍按照"由贱至贵"的原则，将所有药物分为水、火、土、金石、草、谷、菜、果、木、服器（日常用品）、虫、鳞、介、禽、兽、人共16部60类。这种递进式排列方法已初步体现了中国人当时具有的进化论思想。

《本草纲目》总结了中国古代劳动人民的丰富药物经验，是我国医药学的宝贵遗产。该书在中国出版后的第二年传到了日本，被迅速译成各种文字，对全世界药学的发展做出了重要贡献。达尔文称之为"中国百科全书"，引用了书中不少资料；林奈在发表《植物分类》之前，曾请人到大英博物馆查阅《本草纲目》有关内容，以做参考。他所创立的植物学双名命名法，无疑受到《本草纲目》对药物命名原则的启示。

继《本草纲目》之后，影响较大的药物学著作有赵学敏的《本草纲目拾遗》（1802）、吴其浚的《植物名实图考》（1848）等。《本草纲目拾遗》载药921种，其中716种为《本草纲目》未载；该书的特色是重视民间治疗经验的收集，如补血兼舒经活络的鸡血藤、治疗小儿蛔虫病的鹧鸪菜、治疗痢疾的鸦胆子、治疗跌打损伤的接骨仙桃等。在药物分类方面，赵学敏在《本草纲目》的基础上，做了一些调整，去掉了人部，将金石部分成金、石两部，并更正了李时珍的某些错误。此外，赵学敏还与同宗族的"走方医"赵柏云合作，撰写了我国医学史上唯一一部总结"江湖医生"治病经验的著作《串雅》（1758）。作者在整理时，去掉了那些迷信骗人的内容，保存了有价值的方药，使该书达到很高的水平。

《植物名实图考》是一本植物学著作，作者当过中央和多个地方省份的高官，利用在各地任职和游历之便，亲自调查、考察和采集当地的特有植物，并参考了800余种古代文献，整理、总结成《植物名实图考长篇》，其中收载植物780余种，后扩充为1700余种，改书名为《植物名实图考》。书中将植物分为谷、蔬、山草、隰草、石草、水草、蔓草、芳草、毒草、群芳、果、木共12类，对其名称、产地、品种、形态、性味、药用价值均做了详细叙述，并绘有植物原图。该书收载的植物要比《本草纲目》多出500余种，通过实地

综述　风云变幻的八十年

考察植物的名与实，纠正了历代对某些植物的错误记载，并对植物学的分类提供了宝贵资料，在国外有较大的影响力。

案例出处

张大庆主编：《医学史》，北京大学医学出版社2003年版，第126～128页。（有删减）

何定镛主编：《智慧的光芒——50位中外科学家的传奇故事》，四川科学技术出版社2013年版，第211～213页。（有删减）

案例解析

本案例反映了中医学在明清之际发展的情况。明（1368—1644）、清（1644—1911）两代是中国封建社会的晚期，资本主义在明代中叶开始萌芽。与西方资本主义国家相比，中国的科学技术已经落后，但中医在这个时期仍处于发展高潮，出现了一些令人瞩目的成就。一方面，中医以传统的范式继续发展，使得中医药物学进入了全面总结阶段。例如，李时珍《本草纲目》成为中国药学史上的里程碑。另一方面，中医药物学提出了近代自然科学的倾向，反映了药物学研究的创新性。有人评价认为，明代李时珍的《本草纲目》、清代赵学敏的《本草纲目拾遗》以及吴其濬的《植物名实图考》三部著作"虽然大量内容仍然属于传统的实用药学内容，但是在生物进化论以及植物学方面都提出了超越前人、异于传统的具有世界科学意义的认识结论"，由此在国际上受到了重视，在国内外产生了巨大影响。

在近代中西医交流史上，西医已经由传统传教士传入中国，但正如本案例所示，当时西医没有对中医造成冲击。这就是说，西医在明末清初传入中国，开始了对国人的启蒙，但当时传入的仅是西方解剖生理学等常识，并且主要限于士大夫阶层对西方医学的知识性了解，再加上中西医两种医学的哲学思维截然不同，因此西医对中医学的理论与实践影响不大。明清之际，中医学继续沿着自己的轨迹向前逐渐发展。到1840年鸦片战争以后，近代中国逐渐沦为半殖民地半封建社会。这一时期，中医出现了令人瞩目的成就，进入全面总结阶段，在国外产生了较大影响。中国近代社会内忧外患局面的出现，特别是在甲午战争中中国的战败，带给国人极大的震撼。国内先进人士认为，中国欲求富强之道，必须抛弃传统的封建文化，全面向西方学习。中医被认为是封建文化的一部分，遭到歧视和攻击。因此，伴随着西方帝国主义列强对近代中国的侵略，近代中国社会出现越来越严重的社会危机，西医大规模进入中国，西医也曾充当侵略的工具，中医遭遇巨大冲击，面临着空前的困境。

11

案例启思

本案例介绍了明清之际中医药物学的成就,着重介绍了两位著名医药学家——明代的李时珍和清代的赵学敏。请问他们的成长成才经历给当代大学生什么样的启迪?

教学建议

本案例介绍了明清之际中医学发展的高度成熟和完善时期,可以结合本案例,联系西医学在中国的传入过程,思考中医学在近代中国社会的际遇,从而可以联系西方资本主义列强对近代中国的侵略。可用于上编综述中"鸦片战争前的中国与世界"相关内容的讲解。

案例四　明清之际中国与欧洲国家的医药交流

案例

明清时期,中国与欧洲国家的医学交流主要是通过西方来华的传教士进行的。他们将西方文化知识(包括西医的解剖学、生理学、药物与治疗方法等)不断传入中国,同时将中国文化(包括中医药知识)带回西方。将中医药知识完成译述出版的既有传教士,也有医生和其他学者。

来华较早的西方传教士是意大利天主教士利玛窦。他于1582年奉派到广东肇庆传教,1601年到达北京,与李之藻、徐光启合译《西国记法》,其中介绍了神经解剖知识。随后,1597年龙华民、1613年艾儒略、1621年邓玉函、1622年罗雅谷、1630年汤若望等相继来华传教。他们先后将西方的天文、水利、医药等书籍译成中文并刊行。如邓玉函译述的《泰西人身说概》,罗雅谷、邓玉函、龙华民合作译述的《人身图说》等书,把西医的解剖、生理学知识介绍到中国。艾儒略的《西方问答》介绍了欧洲的验尿诊断及放血疗法等西医知识。他的另一本中文译著《职方外记》还介绍了欧洲的一些防疫方法。这些对中国医学界均有一定影响。

西方来华传教士为配合传教也开展行医施药的活动,这就导致西方药物如

金鸡纳、鼻烟、药露、氨水、日精油等传入中国。清代人赵学敏在《本草纲目拾遗》中就曾写道："日精油，泰西所制……治一切刀创、木石及马踢、犬咬等伤，止痛敛口，大有奇效。"这说明西方传入的药物在当时受到中国医药界的重视。

来华的传教士还带来了欧洲的医院设施和医学教育方式。澳门主教卡内罗于1569年在澳门建立了米斯力科地亚医药和圣拉斐尔等西医医疗机构。大约在1594年，澳门的圣保罗学院还曾附设医科班。这些西方在中国开设的最早的医院和医学校，主要为来华的西方人服务。由于位于澳门，故对中国内地影响不大。

西方传教士回国时，常带中医药书籍和译成西方文字的中医药文稿回国。如1643年波兰籍传教士卜弥格赴华传教，在华期间，他选择了将一些中医药知识译成拉丁文。其译著《中国植物志》（拉丁文）1656年在维也纳出版，另一本拉丁文译著《医药和中国脉理》在他去世20多年后，于1680年在德国的法兰克福正式出版。卜弥格的译著在欧洲影响较大，同时期的哈维耶在法国格勒诺布尔出版的法文本《中医秘典》、英国医生弗洛伊尔在英国伦敦出版的英文本《医生诊脉表》中均有关于中医脉学的论述，而且都是在卜弥格译作基础上转译的。欧洲最早发明脉搏计数器的是弗洛伊尔，但他在自己的著作中提到，他的发明受到中国脉学论述的影响与启发。

中医书籍被译成西方文字出版后，对西方医学产生的影响还不止如此。如1676年，荷兰人布绍夫关于针灸的书稿被译成英文在伦敦出版。1683年，荷兰医生赖尼在伦敦出版了英文版《论关节炎》，书中有利用针刺治疗关节炎的内容。同年，盖合玛在德国汉堡出版了德文版《应用中国灸术治疗痛风》，书中谈到中国的灸术是当时治疗痛风最迅速、最适宜的方法。1684年，布兰考特在荷兰的阿姆斯特丹出版荷兰文版《痛风专论》，书中介绍了中国针灸治疗风湿病的方法和疗效。这些较早介绍中医针灸的西方书籍，如追根溯源就会发现，其与西方来华传教士有着千丝万缕的联系。

由于中医学不断传到欧洲，其独特的理、法、方、药体系及疗效引起欧洲学术界的关注，以至于19世纪初西欧的学者们就开始研究中国医学史，并出版了专著。如瑞穆斯特于1813年在巴黎出版法文版《关于中国医史研究》，皮尔松于1820年在伦敦出版英文版《中国医史研究》。这些可以反映出欧洲想对中国医药学全面深入了解的迫切愿望。

案例出处

常存库、张成博主编：《中国医学史》，中国中医药出版社2012年版，第

170～171页。(有删减)

案例解析

本案例介绍了明清之际中西方的医药交流情况,可以看出明清之际的中西医药交流比较频繁,主要有如下三个特点:第一,西方来华传教士在其中起到了桥梁作用,沟通了中西方的医药交流。第二,中西文化的交流呈现出双向性。一方面,明末来华传教士在不违反基督教义的基础上把西方医学传到中国,包括西医的生理学、解剖学等医学理论,西方药物的制作以及在中国介绍和推广接种牛痘术,在当时的中医界形成了一定反响,也给中医界带来了新鲜的文化;另一方面,西方传教士也把中医药书籍翻译成西方文字介绍给西方,同时把中医理论和中医疗法等介绍给西方,有利于西方世界了解神秘的中医智慧。第三,中西医药交流并没有持续下去,雍正时期推行严格的禁教政策,西洋医学的传入进入衰落阶段,与此同时,中国封建社会由盛转衰。

我们可以看到清朝的康乾年间达到了封建社会后期的鼎盛时期,经济高度发展,文化、科学取得多方面成就,推动了中医学繁荣发展。随着西方科学技术随传教士进入中国,一些知识分子开始接受和介绍西方科学文化知识,但是清朝统治者闭关锁国,大大阻碍了外来文化的传播,中西医药的双向交流被迫中止。

案例启思

本案例介绍了明清之际中国与欧洲国家的医药交流情况,西方来华传教士在其中起到了重要的作用。请问当时传教士向中国宣传介绍西医的目的是什么?

教学建议

本案例介绍了明清之际中国与欧洲国家的医药交流,呈现了鸦片战争以前中西方医药频繁交流的景象。同时给我们提出一个问题,为何鸦片战争到五四运动时期,西医逐渐占据了主导地位,而中医甚至面临被取消的境地。为何明清之际的中西医交流没有很好地保持下去,从而指向清朝中后期封建社会由盛转衰的原因。本案例可用于上编综述中"鸦片战争前的中国与世界"相关内容的讲解。

第一章　反对外国侵略的斗争

▶ 案例一　鸦片贸易

案例

被压成扁饼的土耳其鸦片原本是世界上唯一的药用鸦片,而印度鸦片则可分为两种——孟加拉鸦片和马儿瓦鸦片。前者是由东印度公司种植并生产的,其味道颇受中国人赞赏。大约两磅(1磅≈0.45千克)重的纯鸦片被滚成一个球,并被裹上10至15层罂粟叶,看起来像一颗32磅重的"炮弹"。这些鸦片球被装入一个2英尺(1英尺≈0.30米)8英寸(1英寸≈0.03米)长、19英寸宽和15英寸深的小箱子,再用木板将鸦片球隔为两层,每一个间隙里都会填上干燥的罂粟叶子。接着箱子会被密封起来,外面裹上绿色的皮革,以便防水,然后用粗帆布包住,再用绳子捆紧。最后在帆布上还要以醒目的方式画上东印度公司的标记:UEIC——这几个字母表示 United East India Company(联合东印度公司)。这样的鸦片是由政府当局向商人们公开拍卖的。

鸦片究竟是什么时候被引入中国的,现在已经无法追寻。据记载,1780年前,在澳门获得永久性落脚点的葡萄牙人是鸦片进入中国的主要"通道"。大约在1780年,英国人在澳门的南面建造了一个仓库,也开始卖起了鸦片。但每年只进口200至300箱鸦片。每箱鸦片需支付大约20先令的关税,还有一种打包税是每箱16先令9便士。毫无疑问,即使是在走私鸦片的初级阶段,东印度公司那些商船和其他私营商船上的高级船员们也都参与了走私,但规模相对较小,而专门用于走私鸦片的武装船队是后来才出现的。

至于中国人在体质和智力上是否比其他民族更加嗜好鸦片,并无相关证据。但是随着这种令人上瘾的毒品逐渐扩大影响,对它的需求也与日俱增。短短几年之后,中国每年的鸦片进口量就从两三百箱增加到了数千箱。

无节制地抽食鸦片对人们身体所造成的恶劣影响引起了清政府中一些识大体的官员的注意。到了 1796 年,不但鸦片贸易被完全禁止,而且一旦有人被发现抽食鸦片,他就会受到严厉的惩罚。但此时,鸦片走私已经成为具有全国性影响的赚钱生意。中国人要求英国商人用白银支付所有从中国进口的商品,英国的鸦片商却通过鸦片贸易将白银又拿了回去。

为终止鸦片走私贸易,皇帝发布了禁烟的诏令,还专门装备了缉私兵船。然而禁烟的昂贵代价,以及人们想要沉溺于这种有害的奢侈生活的决心,使得鸦片走私者不惜花大价钱去贿赂地方官员和海关官员。因此,鸦片贸易不仅没有被遏制,反而规模变得越来越大、越来越赚钱,正如下面这些数字所能够证明的那样:1798 年,中国进口的鸦片数量是 4200 箱,此后十年中这个数字一直呈波动的状态。1808 年,进口鸦片数量是 4298 箱,鸦片的价格却几乎是以前的三倍。1818 年的时候,鸦片价格是以前的四倍,但进口鸦片的数量却比 1808 年减少了。但是到了 1828 年,鸦片进口的数量几乎增加了一倍,当年进口了 7700 箱鸦片。鸦片进口的增速是如此之快,到了 1832 年,鸦片进口的数量在 10638 箱以上。1833 年,鸦片进口数量是 12223 箱。1834 年,鸦片进口数量是 12977 箱。到了 1835 年,鸦片进口量又增加到了 14745 箱。这样的增速一直持续到了中英两国发生了公开的冲突。据说那一年中国的鸦片进口数量达到了 40000 箱,其价值超过了四百万两白银。以上的统计数字(最后那个数字除外)还仅是出自加尔各答,此外孟买和达曼也有大量鸦片出口中国。据不完全统计,中国鸦片瘾君子的数量有三百万,尽管实际人数可能会大大超过这个数字。

在东印度公司的经营之下,在其所能控制的领地之内,每一位农夫都被迫将最好的一块田地留出来种植罂粟,并把半成品的鸦片交给公司。负责收集和检验鸦片质量的人收入很低,因此有许多侵犯利益、敲诈和作弊的事件发生。实际上,这一整套制度从头到尾都充满了邪恶,并且至今仍以这种危险的方式维持着。

当鸦片贸易变成一桩暴利的生意时,便有一些质量上乘的船被造出来,专门用于鸦片走私。它们具有式样美观、左右对称等优秀航海船的基本特质,人称鸦片快船,船上配备充足的水手。最大的鸦片快船是三桅帆船,有些是两桅帆船,有少数则是二帆以上的纵帆船。一开始,鸦片快船的数量只有两三艘,后来增加到了十四五艘。在这些鸦片快船中,有一艘名为"海上巫女号"的 360 吨漂亮三桅船,船上有 70 名水手,武器装备精良,被公认为是最好的鸦

第一章 反对外国侵略的斗争

片快船。排名第二的是"红色海盗号",也是一艘三桅船,有60名水手。其他的鸦片快船还有"莫尔号""罗布·罗伊号""罂粟号""法国石竹号"等。这些鸦片快船从孟买和加尔各答装货,经新加坡把鸦片运到珠江口(离澳门不远处)的伶仃洋。有许多商船停泊在那儿,以便接货。

鸦片的交易是由在广州岸上的鸦片代理商操作的,先付货款,然后派一条或数条"快蟹爬龙船"前往伶仃洋的商船,通报购买鸦片的数量。这是一种用很多只桨来驱动的船,顺风时船上还会升起一块用藤条和竹片编织成的帆。缉私官船时刻都在戒备着,或假装如此。但是走私鸦片的人都是一帮胆大妄为者,且武器精良,所以并不把官兵们放在眼里。虽然双方也时常有冲突(通常是装门面的假冲突),但是对于走私鸦片不会造成任何影响,因为那些水师官兵们和每一位海关雇员通过鸦片交易所赚到的钱远比制止走私多。实际上,那些缉私船所夹带的鸦片不会少于那些专门走私鸦片的船。

我们已经看到附有严厉惩罚条款的鸦片禁令对于阻止鸦片贸易并没有产生任何影响。鸦片继续在全国各地公开销售,大清帝国内每一个城市的鸦片馆就像英国的豪华小酒店那么多。店门口的一张竹屏风就像是一颗定心丸,告诉瘾君子们他们可以在这儿过足鸦片瘾。在鸦片馆里你可以遇到社会上的各色人等,他们全来这儿追求那种醉生梦死的感觉,没有任何东西可以阻止他们。最终鸦片问题成了一个巨大的社会问题,以致因违背伦理,或者说未让政府从中得到好处而引起清廷当局反感,并促使其采取决断的行动——没收了20882箱鸦片。假如他们的行动到此为止的话,这一做法是无可非议的。但是他们又进一步咄咄逼人地没收了英国人的其他财产,并且不分青红皂白地惩罚罪犯和无辜者。英国随后向中国的开战本可以被阻止,但现在这种状态已不复存在。鸦片走私仍在进行,很可能会继续存在,哪怕英国政府通过反对鸦片贸易的法案。中国人是如此沉湎于鸦片,以至于他们会不惜一切手段来得到这些鸦片。由于中国支付鸦片的银两超过了英国进口茶叶的银两,所以每年有大量银钱和银锭从大清国流失。

🔍 案例出处

沈弘编译:《遗失在西方的中国史——〈伦敦新闻画报〉记录的晚清1842—1873(上)》,北京时代华文书局2014年版,第44~50页。(有删减)

✏ 案例解析

本案例由浙江大学沈弘教授翻译刊登在1843年7月8日《伦敦新闻画报》第3卷第65号的内容。该报创始于1842年,从创立初始就密切关注中华帝

国家命运与医学变革

——《中国近现代史纲要》（2018年版）教学案例集

国，派驻大量画家兼记者到中国工作。他们向英国发回了许多关于中国的速写和文字报道，大多是关于现场的目击报道。但是他们对于历史事件的观点和看法往往跟历史事实不相符，甚至是错误的。在本案例文末部分，有的观点明显不符合历史事实，必须予以纠正。

例如，关于鸦片战争的起因的认识有误。该报认为是林则徐的严厉禁烟行为导致鸦片战争的爆发，以及认为英国对中国发动的鸦片战争有可能避免的。正是由于鸦片贸易导致清政府陷入财政危机，以及中国人身体和精神深受毒害，中国国家财政和经济社会遭受重大的破坏和损失，道光皇帝才派林则徐到广州禁烟。林则徐的严禁鸦片政策损害了英国鸦片贩子以及英国政府的在华利益，最后英国议会通过了对华发动战争的动议，这些历史事实表明英国对中国发动鸦片战争是经过内部辩论后的一种必然。而林则徐的严禁鸦片，一方面是维护中国的国家利益，另一方面，由于中英两国当时的社会制度、文化、思想观念等的不同，林则徐的强硬态度和政策必然与英国在华利益相左，必然与英国的矛盾升级。但虎门销烟只是鸦片战争的直接原因，鸦片战争爆发的根本原因在于英国完成了工业革命，资本主义经济的扩张性要求英国开拓海外市场和掠夺生产原料。

帝国主义列强对中国的侵略，首先和主要的是进行军事侵略。它们依仗先进的武器和军事技术，发动侵略战争，屠杀中国人民；侵占中国领土，划分势力范围；勒索赔款，抢掠财富。为了统治中国，帝国主义列强在政治上采取的主要方式是控制清政府，操纵清朝的内政、外交，镇压中国人民的反抗，在清政府中扶植、收买代理人和驯服工具。帝国主义列强对中国进行经济侵略的方式，除了强迫中国支付巨额的战争赔款外，主要是利用其与清政府签订的不平等条约赋予的特权，控制中国的通商口岸，剥夺中国的关税自主权，对中国实行商品倾销和资本输出，操纵中国的经济命脉，进行掠夺和榨取。文化渗透主要包括披着宗教外衣，进行侵略活动，以及为侵略中国制造舆论。其目的是宣扬殖民主义奴化思想，美化帝国主义侵略，麻醉中国人民的精神，摧毁中国人的民族文化。本案例着重表明了第一次鸦片战争之前西方列强对中国罪恶的鸦片输出。鸦片泛滥不仅导致18、19世纪中国的大量财富外流，国力衰退，加剧了中国人民的贫困；而且鸦片作为一种成瘾性物品，不仅严重损害中国人民的身体健康，更导致中国人民精神萎靡，造成劳动生产率下降，从而直接导致了中国社会在19世纪的全面危机。

案例启思

本案例来自1843年英国的《伦敦新闻画报》报道，反映了英国驻中国记

第一章　反对外国侵略的斗争

者笔下的西方对华鸦片贸易，也从侧面反映了西方人眼中的中国人，比如沉湎于鸦片、精神萎靡不振、社会腐败等；这也反映了当时中国社会的落后。请结合本案例，谈谈中国近代社会从1840年至1919年近80年间中国人民反侵略战争失败的原因。

教学建议

本案例从鸦片贸易这一视角切入，很好地反映了资本－帝国主义对近代中国的侵略，同时促使今天的我们去反思鸦片流毒在近代中国社会愈益深重的原因，从另一个侧面可以解读出1840—1919年中国人民反对外来侵略失败的原因。本案例可用于第一章中"资本－帝国主义对中国的侵略"相关内容的讲解。

▶ 案例二　鸦片和牛痘

 案例

鸦片和牛痘都是在近代从西方传入中国的，两者有什么联系？清代学者阮元是这么说的：

　　阿芙蓉毒流中国，力禁犹愁禁未全。
　　若把此丹传各省，稍将儿寿补人年。

阿芙蓉就是鸦片，流毒全国难以禁绝；此丹则指牛痘，能有效防治天花。阮元痛恨罪恶的鸦片贸易，但是欢迎先进的科学技术。

鸦片是帝国主义在经济上侵略近代中国的工具，对中国人民的健康和生活带来了巨大的危害。鸦片俗名大烟，含有大量的吗啡和尼古丁，吸食时虽然能带来欣快感，但极易上瘾，很难戒除，久之使人精力消耗，意志萎靡，以致丧失生命。

1773年，英国东印度公司垄断了鸦片专贡权，向中国大量输入鸦片。到道光年间，中国吸食鸦片的现象已相当普遍，烟馆林立于城市和乡村，就连道光皇帝也一度成瘾。鸦片的泛滥还造成白银大量外流。

1838年，近代著名民族英雄林则徐上书道光皇帝，指出鸦片的危害，得

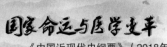

国家命运与医学变革
——《中国近现代史纲要》（2018年版）教学案例集

到皇帝支持，在广东虎门海滩上销毁鸦片20200多箱。1840年6月，英国对我国发动鸦片战争，清政府战败，被迫签订了第一个不平等条约。从此，中国逐步走向半殖民地半封建社会。

近代社会各界人士为禁烟做了多种努力。戒烟的困难主要在于成瘾后对药物形成依赖性，医学上称为"戒断综合征"。近代社会出现了各种戒烟会、戒烟所等帮助成瘾者戒烟。民国成立后，政府成立中央禁烟委员会，在全国设置大量戒烟场所。

戒烟会或戒烟所主要是通过劝谕或强制的办法来限制吸食，但对有"戒断综合征"症状的吸食者必须进行适当治疗，才能帮助他们坚持。在这方面，近代中医做了很多工作，既有探寻能阻断毒瘾药物的尝试，也有针对戒烟者全身症状的综合治疗。出现了如《鸦片瘾戒除法》《戒烟全法》《戒烟必读》《戒烟调验及治疗》和《商办戒烟会良方》等著作，摸索出逐步戒断与中药调理相结合的戒烟方法。近代中医药在戒除鸦片方面的经验至今还可供现代戒毒工作者参考。

1796年5月14日，英国人琴纳在中国传出的人痘接种术基础上，发明了牛痘接种术，提高了免疫效果和稳定性；牛痘术在西方开始流传。

1805年，东印度公司外科医生皮尔逊来到澳门行医，将牛痘接种术带到了中国。他培养了几个中国助手帮他种痘，其中一个叫邱熺；邱熺得到广州十三行洋商的资助，不仅免费给人种痘，还发放"果金"；因为要从种痘的小孩身上抽取浆液，凡是局部出痘回来复诊的均给"果金"，以从中选择身体健康的小孩，选取疱浆饱满的做痘种。这样确保了来种痘者源源不绝。

1817年，为了使更多中国人接受牛痘，邱熺著成《引痘略》一书，他在书中运用中医医理来解释牛痘术，体现了牛痘术的中国化。

邱熺在广东的努力为全国做了榜样，后来有人说："近二十年，予所闻广东人多矣，皆言从未有复出者。广东三十年来所生之人，在外省仕宦商贾者不少，未闻有再染天行痘子者。"时间证明了牛痘确实稳定有效，它通过广东传遍了全国。如邱熺的儿子曾受邀入京传种牛痘术；广东人曾望颜也在北京南海会馆设京师牛痘局，免费为人种痘；最终牛痘为消灭天花发挥了决定性作用。

牛痘之功能否补鸦片之罪？谁也说不清。西方文明的传入，就是在这种复杂的心情中一步步扩大的。

🔍 案例出处

郑洪、蓝韶清：《医史传奇》，羊城晚报出版社2006年版，第122～126页。（有删减）

第一章 反对外国侵略的斗争

🖊 案例解析

本案例以对比的方式，介绍了近代西方传入中国的两个外来物品——鸦片和牛痘。当时的社会背景是鸦片战争之前的19世纪初，英国已经基本上完成工业革命，成为世界最强大的资本主义国家，建立了号称"日不落"的殖民大帝国。中国当时处于清王朝的嘉庆、道光年间，衰相尽显，而且闭关锁国，已经远远落后于西方资本主义国家。

从鸦片的角度来看，英国殖民者以走私鸦片作为牟取暴利以及改变贸易逆差的手段，迫使其殖民地印度种植鸦片，再由英国东印度公司垄断收购、加工，然后走私到中国。据不完全统计，鸦片战争前40年间，英国运入中国的鸦片约有40万箱，从中国掠走了3亿至4亿银圆。因此，鸦片是帝国主义在经济上侵略近代中国的工具，而且对中国人民的健康和生活带来了巨大危害。从牛痘的角度来看，在帝国主义用鸦片、用武力侵略中国的同时，西方医学在19世纪也传入中国；在当时，随着基础学科的深入发展，西医的外科手术得到长足进步。但是，以牛痘术为代表的西方医学是借助帝国主义的坚船利炮和文化侵略，逐步进入中国的。因此，鸦片和牛痘在近代进入中国，分别代表着西方对中国的侵略以及西方侵略中国所带来的客观后果。

在向中国大量输入鸦片长达70年之后的1840年，英国对中国发动鸦片战争。以第一次鸦片战争为开端，西方帝国主义入侵近代中国，近代中国逐渐变成了半殖民地半封建社会。他们的侵略不但操纵了中国经济命脉，而且逐步控制了中国的政治，成为支配当时清朝的决定性力量。虽然帝国主义侵略带来资本主义文明作用的一面，但是更主要、更根本的一面是阻碍被侵略国家经济的发展。正如毛泽东在《中国革命和中国共产党》中论述的那样："帝国主义列强侵入中国的目的，绝不是要把封建的中国变成资本主义的中国。帝国主义列强的目的和这相反，他们是要把中国变成他们的半殖民地和殖民地。"

💡 案例启思

恩格斯曾说过："没有哪一次极大的历史灾难不是以历史的进步为补偿的。"近代中国的历史是帝国主义列强对中国进行侵略的历史，同时也是中国人民对外来侵略进行英勇反抗的历史。鸦片战争无疑使中华民族蒙受了巨大灾难，请结合案例，谈谈历史是怎样以"进步"来补偿中华民族的？

🎤 教学建议

本案例从西方传入近代中国的鸦片和牛痘这两个外来物说起，二者既有共同性，又有根本性质的不同。鸦片代表了资本－帝国主义侵略中国的工具，牛痘代表了西方带给近代中国的先进医学技术，可以用来说明资本－帝国主义对近代中国的侵略及其所发挥的客观历史作用。可用于第一章中"资本－帝国主义对中国的侵略"相关内容的讲解。

案例三　茶叶大盗

案例

18世纪，中国是世界上最主要的贸易国之一，长期处于"出超"的地位。为此，英国派了马戛尔尼到中国来，想改变一下这个局面。虽然马戛尔尼被皇帝接见了，结果还是什么都没改变，英国人显然很失望。

马戛尔尼来时，正是英国的一个尴尬时期，这尴尬，便是喝茶喝出来的。大清朝虽然闭关锁国，但中国茶叶却参与了世界历史的进程，喝茶改变世界。

茶叶进口给英国造成了大量的英镑外流，引起严重的通货紧缩，经济不振。于是在英国，有很多激进人士视茶叶为魔鬼，在报刊上发表文章，说茶叶让人身体垮掉，呼吁政府禁止茶叶进口。

英国人还在做实际改善贸易逆差的努力，一方面推动鸦片输入中国，另一方面不惜一切代价将茶叶和茶叶技术偷出中国，希望在其殖民地印度培育成功。

于是，有人琢磨着将当时最有商业价值的植物——"真正的茶树"带到欧洲去。

1833年，随着东印度公司贸易垄断权的取消，总督上书当时的英国政府，亲自选了13个人为委员，加紧研究中国茶在印度试验种植的可能性。两年后，该协会秘书长戈登亲自潜入中国南方茶区，私购了大量中国茶籽，分三批运往加尔各答。光带走茶种肯定不行，戈登又顺便聘请四川雅安的茶师一起赴印度教习当地人种茶、制茶。因此，最初流传到印度的制茶方法并非武夷茶的方法，而是炒青绿茶的方法。

1835年，戈登将运回的茶种种在了加尔各答，成功育出的茶苗达四万余株。之后，这批茶苗的一半被移植到阿萨姆地区，一半则到喜马拉雅的古门跟

台拉屯一带。余下的零碎被分配给了170个私人种植者。这些茶苗于喜马拉雅山麓苗壮成长，阿萨姆地区却较少成活，于是，在实验的基础上，喜马拉雅山麓的大吉岭被锁定为适合中国茶生长的沃土。

有了点滴的成绩，英国人持续发力，继续研究引种与种植技术，"以敌中国独行之买卖"。1836年，中国茶师利用阿萨姆省塔克区的原生本土茶树嫩芽尝试制作茶叶成功，虽只有少量几箱，却似暗夜中的一颗明星，给实验者带来了希望。1837年，初尝制茶甜头的英国人再次遣人前往厦门购买种子。1838年，东印度公司收到480磅本地精制的茶叶，引起了轰动。此项成绩给予了英国人信心跟热情，于是不断引进茶种进行试验。印度茶在这些持续发力引种试验的基础上，以飞快的速度进行改良。

中国茶地真正大规模在印度引种成功，必须要提罗伯特·福琼。

罗伯特·福琼（1812—1880），英国植物学家。1839—1846年，福琼受英国皇家园艺协会及东印度公司的派遣，先后3次来到中国，调查及引种中国植物。福琼先后从中国引走了秋牡丹、桔梗、金钟花、石岩杜鹃、柏木、榆叶梅、榕树、云锦杜鹃等植物。阿萨姆的茶种在英国人看来品质不够优异，于是，东印度公司派罗伯特·福琼到中国盗取茶种和制茶技法。

福琼依照自己的研究判断，料定茶叶产地在安徽和福建武夷山地区。于是福琼于1848年再次来到中国，剃光了头发，戴着一条假辫子，穿一身中式对襟的棉袍，装扮成一个中国人。第一次，他先从上海经杭州到达了安徽休宁县。福琼精通中国文化，以超高的演技骗走了一批茶苗和茶籽。1849年，这一批茶苗和茶籽在上海起航，历经4个月漫长的海路，抵达印度时已经所剩无几，茶药基本全死了，茶籽也烂了，这次"盗茶行动"以失败告终。第二次，福琼从安徽又来到武夷山，这次他准备得更为充分，不但用了特制的箱子盛放茶苗、茶籽，还搜罗了一批制茶工具，骗到了8名制茶师傅，这些师傅全部出自制茶世家，掌握了红茶生产的全部技艺。

1851年2月，福琼通过海运，带着2000多株茶树苗、1.7万粒茶籽、制茶工具、8名武夷山的制茶师傅从上海出发，启程前往印度。

在印度喜马拉雅山脉，茶苗和茶籽落地生根，之后被引种到了英国其他适合种植茶树的殖民地。之后，英国仅仅花了20年时间，培育出大量茶叶产地，生产出阿萨姆、大吉岭等一流的红茶，英国殖民地茶叶生产兴旺的同时也导致了中国茶叶的衰落。

案例出处

罗渊：《被一片叶子改变的世界史》，载《农家书屋》2017年第7期。

（有删减）

罗军：《中国茶密码》，生活·读书·新知三联书店 2016 年版，第 191 ～ 198 页。（有删减）

案例解析

本案例介绍了受雇于英国东印度公司以及英国政府的戈登、福琼等植物学家偷盗中国茶叶技术的历史。英国偷盗中国茶叶技术主要有以下动机：第一，茶叶具有药用价值。喝茶有益于人体健康，现代科学证明，茶多酚具有抑制病菌的作用。早期的传染病在很大程度上来源于生活污水中的病菌，而饮茶一方面需要煮沸生水，高温杀灭细菌，另一方面茶多酚也发挥了很大的作用。第二，茶叶成为英国人生活中的必需品。一方面是 17 世纪中叶以后，茶叶在英国逐渐流行起来，再加上医生对饮茶利于健康的大力倡导，英国人对茶的喜爱不亚于茶叶发源地的中国人。第三，英国每年必须从中国进口大量茶叶，贸易量逐年增加，导致了中英贸易赤字。因此，1840 年的鸦片战争也是一场茶叶战争，中国清政府的腐败不堪在这场战争中显露无遗。而在鸦片战争后，英国为了将利益最大化，决定在英国的殖民地印度种茶，因此东印度公司专门组织了一个机构负责到中国偷取茶苗茶籽，以摆脱中国作为茶叶原产国的产品垄断。

福琼窃茶事件被看作是人类历史上的一桩经济间谍案，在当时的中国基本没人察觉，反而有一些中国人成为茶叶大盗们的"帮凶"。从爱国主义的角度评判，福琼等茶叶大盗在中国招募的茶艺师都是"卖国贼"。大部分老百姓在心理上并没有真正的国家意识，那个时代的老百姓主要需要解决的还是生存问题。另外，福琼等人的窃茶过程没有受到任何来自中国官方的阻挡。中国普通百姓、地方政府乃至中央政府对于英国对手的经济间谍行为毫不知情、毫无察觉，反映了当时中国政府的失职和软弱，这也注定了中国种茶技术的流失。

鸦片战争爆发的直接原因是英国为改变贸易入超状态，对中国大量输入鸦片，中国不得不严禁鸦片，而英国在中英贸易中处于入超地位的直接原因是英国需要用大量银圆购买中国的茶叶等商品。因此，鸦片战争跟茶叶贸易是密切相关的，从一定程度上看，鸦片战争是围绕中国茶叶而发生的战争。中英之间的鸦片战争本质上是一场既争夺贸易权也争夺消费权的茶叶战争。

案例启思

本案例介绍了受雇于英国东印度公司以及英国政府的戈登、福琼等植物学家成功偷盗中国茶叶技术的历史过程，请结合本案例，谈谈近代中国反侵略战

第一章 反对外国侵略的斗争

争失败的具体原因。

教学建议

本案例介绍了茶叶这个原产于中国的植物如何被英国偷盗、转移、栽种到印度的历史。从中可以看到大英帝国对中国的经济掠夺和经济侵略,以及当时中国人的麻木和集体无意识。可用于第一章中"资本–帝国主义对中国的侵略"相关内容的讲解。

案例四 鸦片战争前夕进入中国的西医

 案例

19世纪初,随着牛痘接种术在中国的成功推广,大批西方的新教传教士也来到了中国。他们继承了明末清初在华天主教利用西方科学和医药进行宗教活动的传统,更注重实际效果和规模效应,在城市中心建立诊所和医院。

19世纪初至鸦片战争前(1805—1840年),澳门眼科诊疗所和广州伯驾医院先后建立。在此阶段,对西方医学传入中国具有较大影响的人物有英国新教传教士、牧师马礼逊,东印度公司的外科医生李文斯敦,美国传教医生郭雷枢和彼得·伯驾等。

澳门眼科诊疗所开办于1820年,由马礼逊与1808年来华的李文斯敦在澳门开办,为澳门西医诊疗所。刚开办时,除看内科疾病外,更多的是诊治眼病。李文斯敦被视为第一个系统地把医药救助带到中国的人。马礼逊1807年从神学院毕业,受封为牧师,并在英国接受了短期的医疗训练后来到中国行医传教。1825年,因为马礼逊临时回国和李文斯敦的去世,诊所曾临时关闭。1827年,英国东印度公司派驻澳门及广州的传教医生郭雷枢来到中国,在澳门继续开办诊所,并明确为眼科诊所,为贫民治病。在当地一些富商的资助下,他又租用两间民房使诊所扩大,可收容40人住院治疗,在澳门一带产生了很大影响。后因种种原因,诊所被迫于1832年关闭。诊所被关闭后,郭雷枢因感受到西医医治眼病在中国人民中产生的影响,遂向英美教会组织呼吁,请求继续向中国派遣医生,通过治病感动病人,最终实现基督教在中国的传播。马礼逊和郭雷枢在中国创办诊所的行动启发了那些想到中国发展教会组织的英美教会组织，1830 年，美国公理会国外布道会派出第一个传教士裨治文来到中国，随后又派来传教士医生彼得·伯驾。

广州伯驾医院建于 1835 年 11 月，由美国传教士医生彼得·伯驾开办。1840 年 6 月，因鸦片战争爆发而关闭；1842 年 11 月，重新恢复业务。彼得·伯驾毕业于耶鲁大学医学院及神学院，于 1834 年 2 月来华任职。他于次年 11 月创办了广州眼科医局，由于医局开在广州新豆栏街上，所以当地人又称之为"新豆栏医局"。该医局租用当地商人的楼房，可接纳 200 个病人候诊，收留 40 个病人住院，在青光眼和白内障手术治疗方面颇有成效，不久就赢得了一定的声誉，所以这个医局当时实际上也是眼科医院。直到鸦片战争后，医局重建之后才逐渐发展成综合性医院。1855 年，彼得·伯驾因兼有外交事务，医院改由来自美国费城的传教士嘉约翰接替管理。1856 年，医院在第二次鸦片战争中被焚毁。1859 年 1 月，嘉约翰在广州南郊重新设院，改名为广州博济医院。

彼得·伯驾在中国不限于行医传教，他还积极从事在中国的医学教育和医学慈善活动。鸦片战争爆发后的两年期间，彼得·伯驾先后到华盛顿、巴尔的摩、纽约、波士顿以及英国、法国进行游说，宣传他们在中国进行的医药传教事业，募集经费，请求人们支持在中国发展举行医药活动的教会。波士顿、纽约、费城、伦敦等地因此相继成立了"中国医学传教协会"，为在华的基督教教会医院提供经费、医疗仪器、医学书籍和期刊，资助数名中国青年到美国学医等。彼得·伯驾则同时把他在中国搜集到的特殊病例、病理标本及中国植物药标本等带给国外的医学协会供作研究。彼得·伯驾不仅是医生、传教士，他还是美国驻中国领事的助手，在行医传教的同时，十分重视与地方官员的联系，以便通过治病获取情报。他曾作为美国方面的重要成员参与订立中美《望厦条约》，后来还被任命为美国驻华公使。

除了创办西医诊所和医院外，传教士还在中国开展早期的西医教育。如同 17 世纪美洲大陆的西医教学，常以传教士医生在临床活动中开展医学教学为主要途径。带教医生为了医疗上的需要，在医院和诊所内招收中国学徒，以师徒传授的方式来传播西医知识。如 19 世纪初，东印度公司的皮尔逊医生来华后，在广州和厦门设立医药局。1806 年，开始招收华人学医。1805—1806 年冬春季节，广东沿海一带天花流行肆虐，皮尔逊就雇用中国人做助手帮他接种牛痘。1815 年，由广州商人组成的"行商"（即奉清政府之命专与外国商人打交道的商人）在广州开设了一间牛痘接种所，每 9 天由 1 名中国种痘师给儿童种痘，皮尔逊则为监督者。其中学业最好的学生游贺川于 1818 年在澳门独立

开设种痘诊所,并终生以此为业。1857年,彼得·伯驾在眼科医局招收学徒,中国第一位全科西医师关韬曾在他手下学习。根据1887年尼尔调查,在60所教会医院中,有39所医院兼收学徒,其中5所招生人数超过了10人,其余为2～6人。这种学徒式的训练方法开始培养了中国人对学习西医的兴趣,有利于西方医学在中国的深入发展。然而这种培养方法不正规,成效不高,培养出来的医生难以满足当时医疗上的需要。

案例出处

余前春主编:《西方医学史》,人民卫生出版社2009年版,第148～150页。(有删减)

案例解析

本案例介绍了19世纪初期至鸦片战争前夕,西医在中国的传播情况。19世纪初的清朝中期,牛痘接种法在中国的成功传入和推广,推动了西医在中国的传播,使得西方医学在中国取得了立足点。随着基督教的传入,西方的科学技术开始更多地传入中国,其中包括人类创造的与疾病斗争的新型武器——西药。西药在中国的传播者是西方来华传教士,传播的方式包括在澳门和广州建立诊所和医院,以及在诊所和医院开展医学教育。这些为西医在中国的发展奠定了基础,也为西医在中国的深入发展起到了桥梁作用。但是,鸦片战争之后,西方列强凭借一系列不平等条约在我国通商口岸开设医院、建立教堂。到1848年,广州、福州、厦门、宁波、上海五个通商口岸全部建立了教会诊所或医院。这就是说,鸦片战争后西医大量传入中国,但因与不平等条约的签订相关联,加之中西医学之间的矛盾冲突,因此在近代中国形成了中西两种医学体系,对传统的中医产生了巨大冲击。了解这一时期西方传教士在华传播西医的历史,需要正确认识其活动的主观目的。

医生这一职业给传教士接触各阶层的人提供了方便,而西方医学是伴随列强侵略而进入中国的,企图通过传教士传播医药来改变中国普通民众对西方基督教的看法,获得中国民众的好感与信任,从而接受西方基督教。西方医学只是一种方法,充当了西方列强侵略中国的工具,是西方对近代中国的文化渗透或者文化侵略。虽然医药是西方基督教的先锋,但不可否认的是,许多传教士是出于人道主义,或基于个人宗教信仰到中国传教和行医的。西医的传入客观上输入了新型的医药学知识和技术,它本身的科学技术性内容是超越国家、民族和宗教界限的,它的客观普遍性也同样适用于中国。因此,西方现代医学的传入,有利于帮助中国人民战胜疾病、保持健康,有利于促进中国医学科学的发展。

案例启思

有人说，"鸦片战争一声炮响，给中国带来了近代文明"，也有人说，"殖民主义在世界范围内推动了现代化进程"，还有人说，"没有西方的殖民侵略，东方将永远沉沦"。请结合案例，谈谈资本－帝国主义的侵略给中国带来的后果。

教学建议

本案例介绍了19世纪初期到鸦片战争前夕西医传入中国的情况，重点介绍了传教士在澳门、广州开设的西医诊所和医院，西方医学传播的根本目的是文化渗透或者文化侵略，但同时我们也不能否认西医在近代中国传播所带来的客观进步作用，不能完全否定西方传教士对近代中国社会进步所做的贡献。本案例可用于第一章中"资本－帝国主义对中国的侵略"相关内容的讲解。

案例五 廉吏林则徐与名医何书田

案例

相传中国民族英雄林则徐任江苏巡抚时，患了双足行走无力的软脚病，多位名医久治无效，后经名医何书田精心诊治后痊愈，何书田后又治愈了林则徐夫人患的肝病顽疾。林则徐心怀感谢，特亲笔撰写一副对联赠何，联曰："橘井活人真寿客，干山编集老诗豪。"

何书田，清代名医，江苏青浦地干山下人，中过秀才。他家世代行医，泽惠乡里。何书田受家庭熏陶，祖传父授，医德高尚，医术高超。林则徐敬佩何书田的医德医术，与之议政议文，何书田应对得体，两人遂为至交。

林则徐为治疗患有鸦片烟瘾的病人遍请全国名医献策献方，筹办戒烟馆治疗烟民。林则徐委托何书田收集戒断鸦片的有效方药，并结合何书田本人的医疗经验编订适应全国应用的戒烟方针及方药。何书田于1833年编成《救迷良方》一书，书中所载戒烟理论和方药颇具价值。1833年，林则徐在《筹议严禁鸦片章程》奏折的附录中介绍《救迷良方》云："十余年来，目击鸦片流毒无穷，心焉如捣。久经采访各种医方，配制药料，于禁戒吸烟之时，即施药以疗之。就中历试历验者，计有丸方两种，饮方两种，可否颁布各省，以资疗治。"

这些戒烟方药传到全国城乡后，未经官方强制推广，而是由药店自制自销，但是亦受到当时民众的欢迎，起到了良好的作用。至于其效果，有例为证："并有耆民妇女，在路旁叩头称谢，据云，其夫男久患烟瘾，今幸服药断绝，身体渐强，等语。"

可见林则徐为治疗鸦片烟瘾患者，从立意策划到发动名医献方献策，并用之于戒烟实践，通过对照比较，总结出若干行之有效、使用方便、取材容易且毒性低微的戒烟药方，的确难能可贵。

一次，林则徐向何书田咨询东南一带的经济社会发展形势并征求对策。何利用出诊医病之机，深入民间调查研究分析，写成《东南利害策》一文，拟定了13条对策，被林则徐采纳了9条并付诸实施，对当时国计民生的发展很有助益。故在何书田60寿诞时，林则徐特撰书一联祝寿，一时传为美谈，联曰："读史常怀经世略，抡方常著活人书。"这联语既赞颂了他的精湛医术，更是对其关注社会、关注民生的战略学识的表彰。

当时有位文人，有感于此，拟撰了一副对联"廉吏常怀忧国志，医人多负悯民心"，以褒扬廉吏林则徐与名医何书田二人的深厚情谊。

🔍 案例出处

杨吉生：《廉吏林则徐与名医何书田》，载《中国中医药报》2017年3月27日第8版。（有删减）

✏ 案例解析

本案例描述了清朝禁烟名臣林则徐与名医何书田交往的故事。从林则徐与何书田的故事中，我们可以看出林则徐为了禁止鸦片做了多方面的准备工作，既有军事方面的准备，也有对鸦片危害的根治措施。林则徐多措并举对鸦片危害的根治，体现他心怀苍生、顾念国家的责任与情怀。而中医何书田的建议也恰逢其时，给林则徐根治鸦片之害提供了参考和帮助。

林则徐主持虎门销烟是清朝政府采取抵制外国鸦片输入的"非常措施"的"顶点"。林则徐疾恶如仇，办事认真，洋溢着民族自尊心和爱国主义精神。他的名字是这场关系到中华民族存亡续绝斗争的一面战斗旗帜。尽管林则徐的主观愿望是为大清王朝除去大患之源，谋求长治久安，但是，虎门销烟的

历史意义远远超出查禁鸦片本身。毛泽东同志曾经精辟地指出:"我们的民主革命……从林则徐算起,一直革了一百多年。"也就是把林则徐禁烟抗英事业的标志——虎门销烟作为中国人民反帝斗争的伟大起点。在这个意义上,林则徐为中华民族立下了殊勋。

案例启思

林则徐主持的虎门销烟是对帝国主义侵略的反抗,是维护国家利益和民族尊严的正义行动,但英国以此事件为借口发动了鸦片战争,最终中国战败。请结合本案例,谈谈反对外来侵略的斗争具有什么意义。

教学建议

本案例通过描述林则徐与何书田的交往故事,展现了林则徐禁止鸦片的另一个侧面,从中也体现了传统医学名家在应对鸦片泛滥时的报国之志。本案例可用于第一章中"反侵略战争的失败与民族意识的觉醒"相关内容的讲解。

第二章　对国家出路的早期探索

案例一　太平天国的进步卫生措施

案例

1851—1864年是我国近代史上的太平天国农民革命战争时期。在这一时期，以洪秀全为核心的太平天国领导集团，为了保证革命战争的顺利进行和切实保障广大军民的身体健康，及时采取了一系列积极进步的卫生措施。

一、劝诫吸食鸦片和禁酒

吸食鸦片，危害极大。它不仅损害吸食者自身的健康，加重了家庭的经济负担，而且更重要的是严重败坏了社会风气，使吸食鸦片成为一种社会陋习，并容易引发其他社会问题。而在战斗时期肆意饮酒，也容易酒后失德，胡作非为，甚至影响战争的成败。因此，劝诫吸食鸦片和禁酒是非常及时的有针对性的积极措施。

太平天国定都天京（今南京）之后，在1853年，天王洪秀全颁布了"劝人戒烟诏"——天王诏曰："高天灯草似条箭，时时天父眼针针，不信且看黄以镇，无心天救何新金。吹来吹去吹不饱，如何蠢变生妖！戒烟病死甚诛死，脱鬼成人到底高。"在天王洪秀全的诏书中所提及的"高天灯草"，其实就是罂粟。因此，这诏书中的第一句话"高天灯草似条箭"就是说这种提炼鸦片的植物（罂粟）就如同一支勾魂摄魄的毒箭，对此，人们应当"敬而远之"，决不能随便亲近，否则后患无穷。接着，借天父的威名震慑那些胆大妄为的人。天父时时刻刻都睁大着他的慧眼密切注视着现实生活中的芸芸众生，每个

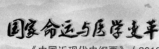

国家命运与医学变革
——《中国近现代史纲要》（2018年版）教学案例集

人的一言一行、一举一动都无法逃脱天父的法眼。正因为如此，每个人就只能安分守己，不能轻举妄动，更不能胡作非为，做出违背天父之意的事情。接着下面就列举了一个具体的实例，用太平天国军民众所周知的黄以镇改过自新的事实来教育大家，说明只要下定决心，用坚强的意志和毅力，勇敢地告别吸食鸦片的恶习，这同样是"浪子回头金不换"。通过宽宥改悔者来感召那些沉迷于鸦片的吸食者。接下来是继续摆事实、讲道理：吸食鸦片，吹来吹去，最终还是吹不饱自己的肚子，可是到头来却弄得面黄肌瘦，形销骨立，精神萎靡不振，有气无力。如果还是执迷不悟的话，这样愚蠢的行为只能使人变妖，完全丧失人格尊严，损害健康。假如是因戒烟而死，总比触犯天条而遭诛杀要强。因为这毕竟是迷途知返，是"脱鬼成人"。对脱胎换骨、悔过自新的觉悟者，诏书中持肯定和赞赏的态度。综观此诏，劝人戒烟，语以谆谆，理则堂堂。

在《国宗提督军务韦石革除污俗娼妓鸦片黄烟诲谕》里，则明令"洋烟、黄烟不可贩卖吸食。洋烟为妖夷贻害世人之物，吸食成瘾，病入膏肓，不可救药。黄烟有伤肤体，无补饥渴，且属妖魔恶习。倘有贩卖者斩，吸食者斩"。在这份以韦昌辉、石达开名义发布的诲谕里，分析吸食鸦片洋烟、黄烟的危害，说理教人，态度严正明确，措辞严厉，坚决干脆，处罚力度大，一个"斩"字就已经令人触目惊心了。这也表明太平天国领导者对吸食鸦片、黄烟之风是深恶痛绝的，因此毫不留情地予以禁绝，果敢铲除。在《太平天国资料》第二辑中既指出了吸食鸦片的危害，同时又对吸食者采取坚决有效的打击措施。

而以东王杨秀清名义颁布的禁酒诰谕中，则从另一方面说明了率性而为、胡乱饮酒的现实危害。要求军民务必切实重视，决不可等闲视之，或疏忽随便。东王杨秀清在通令朝内军中人等禁酒的诰谕里，首先要求领导层、军队以身作则、率先垂范，能够模范地执行禁酒诰令。接着进一步分析了胡乱饮酒的害处："酒之为物，最易乱人性情，一经沉酣，遂致改变本来面目，乘兴胡为，……不准饮酒。沉湎于酒，醉后目无尊长，致生事端，殊属违玩，……再犯者，定即斩首不留。嗜酒滋事者，甚属不少，此等行为，殊甚痛恨。"最后，提出忠告："慎勿乘片时之兴，以致身首异处也。"从杨秀清的禁酒诰谕里，对率性而为、胡乱饮酒，最终导致"改变本来面目，乘兴胡为"，且"目无尊长，致生事端，殊属违玩"的行为是十分痛恨的，酒后失德，违犯纪律，玩忽职守，贻误军机，这是不能容忍的。众所周知，没有严明的军纪带不出一支严正的军队，所以要严禁饮酒，尤其对屡犯不改的再犯者，"定即斩首不留"。这样严厉果决的忠告，自然有强烈的警示作用。

二、积极吸收民间医生和开展群众性卫生工作

在《北王韦昌辉招延良医诫谕》中,则表达了太平天国农民起义军积极吸收民间医生,以直接服务于革命战争和维护广大军民健康之现实需要的强烈愿望。该诫谕称:"查此地当孔道,为良医聚集之所,类如大小方脉、内外专科、眼科、妇科,以及专理小儿急慢惊风等症,可以立奏奇效者,必不乏人。……迄今并未见有医士应召而来。"太平军每次攻克了大的市镇,都会贴出类似诫谕的布告,招募临床各科之良医,以满足实际治疗的需要。交通要道自然是人群、货物汇集之要冲,各色人等必然纷至沓来,其中也必定包括医生。可是民间医生由于对太平军不甚了解,又为封建统治者的反动宣传所惑,不敢主动参加太平军的队伍。故而有"迄今并未见有医士应召而来"的情形。在《太平天国资料》第二辑上,则有罗致民间医生的记载:"陷城后,遍察城中,有名医十余人,罗致馆中。"太平军在攻克南京之后,积极寻访民间医生,并且把他们集中到医馆中,以随时听从调遣。太平军对招募的医生严格管理,提高他们的业务素质,并且使他们能尽快适应战争环境。关于战时氛围中的医生管理,在《太平天国资料》第二辑上则有这样的记载:"凡在城医生,每朔望必令其至馆点名。有不到及迟到者,以一日起例,一日则加打一百。"这是典型的军事化管理。每逢朔望集中,汇报各自的医疗工作,相互间交流医疗经验,彼此探讨医案,借此提高医疗技术,这无疑是积极进步的措施和切实有效的做法,而站在地主阶级立场的文人,记载此事时却对此进行了无端的指责,说医生缺乏自由的生活氛围,没有宽松的工作环境。而这正好从反面说明是战争气氛使然,也说明战时医政管理制度的严格。

对在战争中负伤的有功人员,则统一有"能人馆"来安排疗养。"能人衙,打仗受伤(者)为能人,入衙养伤。"这是优待有功人员的疗养制度,对其厚待有加。对老年人,则安排一些力所能及的事情给他们来做,如打更、扫地等。"城中凡男子十六至五十岁谓之'面',……余为'牌尾',……老而健者,在城上打更。""周才太……性不好杀,见老而无依者,辄怜之。议立'牌尾馆',使残废者守馆,老病使扫街道,拾字纸。"由那些老年人来做些力所能及的城市清洁工作,也算是"老有所为",发挥他们应有的作用,同时也确保了城市的清洁卫生。如扫街道:"独有街道爱完整,奉帚携锄命无梗。……朝朝粪除无尽时,清尘伺候人伊谁。"太平天国领导者善于把卫生工作与群众工作相结合,让大众共同参与卫生活动,以充分调动广大群众的热情和积极性,这样卫生工作才会有显著而广泛的成效。广大群众既是卫生工作的亲身参与者,也是卫生工作的实际受益者。

案例出处

徐建云：《论太平天国所奉行的进步卫生措施及其价值》，载《南京中医药大学学报》（社会科学版）2007年第1期。（有删减）

案例解析

本案例详细说明了太平天国的进步卫生措施，通过案例内容可以分析得出，太平天国奉行的进步卫生措施主要有如下意义：

第一，对当时革命战争顺利发展具有重大意义。太平天国起义历时14年，起义军转战18省，一直处于农民革命战争状态中。而太平天国所实行的这些卫生措施，对保证革命战争的顺利发展，有效地达成革命的目标都起到促进的作用。

第二，对保障太平天国广大军民的身体健康起到了不可或缺的积极作用。教材当中提到在太平天国运动后期颁布的《资政新篇》中规定："严禁鸦片输入。"除此之外，本案例还介绍了其他卫生措施，包括禁酒、禁绝娼妓和缠足，对促进军民身心健康、增强体魄都具有积极的进步作用。

第三，对革除封建生活方式，营造清明的社会氛围具有重大意义。这些卫生措施能够革故鼎新、移风易俗，促进社会进步。

这些措施不仅有利于革命战争的顺利发展，而且有益于广大军民的身体健康，同时表现出了移风易俗的社会价值。太平天国农民起义虽然失败了，但它具有重大的历史意义。太平天国不仅劝诫吸食鸦片，而且严禁鸦片输入，这一点就反映了太平天国农民起义坚决打击外国侵略势力的决心；太平天国建立起了与清王朝对峙的政权，沉重打击了封建统治阶级以及冲击了西方殖民主义者在亚洲的统治。

案例启思

请结合太平天国农民战争的整个历史，谈谈如何认识太平天国农民起义的历史意义。

教学建议

本案例从太平天国的文书档案入手，考察了太平天国所奉行的积极进步的卫生措施，不仅补充了相关知识，而且很好地反映了太平天国农民起义具有重大的历史意义。可以用于第二章中"农民群众斗争风暴的起落"相关内容的讲解。

第二章 对国家出路的早期探索

▶ 案例二 第一个出国学医的中国人——黄宽

黄宽是中国历史上第一个留英博士,也是国内第一位受到系统西医训练的医生。1846年,香港马礼逊学堂校长塞缪尔·布朗决心做一件事情。在教室里,因为健康问题,他与学生告别,准备回美国。这位传教士问眼前的数十位广东农家子弟:"我非常热爱这所学校,希望带走几个学生,直至他们完成学业,有谁想跟我走?"

谁愿意打破这片寂静呢?来自广东香山的农家子弟黄宽站了起来。在一百多年前的中国,告别父母乡亲,背井离乡,坐5个多月的船,去一个全是"红毛鬼"的地方读书,听起来委实不像什么好事情。

在那个班级里,与黄宽一起站起来的只有容闳、黄胜。若干年后,容闳成为"中国留学生之父";黄胜则是中文报业先驱,创办中国自办的第一家印刷企业;黄宽成为中国第一位留英博士,他短暂的一生翻译了34部医学著作,将大量的医学术语引入中国。

那年头,即便在英国,能获得医学博士者也是凤毛麟角,黄宽完全可以凭学历在伦敦过上优渥的生活,但他毫不犹豫地回了国。

在香港,当地白人医生早已习惯了视华人为助手。而黄宽在美国、英国读书时,被当地家庭与师友平等相待。他在医学院以第3名的优异成绩毕业,却不料回国后,反而得不到同等的待遇。

他同样无法适应满清政府的官场习气。李鸿章曾请他北上担任医官,黄宽上任还不满半年,就拒绝了所有优厚条件,回广州重拾临床和教学工作。

但也有地方是黄宽的舞台。清朝末年,西医在中国人心中是神秘莫测的。这些"红毛鬼"和"大鼻子"将人的五脏六腑说切就切,还要解剖孩子的尸体,看起来实在恐怖。然而黄宽不一样,他不是"红毛鬼",说的是广东白话,又能像西医那样看病动手术,很快便声名鹊起。

那时候,他所在的医院每年能为2.6万人诊治。黄宽一生帮3000多人取出了膀胱结石。更深远的影响,则是他参与筹建了中国第一所医学院"南华医学堂"（即新中国成立前的岭南大学医学院附属医院的前身）。正是在这里，报国无门的他将自己的语言特长一点点融入了对医疗术语的翻译中。他不仅是解剖学、生理学和外科的教师，还撰写了一套教材，包括三年制的基础理论与两年制的临床实践，并为学校建立了实验室与标准间。他在特殊的历史节骨眼上，打造了这个国家第一个现代化的医疗培训体系。

黄宽把生命贡献给了广州的病人与医学教育。比起一同出国的同学容闳，这位同样占据很多个"中国第一"的医生却没有留下太多记录——除了若干医学论文。他没有写过回忆录，也没有子女，婚姻短暂，在大部分日子里，与姐姐的家人住在一起。

1878年，黄宽罹患项疽，却碰上英国大使的夫人难产。尽管家人劝阻，他仍坚持为难产的英国领事夫人出诊，使母子平安，自己却因劳累，病情加剧而去世。去世的时候，他还不满50岁。

案例出处

黄昉苨：《中国第一位西医诞生记》，载《中国青年报》2015年12月2日第11版。（有删减）

案例解析

本案例简要介绍了历史上第一位出国学医的中国人——黄宽的故事，时间跨度从其出国到最后病逝。大众可能知道"中国留学生之父"容闳，但未必了解当年是黄宽、黄胜与容闳三人一同出国，共同揭开了中国近代留学运动的序幕。黄宽、黄胜、容闳三人都具有敢为人先、大胆创新的精神，向西方学习的探索精神和冒险精神，这样他们才能抓住时代给予他们的机遇，从而开创自己的事业。第一次鸦片战争前夕，西方资本主义列强开始侵略中国，一部分西方传教士以办教育、传西医、行慈善为手段在中国活动，以达到传教的目的。鸦片战争战败之后，中国被迫打开国门，向西方开放，客观上促进了中西方的文化交流。黄宽、黄胜与容闳都是广东香山县（现为中山市）人，广东毗邻港澳，不仅是对外通商的重要区域，而且成为中国开眼看世界的窗口。因此，广东人有更多机会走出国门向外去谋求发展。

黄宽、黄胜与容闳作为中国近代历史上最早留学美国的人，比洋务运动时期官派留美幼童早了25年，可以说是洋务运动时期官派留美幼童的先驱。他们和后来的120名留美幼童都是被历史选择、被时代潮流推向前锋的杰出人物。以黄宽为例，他热爱祖国，最早从西方学医归国，运用自己所掌握的现代医学知识救死扶伤，还在西医医院中培养中国西医医生，为西医在中国的传播

第二章 对国家出路的早期探索

做出了开创性贡献。另外，从案例中可以看到，李鸿章虽然当时引进了西医，但是根本不重视西医。1862年，黄宽受聘于李鸿章幕府，但是不为李鸿章所用，再加上黄宽性格内向，适应不了满清政府的官场习气，最后不得不辞职。这也反映了洋务派"中学为体，西学为用"指导思想的局限性。李鸿章等人办洋务，主要是由于两次鸦片战争的失败以及在镇压太平天国运动的战争中，认识到西方坚船利炮的优势以及西方自然科学的进步，所以他们从维护清朝统治的利益出发，引进一些西方科学技术。但是他们的指导思想又决定了他们不可能迅速地引进西方现代科学，他们向西方的学习不可能彻底。

案例启思

请结合《留美幼童》等相关学习资料，谈谈近代留学生的学习经历给我们的启发。

教学建议

本案例介绍了洋务运动之前中国第一个出国学医的留学生——黄宽，另外，黄宽的人生经历与李鸿章对西医的态度有关联，可以此来反思洋务运动。本案例可以用于第二章中"洋务运动的兴衰"相关内容的讲解。

案例三　中国最早的官立西医学校

案例

我国历来注重中医，学习西医始于1835年广州基督教医院训练中国学徒为助手。

我国第一所新式学堂京师同文馆曾在1871年增设医学班，聘伦敦会医学博士德贞讲授医学和生理学。但由于受儒家思想的影响，总理衙门不相信西医外科，所谓"身体发肤，受之父母，不可毁伤"；士兵受了伤，伤口只用膏药封着，不让开刀，万一死了，也是保持全尸而死，聊以自慰。医学生理课只是在馆授课，仅作为一门课程，学习一部分知识而已。后来，同文馆总教习丁韪良曾建议将医学班扩充为学校，也由于"恐怕侵犯太医院"对医学的专属权而未能得到同意。因而，从实际成绩看，同文馆的医学班形同虚设，数年后即中断，没有培养出人才。

李鸿章最初并不相信西医，但亲身经历过几件西医治病的事件后，思想便有了转变，开始提倡西医。第一件事是：1879年，传教士马根济治愈了李鸿章妻子的病。第二件事是：1887年11月，李鸿章在天津病重，当地医生诊断为"舌癌"，都认为病将不治。李鸿章急召香港西医书院院长孟森，孟森日夜兼程到达天津，确诊为"舌下脓肿"。经引流，李鸿章舌疾霍然而愈。第三件事是：1895年3月，李鸿章赴日本签订《马关条约》时，被日本刺客用手枪击中左颊，西医林联辉成功地为李鸿章取出脸部的子弹。这一切使李鸿章对西医深信不疑。

1881年，直隶总督兼北洋通商大臣李鸿章在北洋施医局创办医学馆。该馆聘英国伦敦传教会医生马根济为医师，分甲、乙两种学制招收学生。甲种学制四年，乙种学制三年；用英语教学，专为海军服务。这是中国举办西医教育之始。1888年，马根济医生去世，医院被伦敦传教会收购。

在天津医学馆创办之初，李鸿章很不积极，几乎全听外国人怂恿。正是因为这个原因，天津医学馆欲续欲断，连北洋水师所需要的军医也不能满足。至

第二章 对国家出路的早期探索

于师资，则始终仰仗外国人。直到 19 世纪后期，清政府的官员才逐渐认识到西方医学外科的优点，开始应用在军事医学上。

1888 年，为配合北洋海军的成立，李鸿章又将北洋医学馆扩大编制，改为"天津储药施医总医院"，简称为"天津总医院"。天津总医院是李鸿章用官商捐筹的款创建的一所政府办的新医院，它是北洋旅顺、威海各口水陆军营医药之总汇，各口医院及海军战舰的正副医官都由总医院选派，平日为军民诊治疾病，有事则随队医伤。但各处医官极其缺乏，雇募洋医，用费又昂贵，"欲需医士，必立医学"，兴建西医学堂，造就医学人才，成为当时必须之"急务"。李鸿章参照西制创立北洋海军，又深知行军中医官极为重要，而"救治伤科，西医尤独擅专长"，军队中尤需外科医生。于是，李鸿章奏请在天津总医院内试办西医学堂。1893 年 12 月，李鸿章委派法国军医梅尼在原"医学馆"基础上创建北洋医学堂，并将它附设于天津总医院内，盖起了新校舍，主要培养海陆军外科医生。学堂与医院各悬横匾一块，分别为"北洋医学堂"和"北洋医院"。

学生以二十名为额，分为两班。第一班选自上海、香港洋文学堂中已通英国语言文字者十人；第二班选自天津中西书院武备幼学堂学生十人。课程设置按照西方医学校标准，设置生理学等多门课程。除重视课堂授课外，更重视"临症"。在课堂学习半年后，"医学门经略能领会"，就按日轮班"随军官往医院诊视"，"以考求经络，辨别药性为始基，以察肺腑之运行，练临症之理法为进步"。可见其重视医学理论与临床实践相结合的培养方法。学习年限为四年，学成后颁发执照，准以医学谋生。除分派北洋各医院外，亦派赴海军各营舰充当医官。如年限未满，或已满而医学未精，未得执照者，"不得自作聪明乱施刀圭"，只能"随医官在医院临症"，不能独自为人诊治。

1894 年 5 月，李鸿章奏告光绪帝，西医学堂"所选头、二班学生，分习洋文、医理、讲贯编摩，均能领悟……自天津医院告成，试办至今，卓有成效"。在奏折中，李鸿章强调创办西医学堂的重要性："北洋创办海军之初，雇募洋医，分派各舰，为费不赀。是以兴建西医学堂，造就人才实当务之急。"从李鸿章要求审批经费之请，光绪帝下旨："天津总医院遵照海军章程接续开办，估需经费银两，下所司知之。"然而，计划尚未付诸实施，1894 年，甲午中日战争爆发，11 月，旅顺、盖州失守以后，天津总医院就成了清军战地救护的总后方，其救护工作日益繁忙。锦州陷落前，锦州医局迁往榆关，同时将伤员分批载回天津总医院。

甲午战后，北洋海军覆灭，李鸿章去职，北洋医学堂和北洋医院发展陷于停顿。

案例出处

钱曼倩：《我国最早的西医学堂——北洋医学堂》，载《华东师范大学学报》（教育科学版）1985年第2期。（有删减）

张绍祖：《林联辉与北洋医学堂》，载《天津日报》2016年5月10日第10版。（有删减）

案例解析

本案例以中国最早的官立西医学校——北洋医学堂为切入点，实际上介绍了洋务派领袖之一的李鸿章对待西医的态度。洋务派以"中体西用"为指导，主张向西方学习。李鸿章是洋务派最重要的代表人物，他对待西医的态度经历了一个不太关注到笃信西医的认识过程，体现了李鸿章思想革新的一面。

虽然李鸿章较早接触到西医，但一开始，李鸿章对西医没有多少兴趣。例如他聘请军医马格里，不是去从事医疗工作，而是去制造枪炮，后来马格里又被聘从事外交活动。直到1879年，马根济给李鸿章夫人看病，取得了李鸿章的信任，李鸿章才真正地接受西医。此后李鸿章于1881年在天津开办北洋医学馆，1888年在北洋医学馆的基础上创建天津总医院（即北洋医院），1893年将医学馆改为北洋医学堂。李鸿章对近代中国的医院建设以及官办医学教育都做出了一定的贡献。有人评价指出，正是由于李鸿章在晚清社会有着举足轻重的地位和影响，因此，他信奉西医对西医的推广乃至西医在晚清社会所起的作用都产生了很大的影响。但需要指出的是，李鸿章所举办的医院、医学校都与军事有着密切联系，主要是服务于北洋海军，而不是为了医疗卫生和医学的发展。

案例启思

本案例介绍了李鸿章创办西医学校、西医医院的历史，请简要介绍洋务运动的主要内容及其历史作用。

教学建议

本案例主要介绍李鸿章创办西医的历史，包含的信息比较丰富，既可以借此分析洋务运动的历史作用，又可以挖掘其失败的原因。可用于第二章中"洋务运动的历史作用及失败"相关内容的讲解。

第二章　对国家出路的早期探索

案例四　洋务派代表人物对中西医学的看法

案例

洋务派办的北洋医学堂，基本是洋式的（课程设置有中医），但是，从李鸿章到袁世凯，都没有实行军队卫生近代化。北洋水师和新军都是中西医兼用的。在很长时期内，中医尚占主要地位。那么，洋务派首领对中西医学究竟持什么看法呢？光绪十六年（1890年），李鸿章为《万国药方》作的序中有这样一段话："《汉书·艺文志》列方技为四种，凡经方十一家……迹其撰录非不粲然雄观，然以意进逻病机，凭虚构象，非实测而得其真也。泰西医学有长官、有学堂，又多世业孤学，藏真府俞悉由考验，汤液酒醴更极精翔。且俞跗治疾，割皮解肌，湔浣肠胃，此法久逸。而彼方于肿疡、金疡、折伤、溃疡之石药剂杀尤得其传，且于草木金石之原则化质，——格致微眇，务尽其实用，非仅以炮制为尽物性，则尤中土医士所来逮者。予久伟其用心之精而立法之善矣。""是书专明用药方剂，亦如葛洪肘后、思邈千金之体，以便循省。倘学者合中西之说而会其通，以造于至精极微之境，与医学岂曰小补！"

李鸿章的序文中还谈到当时自日本传入之西医书目多，并评论罗雅谷的《人身图说》与中医学说多吻合之处等。由上述引文中大致可从三个方面探知李鸿章的西医学观。①指出二者方法论不同。即中医以"以意进逻病机，凭虚构象，非实测而得其真"，西医"藏真府俞悉由考验，汤液酒醴更极精翔"。②指出西药化学"格致微眇，务尽其实用，非仅以炮制为尽物性"，故西医药学较中医本草为精。③提出"合中西之说而会其通，以造于至精极微之境"，这是至今发现的最早的"中西医汇通"的观点。此论一出，对中国近代医学影响久远，故应重视其说。李氏秉国之时，以丧权辱国遗讥后世，但不可因其人而废其有见之论。

洋务派的另一首领张之洞，是集官僚、学者于一身的代表人物。"中学为体、西学为用"的口号经他阐发，成为1900年以后废科举、兴学校、引进西学的指导思想。1903年，由他主持制订的大学堂章程医科科目中，中医的课时虽少，但摆在首位，体现了医学的"中学为体"。直到洋务运动失败后，废

41

科举、兴学校成为清末政府新政时，张之洞还是坚持"中体西用"，唯恐西方的发展会损害封建统治。

🔍 案例出处

赵洪钧：《近代中西医论争史》，学苑出版社 2012 年版，第 60 ~ 62 页。（有删减）

✏️ 案例解析

本案例反映了两位洋务派代表人物对待西医的不同态度。李鸿章于 1893 年创办的北洋医学堂是我国最早设立的国立西医学堂，是中国政府开办西医教育的发轫之举。西医由传教士传到我国，在我国逐渐发展，引起了李鸿章的关注与重视。李鸿章甚至认识到中西医的思维方法不同，提出了"中西医汇通"的思想，即中西医各有所长，主张两种医学汇通、中西医兼用。张之洞是洋务派的巨擘，也是洋务运动指导思想"中体西用"的提出者。虽然他主张向西方学习、发展西医，但仍然强调中医的主体地位。总之，洋务派在发展近代医学事业方面有所作为，但成就很少，这与整个洋务运动的情况是一致的。因为洋务派以"中学为体、西学为用"为指导思想，不能从根本上学习西方。他们在办洋务的过程中，能够了解西方科学，但是由于自身所处的阶级局限性，他们不能积极引进西方先进文化。

💡 案例启思

本案例简要介绍了李鸿章、张之洞对待中医与西医的态度，提到了洋务派的指导思想"中学为体、西学为用"。请简要分析这一指导思想，以及回答洋务运动失败的原因。

❗ 教学建议

本案例介绍洋务派两位代表人物李鸿章、张之洞对待中西医的看法。李鸿章认识到西医的优点，提出了中西医汇通的观点，还开办了北洋医学堂，客观上促进了西医在中国的传播。张之洞秉持"中学为体、西学为用"的指导思想，主张中医较之于西医的主体地位。虽然他们都同意引进西医，但兴办西医的成效不大。本案例可以用于第二章中"洋务事业的兴办"相关内容的讲解。

案例五　早期维新思想家郑观应对中西医的看法

改良主义代表人物中，对中西医问题具有较全面见解的首推郑观应（1842—1922）。其名著《盛世危言》卷十四有《医道》一文讨论中西医。《医道》篇成文的年代不明，但可以定论是著于 1892 年以前。文中说："西国医学设专科……皆由名师教诲……迨至学成，官为考验，必须确有心得，给予文凭方能以医师自命……其难贵如中国之科第，故学问阅历精益求精，中国之医能如是乎？……此不若西医者一也。"

郑观应共列中医不如西医者五端：西医明脏腑，中医虽三世亦不知脏腑何形为其一；西医认为人之思虑智慧在于脑，中医无此说为其二；西医认为心之为用司乎血，脉因心跳而动，中医以切脉为治病之要，强分两手之脉为寸、关、尺，配以五脏，实属无理；西医事事征实，中医多模糊印象，贵乎空言为不如西医之三；中医之治法及药物炮制不如西医为其四；西医论症详，器械精，长于外科，此胜于中医者为其五。有此五端似乎应得出西医已大大优于中医的结论，但郑观应在该文之末做了折中的论断："窃谓中西医学各有短长。中医失于虚，西医泥于实，中医迟其效，西医贵其功。其外治诸方弥近弥精，中国失传，暗合中国古意而远胜时医，正不必曲为讳饰。谓宜考诸周书，参以西法，自太医院始一律详加考核。内证主以中法，外证参以西医。各省府州县镇市集资建立医院，考选名医，充当院长。肄业诸生须考其文理方准入院学习，悉心教授……不分中外，学习数载，考验有成，酌予虚衔，给以执照，方能出而济世。其无照而私自悬壶草菅人命者重惩不贷。"

郑观应还指出中西医治学方法不同，中医不如西医之研究手段先进。但他最后只是强调了西医外科高明，并提出一套近似于西方的医师管理方法。此文的倾向是推崇西医的学术，提出创立"医院"（实则学校），内症主以中法，外症主以西法，不分中外悉心教授，但没提出学术上的汇通问题。

郑观应另一专著《中外卫生要旨》编于 1890 年，1893 年刊行。其内容即选辑中外养生及卫生之说而成。中学杂以黄老之学，兼及佛学。西学主要参考英国医生海德兰的著作，学术上可谓兼收并蓄。

案例出处

赵洪钧：《近代中西医论争史》，学苑出版社 2012 年版，第 62～64 页。（有删减）

案例解析

本案例介绍了近代中国早期维新思想家郑观应对中西医问题较全面的见解。郑观应是早期的维新思想家，也就是改良主义思想家或者称为改良派。早期维新思想家除了郑观应，还有王韬、薛福成、马建忠等。早期改良派致力于政治改革的舆论准备，宣传引进西方社会思想，很少论及医学，而郑观应是其中论述中西医较全面的代表。郑观应在《医道》一文中从医学理论、治疗方法、药品制作、各自优势等方面对中医与西医进行了比较，同时郑观应是最早提出改革中医教育的人，《医道》中提到设立医院、医学校，引进西医。尽管郑观应认为西医优于中医，但并没有主张淘汰中医、全盘西化，而是主张学习西医，主张中西医结合。同时要求学习西方的政治、经济学说。郑观应跟其他的改良主义思想家一样，具有比较强烈的反对外国侵略、追求中国独立富强的爱国思想，以及具有一定程度反对封建专制的民主思想。

案例启思

郑观应的《盛世危言》是以富强救国为核心的著作，具有重要的思想启蒙意义，对康有为、对维新运动都产生了直接的影响。请列举百日维新期间颁布的改革措施，并选择其中的措施进行简要分析。

教学建议

教材第一章当中提到了郑观应的启蒙思想，即郑观应在《盛世危言》中提出大力发展民族工商业，同西方国家进行"商战"，设立议院，实行"君民共主"制度等主张。本案例补充介绍郑观应的中西医结合思想。可用于第二章中"维新运动的兴起和夭折"相关内容的讲解。

第二章 对国家出路的早期探索

案例六 极力贬中褒西的学界泰斗——吴汝纶

案例

吴汝纶（1840—1903），字挚甫，安徽省桐城县（今枞阳县会宫镇老桥村吴牛庄）人，晚清文学家、教育家。同治三年（1864年）举人，次年中进士。曾先后任曾国藩、李鸿章幕僚，历官直隶深州、冀州知州。光绪十五年至二十八年（1889—1902），主讲保定莲池书院，晚年被任命为京师大学堂总教习，不就，自请赴日本考察学政。归国后，还乡创办桐城学堂。与马其昶同为桐城派后期主要代表作家。

吴氏与张裕钊、黎庶昌、薛福成并称"曾门四弟子"。曾国藩尤其属意张、吴。其为文宗桐城派，求文者甚众，人称桐城派最后宗师。吴氏生前刊刻的著作有《深州风土记》《东游丛录》等。殁后一年，其子吴凯生编次《桐城吴先生全书》印行，内含文集、诗集、尺牍及说经著作等6种。另有编订未刻及未编定者多种。之后陆续有《桐城吴先生日记》《尺牍续编》及多种点勘古籍行世。

从光绪十五年（1889年）起，吴汝纶主讲保定莲池书院。吴汝纶到院后，锐意改革，聘请日本教师教授外文，改进教学方法。因此，国内慕名求学的青年很多，严复、林纾、马其昶、姚永朴、姚永概、李光炯、房秩五等人都受过教益。当时住在北京的日本和西方文人学者也常往保定向吴汝纶请教，特别是日本教育界人士与他来往频繁。他们之间的相互交流促进了吴汝纶对西学的了解，使之萌生了兴办新式学堂的想法。

由于曾国藩、李鸿章的赏识，又主讲莲池书院12年，加之文章风行海内，吴汝纶一时名重朝野。不过，他在当时的影响更多来自他对西学的重视，特别是严复翻译《天演论》和《原富》的时候都请他写序，其思想对清末启蒙运动有极大影响。

然而，甲午中日战争中国惨败，以及之后八国联军占领北京，慈禧太后仓皇出逃，使吴氏对洋务派乃至清廷完全丧失了信心。这样我们才可理解，1902年，吏部尚书兼管学大臣张百熙举荐他出任京师大学堂总教习时，他为什么坚

45

辞不就。最后，张百熙亲自登门"拜跪以请"，他仍不允，而是提出先行到日本考察学制，再定莅任。考察日本归国后，他没有赴任，而是回乡自己办教育去了。

吴氏对中西医问题，可谓言行一致。他把中医说得一无是处，自己也宁死不用中药。他对中西医的见解大多见于书信，部分摘引如下：

（1）称中医为含混医术："今西医盛行，理凿而法简捷，自非劳瘵痼疾，决无延久不瘳之事。而朋好间至今仍多坚信中国含混医术。安其所习，毁所不见，宁为中医所误，不肯一试西医，殊可悼叹。"（辛卯六月晦日答肖敬甫，即1891年）

（2）说中医一钱不值："近日五洲医药之盛，视吾中国含混谬误之旧说，早已一钱不值。近今西医书之译刻者不少，执事曾不一寓目，颛颛焉惟素问、灵枢、伤寒、金匮、千金、外台等编，横亘于胸而不能去，何不求精进若是！平心察之，凡所谓阴阳五行之说果有把握乎！用寸口脉候视五藏果明确乎！本草药性果已考验不妄乎！五行分配五藏果不错谬乎！"（癸巳三月二十五日与吴季白，即1893年）

（3）激烈批评阴阳五行说和脏腑开窍说："中医所称阴阳五行等说绝与疾家无关，此尚是公理，至以目疾为肝肾二经，则相去千里。吾料公今所服药大率皆治肝补肾之品。即令肝肾皆治，要于目光不相涉也。况中药所谓治肝补肾者，实亦不能损益于肝肾也？然且劝公勿久服者，重要性质言人人殊，彼皆所云补者不补，其所云泄者不泄，乃别有偏弊，而本草家又不能知，特相率承用，而几悖其获效，往往病未除而药患又深，此不可不慎防者。"（戊戌十二月四日与贺松坡，即1898年）

（4）盛称西医和西法法医："前初见文部大臣菊池君，即劝兴西学。昨外务大臣小村君亦谆谆言医学为开化至要，且云他政均宜独立，惟医学则必取资西人，且与西人往来论医，彼此联络，新学因之进步，取效实大等语。是晚医学家开同仁会款待毓将军及弟等，长冈子爵、近卫公爵、石黑男爵皆有演说，皆望中国明习西医，意至垦至。东京医家集会者近百人，可谓盛会。而弟所心服者，尤在法医。法医者，检视生死伤病以入囚罪，近年问刑囚罪，近年问刑衙门获益尤多。吾国所凭《洗冤录》仵作等，直儿戏耳。恐议者以医为无甚关系，故具书此间所闻，以备张尚书采择。"（壬寅六月十日与李亦元，即1902年）

（5）在日本西医界欢迎他的招待会上致答辞，完全否定中医："敝国医学之坏，仍是坏于儒家。缘敝国古来医书列在《汉书·艺文志》者皆已亡佚，今所传医经《素问》大抵皆是伪书，其五藏部位皆是错乱。其所以错乱之故，

第二章 对国家出路的早期探索

缘敝国汉朝有古文、今文两家之学，古文家皆是名儒，今文则是利禄之士。古文家言五藏合于今日西医，今文家言五藏则创为左肝右肺等邪说。及汉末，郑康成本是古文家学，独其论五藏乃反取今文。自此以后近二千年，尽用今文五藏之说，则郑康成一言不慎，贻祸遂至无穷，其咎不小。敝国名医以张仲景、孙思邈为最善。仲景伤寒所称十二经，今西医解剖考验实无此十二经络。苏东坡论医专重孙思邈，今观《千金方》所论五藏亦皆今文之说。此敝国医道所以不振之由也。"（同仁会欢迎会答辞）

可想而知，受吴氏思想影响很大的壬寅和癸卯学制（1902年和1903年清政府制定的教育制度）存有废止中医的倾向。

因此，中国知识界否定中医且有废止中医倾向，不是始于五四运动，更不是始于南京国民政府时期，而是早在1900年之前。

案例出处

赵洪钧：《近代中西医论争史》，学苑出版社2012年版，第3～7页。（有删减）

案例解析

本案例介绍了晚清学者吴汝纶对待中西医截然不同的态度。与洋务派李鸿章对待西医持开放态度不同，吴汝纶虽然是曾国藩的得意弟子之一，与李鸿章联系密切，但他对中医深恶痛绝，对西医则大力褒扬，这一现象十分值得分析。

洋务运动的指导思想是"中学为体，西学为用"，意思是以中国封建伦理纲常为主体，用西方的近代工业和技术为辅助，并以前者来支配后者。1894年，中国在甲午战争中的惨败宣告了洋务运动的失败。洋务运动的失败也宣告其"中体西用"思想的失败。甲午战争的惨败造成了新的民族危机，激发了新的民族觉醒。而站在救亡图存和变法维新前列的正是知识分子，他们不但要求学习西方的科学技术，而且要求学习西方资本主义的政治制度和思想文化。在内忧外患的冲击和中西文化的碰撞过程中，中国知识分子逐渐形成了一个共识：要救国，只有维新；要维新，只有学外国；日本向西方学习有成效，中国人也要向日本学习。具体到当时学界泰斗吴汝纶，他厌弃中医，不仅因为中医属于旧学，而且因为明治维新时期，日本抛弃中医选择西医。吴汝纶摒弃中医、重视西学的思想不仅影响了清末以后的知识分子，而且是当时向日本学习、实行维新变法这一社会思潮的代表。八国联军侵占北京后，清朝统治者仓皇出逃，使得吴汝纶对洋务派乃至清廷完全丧失了信心。因此，他厌弃旧学、渴望新学,向日本学习,甚至与洋务派决裂自办教育,这些都反映了他学习西学新思想的极大热忱。而中医有着悠久的历史,有它的理论体系以及代表性的名医名著,属于旧学的范畴。因此,吴汝纶才会彻底提倡西医、西学,对中医持否定态度。

案例启思

在维新运动过程中,洋务派和维新派两派之间展开了激烈的论战。请具体分析洋务派与维新派的联系与差异。

教学建议

本案例介绍了晚清著名教育家、文学家、桐城派最后宗师——吴汝纶贬低中医褒扬西医的思想,吴汝纶否定中医、拥抱西医的原因不仅仅在于他的开明思想,更在于当时洋务运动失败、中华民族面临日益严重的危机这一社会背景。本案例可用于第二章中"维新运动的兴起和夭折"相关内容的讲解。

案例七 资产阶级改良派的卫生方针

案例

改良派致力于政治改良的舆论准备,宣传引进西方学术虽属舆论内容重点之一,但很少论及医学。

著名的改良主义思想家梁启超(1873—1929)曾于1897年在上海《时务报》撰《医学善会叙》一文,对历代统治者不重视医学,医疗水平很低进行了猛烈的抨击。文末指出医药之重要说:"故不求保种之道则无以存中国,保种之道有二,一曰学以保其心灵;二曰医以保其身躯。"戊戌变法六君子之一的康广仁,曾随嘉约翰习医3年,后在澳门办《知新报》,有专栏介绍西医,宣扬医学维新论。1897年11月11日,该报刊登刘祯麟《富强始于卫生论》一文,称"欲治天下必自治国始,欲治国必自强民始,欲强民必自强体始。强体之法,西人医学大昌,近日骎骎乎进于道矣"。改良派的理论之一是科学救国,医学界则提出了上述医学救国论。

1898年,百日维新时期,光绪帝谕称:"医学一门关系至重,极应另立医学堂考求中西医理,归大学堂兼辖,以期医学精进。"梁启超也说:"医者……泰西大学为一科,今特许增之,实为维新之一政也。"改良主义者们所留下的医事政绩大约只有这么两句话了。

中国的改良派在政治上主张君主立宪,文化上主张全面引进西方科学,这些和日本明治维新的纲领极其相似。梁启超概括其政治主张时说:"吾今为一言以蔽之曰,变法之本在育人才,人才之兴在开学校,学校之立在变科举,而一切要其大成在变官制。"在梁启超看来,在中国欲维新必废科举。这种变法一不触动封建社会的经济基础,二不打碎封建礼教,只影响一批无能官僚的利益,因此迅速失败,足见变法时的中国和维新时的日本有极大差别。

在百日维新中,改良派的主张实际上一条也没有来得及实行,医学改良更不用说,但这种思想已成为一种潮流。1900年以后清朝政府已完全不能控制全国形势。迫于自下而上的压力,1902年不得已再行新政。以医学界而言,当时不少地方有所谓"医学研究会"之设,不过多为趋时之举,转瞬即逝,这类组织在当时不能有所成就是很自然的。因为当时的新政是在洋务派和慈禧集团控制下实行的,他们是迫不得已而为之,况且国家千疮百孔,亦无实力实行。加之当时中国人懂西医者少,而且这些人又少与中医界合作,改良医学更不可能有什么成就。

还应该提到著名的资产阶级启蒙理论家严复(1853—1921),他对医学救国论也有颇大影响。他在《原强》一文中说:"盖生民之大要三,而强弱存亡莫不视此。一曰血气体力之强,二曰聪明智虑之强,三曰德行仁义之强,是以西洋观化言治之家莫不以民力、民智、民德三者断民种之高下。未有三者备而民种不优,亦未有三者备而国威不奋者也。"这种把身体强壮放在第一位的强国论,即后来"强国必先强种"论的理论基础。

🔍 案例出处

赵洪钧:《近代中西医论争史》,学苑出版社2012年版,第64～66页。(有删减)

✏ 案例解析

本案例简要说明了资产阶级改良派的卫生方针。资产阶级改良派在文化上主张全面引进西方科学,而西医属于西方科学的范畴,因此维新派主张引进西方医学。而维新派代表人物主要是从科学救国、医学救国的角度来宣传维新医学的,这也和他们"保种、保教、保国"的口号一致,引进西方医学,改革中医，就可以保种、保民，从而达到保教、保国。

在百日维新中，改良派并未全面实施其医学改良计划，只是提出在京师大学堂里设一个医学堂，但也没有实行。因此，维新派强调的是引进西学。他们不懂医学，不懂医学教育，对怎样采中西理法同时教授，以及当时中国医学界有无这种能力均未考虑。这种改良医学教育的思想还是很笼统的。戊戌维新运动虽然失败了，但它在中国近代史上仍然有着重大的历史意义。本案例反映了维新运动在改革社会风习方面提出的新的主张，如引进西医，改良中医，重视卫生，因此维新运动有利于中国近代社会的进步。虽然百日维新昙花一现，但是改良医学的主张已经成为一种社会思潮，对后来的中西医学产生了一定的影响。

案例启思

本案例介绍了维新运动是近代中国一场思想启蒙运动，提倡学习西方自然科学知识的思想，请结合维新变法运动的历史，谈谈其失败的原因。

教学建议

本案例是关于资产阶级改良派的卫生方针，不仅可以作为对百日维新内容的补充，而且折射出了维新运动的不足。可用于第二章中"维新运动的兴起和夭折"相关内容的讲解。

案例八　中国近代第一位女留学生——金韵梅

案例

金韵梅（1864—1934），又名金雅妹，浙江宁波人，近代中国第一位女西医，也是第一位女留学生。她两岁半时父母双亡，由宁波长老会的美国传教士麦加缔博士收养，后随麦加缔到日本生活了14年。1881年，17岁的金韵梅到纽约医院附设的女子医学院学习，4年后以班级第1名的优异成绩毕业，成为第一位毕业的中国留美女学生。毕业后，金韵梅先后在纽约、佛罗里达和华盛顿的医院里工作。她不但拥有扎实的理论知识，而且实践技术精

第二章 对国家出路的早期探索

湛，尤其对显微镜的利用见解独到。1887年，她在纽约《医学杂志》发表的《显微镜照相机能的研究》一文引起同行专家的重视。此外，她还发表过《论照相显微术对有机体组织的作用》等学术论文，提出自己在医疗化验技术上的独到见解，因此在纽约医学界小有名气。凭借自己的能力和知名度，金韵梅完全可以在美国享受优越的生活和工作条件，但她还是毅然决然地回国。按理来说，金韵梅年少时已背井离乡、远赴他国，她对祖国的印象很模糊，可为何还要选择回国呢？因为她依然未能忘记自己的悲苦身世——父母双亲是因中国落后的医疗技术而失去生命的，她觉得自己有责任改变这种局面。

1888年，她回国后积极投身于医疗事业，先后在厦门、广州、成都等地开设私人诊所。在长达20年的行医生涯中，她治愈病患无数，深受人们欢迎。就连时任直隶总督的袁世凯也极为赞赏她的医术和医道，极力邀请她到天津筹办北洋女医学堂和女医局，从此金韵梅开启了她人生的另一征途。

1907年，金韵梅担任中国最早的公立女子医院——北洋女医院（局）院长。在任期间，她以西方先进医学和医院为榜样，制定了一系列行政管理、人才选用及医疗用药等制度，使得医院工作日趋正规化，受到患者的青睐，北洋女医院也成为天津的名牌医院。1908年，金韵梅在天津创办护士学校——北洋女医学堂，主要招收直隶地区贫困人家的女子入学学习。在担任该校校长的8年时间里，金韵梅亲自执鞭任教，将在国外学到的近代医学科学知识和她行医20多年所取得的丰富临床经验和诊断技术无私地传授给学生。1915年，金韵梅赴美期间还特意向《纽约时报》介绍天津北洋女医学堂的情形，她说："中国妇女不愿接受男医生，所以我们正在天津的学校里培养女医生。我们在妇女与儿童疾患的护理和治疗方面做了许多工作，但我们的工作仅仅只是开始。"

在金韵梅的执掌下，北洋女医院和女医学堂都取得很好的效果，仅在1911年的前十个月中，女医局施治病人即达1.6万余名，女医学堂附属养病院，住院病人有180余名。女医学堂开办两年后，首批学员何渊洁、崔淑玲等11人毕业，次年又有胡儒贞、孙淑贞等5人毕业，这是近代中国自行培养出的第一批护理人才，其影响深远。这些女学员服务于天津各医院，使西方先进的护理技术得到了广泛的应用。金韵梅不仅热衷于医疗卫生事业，而且热心于慈善活动和教育事业。利用业余时间，她亲自带人去北京市的孤儿院考察，在给孤儿们送医送温暖的同时，不忘呼吁社会各界给他们更多关心。她曾先后捐给燕京大学价值15000元的房屋地基及6200元现金。

1934年3月，金韵梅因患肺炎医治无效在北京协和医院与世长辞，享年

70 岁。作为近代中国第一位女留学生、第一位女西医、第一位女院长兼校长，她一生致力于改变中国的医疗和医学教育事业，其事迹值得人们称赞。《纽约时报》对她的评价是："金韵梅身高不到 5 英尺，体重小足 100 磅，从不穿西式服装，总是身着鲜艳的中国式丝绸长袍，发髻上插一朵鲜花，可以讲中、英、日、法四种语言。她是当今世界最杰出的女性之一，她在自己选择的职业上取得了奇迹，是本民族进步运动的一位领袖。"

案例出处

亓曙冬编：《西医东渐史话》，中国中医药出版社 2016 年版，第 105～107 页。（有删减）

哈恩忠：《近代第一位女留学生金韵梅》，载《中国档案》2015 年第 3 期。（有删减）

案例解析

本案例介绍了中国近代第一位女留学生、第一位现代女医生金韵梅的传奇一生，而她个人的命运折射出了当时的社会背景以及时代的变迁。她出生在内忧外患、民族灾难深重的近代中国，两岁成为孤儿，最后被传教士麦加缔收养。然而，不幸的金韵梅又是幸运的，可以说，中国社会走向近代化的机遇使她成为第一位到西方国家留学的中国女性，再加上天资聪慧、勤奋好学，最终她能学有所成。而经过维新运动、清末的新政和改革，中国逐渐开始现代化进程，机遇又使她成为最早为国人健康造福的中国女西医，因此，个体的命运跟所处的时代背景是息息相关的，金韵梅的人生经历也是近现代中国历史的缩影。

案例启思

本案例从近代医学人物史的角度介绍了金韵梅的生平事迹，见微知著地反映了近代中国社会的发展变迁。请结合案例，谈谈金韵梅的人生经历给我们留下了什么样的宝贵精神，我们从她的人生经历中可以获得什么样的思想启迪。

教学建议

本案例介绍了近代医学人物金韵梅不平凡的一生。她的一生跨越中国近代到现代的历史，是中国女性走向现代的缩影，对妇女解放运动起到了推动作用，可用于第二章中"戊戌维新运动的意义和教训"相关内容的讲解。

第三章　辛亥革命与君主专制制度的终结

▶ 案例一　孙中山的医学生涯

 案例

1892年12月18日，孙中山在澳门开设了一所"中西药局"，销售中西药品。为此，他向镜湖医院借了两千银圆。根据合同，他在该院免费为病人诊治，而该院则用他所借的款购买西药发给病人。

孙中山的"中西药局"有这样的一段启事："本局拣选中西地道良药，各按中西制法分配成方。中药则膏丹丸散，色色俱备，并择上品药料，监工督制，每日所发汤剂皆系鲜明饮片，参蓍桂术，不惜重资购储极品以待士商惠顾，冀为传播。所制西药，早已功效昭昭，遍闻远近，无烦赘述焉。中西各药，取价从廉，已于17日开市。"

从上面的启事中可知，这个药局供应中西药品是有意义的。它在一定程度上反映出作为西医的孙中山兼容中药的态度。孙中山凭借精湛医术和医德，很快赢得病人的信任而在当地闻名。这从《镜海丛报》创刊号所刊载的他的6个病例中可以看出。这6个病例，包括急病和慢性病、妇产、内、外等科，病人包括中外男女，来自澳门及香港等地，证明孙中山在医疗上的成功，而当时的他只有27岁。

《镜海丛报》在1893年三次刊登澳门一魏姓病人以"神乎其技"为标题的告白，赞颂孙中山的医道。该病人患痔疮20余年，越治却越严重。春季痔大发，每日必大解，每大解必卧床数时而后起。由孙中山诊治，用药水激之法，又兼服药丸，次日其痔枯缩过半。不过7日，其痔遂脱，毫无他害。病人

家中男女老幼等人亦经孙中山治疗所患十数年之肝风及脑疾,以及60余年之咯血,均各奏效神速。

《镜海丛报》上还刊有题为"春满镜湖"的一个告白,从中可知孙中山在澳门三个地方应诊:每日上午7~9时在"中西药局";10~12时在镜湖医院赠医义诊;下午1时在"写字楼"应诊,3时以后为出诊时间。这个告白还表彰孙中山医德高尚,对医金不加计较,对贫困病人赠医不取分文,以及对急诊随时速往,绝无迁延,等等。

遗憾的是,他的名声招致当地的葡萄牙籍医生的嫉妒。他们利用澳门当局关于"凡不持有葡萄牙医学文凭的医生,不得在澳门行医"的规定,说服当局禁止孙中山在当地行医,他遂于1893年春移居广州,先后在广州西关冼基创设"东西药局",并在当地双门底圣教楼设诊所,后又在香山县石岐镇与友人合开了"东西药局"支店。

孙中山在繁忙的诊务中,仍在联络友人继续政治活动。1894年1月,他起草了一封八千余字的信给李鸿章,阐述自己的政治改革见解,强调中国欲强盛,应学习欧洲各国富强之本,采纳先进科学技术,发展农工等业。当年7月,他辗转奔赴天津,向李鸿章递交了书信。但是,令他失望的是,他的书信如石沉大海。同时,他亲眼看到清政府官吏的腐败,他们大肆勒索向李鸿章求职的人而致富。此外,当年7月25日爆发的中日甲午之战,清政府因腐败无能而遭惨败。这一切都进一步促使他认识到寄希望于封建官僚自我改良无济于事,"和平之手段,不得不稍易以强迫"。实际上,进行革命和推翻清廷的思想,在他的心中已酝酿很久。他在日后谈到他之所以选择医业,是想"以医校为革命宣传之地,借医道为入世之门",而1883—1885年中法战争,清廷被迫签订中法条约,更激发他推翻清政府的决心。他说:"余自乙酉中法战役之年,始决意倾覆清廷,创建民国之志。"他在一次讲演中还说:"余回祖国,就学于本城之博济医院。仅一年,又转香港雅利士院,凡五年,以医亦救人苦难术。然思医术救人所济有限,其他慈善亦然。若夫最大权力者,无如政治。政治之势力可为大善,亦能为大恶。吾国人民之艰苦,皆不良政治为之。若欲救国人,非锄去恶劣政府不可,而革命思潮,遂时时涌于心中。"

1894年11月,孙中山在檀香山成立了"兴中会"。从此,他放弃医业,走上医国之路。1895年广州起义失败,清政府以重金悬赏,索取他的头颅。他在密探跟踪之下,于1896年辗转到达英国伦敦,并与他的老师康德黎和Manson重聚。10月1日,他在伦敦清使馆附近被秘密绑架,囚禁于清使馆内。正当清政府谋划遣解他到北京加以谋害之危难时刻,一名在清使馆工作的英人妻子,秘密投信给康德黎。康德黎和Manson立即四处奔走,竭力营救,终于

第三章 辛亥革命与君主专制制度的终结

使孙中山在当月23日获救。之后,他在伦敦居留约9个月,大部分时间在大英博物馆读书。正如康德黎所述:"孙中山在伦敦停留期间,从未浪费片刻光阴于个人的欢娱之事,而是不停地工作。他阅读政治、外交、法律、军事、海事、矿冶、农业、畜牧、机械工程、经济等方面的书籍,把注意力集中在认真的学习上。"

此外,孙中山在伦敦还忙于不少其他活动,包括用英文记述了他被清使馆绑架和获救的经过等。值得特别提出的是,他把英国人所写的书译成中文,题为《红十字救伤第一法》,并于1897年由英国红十字会出版。

其后,孙中山离开英国,重新投入革命。在国内外广大同情者和人民群众的支持下,终于在1911年推翻了清廷。1912年1月3日,他被选为临时大总统,在南京宣告"中华民国"成立。极为不幸的是,他由于积劳成疾,身患肝癌,在北京先后经西医和中医治疗无效,于1925年3月12日溘然长逝,年仅59岁。

作为中国历史上的伟大革命先驱,孙中山可称是中国医学史上以其卓越、崇高的精神和行动,实现医人医国理想的榜样。

案例出处

马堪温:《从医人到医国——孙中山的医学生涯》,载《中华医史杂志》1997年第4期。(有删减)

案例解析

本案例以较为详细的历史资料呈现了孙中山先生从"医人"到"医国"的转变。作者通过详细的叙述充分展现了孙中山在医术方面的造诣,以及思想转变的过程。从19世纪末中国社会的情况来看,民族危机加深,社会矛盾激化,通过改良的道路来改变中国已无可能,正是在这种情况下,孙中山才举起革命的大旗,成为"中国民主革命的先行者"。

作为20世纪中国历史上的三大伟人之一,孙中山先生为实现民族解放和国家富强做出了巨大的历史贡献。从孙中山的革命生涯来看,可以分成三阶段。第一阶段(1894—1911年):这一时期,孙中山领导民主革命,最终推翻清王朝,建立中华民国。而孙中山从"医人"到"医国"的转变,恰恰就发生在这一阶段。第二阶段(1912—1919年):这一时期,孙中山先生为了完成民主革命的任务而继续努力,尽管所推动的革命运动多以失败告终,但这种不屈不挠的革命精神激励了大家继续前进。第三阶段(1919—1925年):这一时期,孙中山先生和苏联及中国共产党进行了合作,推动了国民革命的兴起,为

55

完成国家统一做出了巨大贡献。习近平在纪念孙中山先生150周年诞辰大会上的讲话中也指出:"孙中山先生是伟大的民族英雄、伟大的爱国主义者、中国民主革命的伟大先驱,一生以革命为己任,立志救国救民,为中华民族做出了彪炳史册的贡献。"孙中山先生从"医人"到"医国"的转变,正是他做出历史卓越贡献的基础。

案例启思

为什么说孙中山领导的辛亥革命引起了近代中国的历史性巨大变化?

教学建议

辛亥革命作为中国近代历史中具有标志性的重大事件,孙中山先生又在这一重大历史事件中扮演了十分重要的角色,因此将孙中山先生的思想转变与辛亥革命的进程密切关联起来,是本章教学的重点。通过孙中山先生思想的变化,能够深入理解辛亥革命爆发的历史条件以及产生的历史影响。可以结合历史唯物主义,加深对孙中山的正确认识。还可以结合毛泽东、习近平同志对孙中山的评价,让学生掌握唯物史观的人物评价方法。本案例适用于第三章中"举起近代民族民主革命的旗帜"相关内容的讲解。

案例二　鲁迅的弃医从文

案例

与许多日本人友善地对待鲁迅的态度不同,他的一些日本同学持帝国主义立场,这种立场当时正得到军队和政界领导人的大力倡导,持这种立场的日本人把中国人看作是"东亚病夫"。1905年9月的某一天,鲁迅所在年级的几位学生会干事来到鲁迅的房间,要求查阅他的听课笔记本。鲁迅给他们看了笔记本,他们刚离开不久,邮递员就给鲁迅送来了一封很厚的信,信中的第一行文字就是"你改悔罢!"这是托尔斯泰在日俄战争爆发后写给俄国沙皇和日本天皇的信件的第一行字,在信中,托尔斯泰敦促两国皇帝停止战争。许多日本人把托尔斯泰的这行文字看作是对他们天皇的冒犯。

第三章 辛亥革命与君主专制制度的终结

鲁迅认为整个事件是当时日本盛行的帝国主义狂热的产物,他们认定中国人是低能儿。那些指控他考试作弊的日本同学相信:没有外力的相助,他一个中国人是不可能考到 60 分以上的。

后来,鲁迅决定终止他的医学课程,回到东京继续学习,并投身于文学事业。虽然考试事件中那些日本同学对鲁迅的歧视行动并不是他放弃医学专业的主要原因,但是它肯定对鲁迅的选择产生了影响。最终促使鲁迅下定决心离开仙台医学专门学校的是那些关于日俄战争的幻灯片,这些幻灯片是在细菌学课程之后的休息时间播放的。当时日俄战争的陆上战斗大部分都在中国的领土上展开,而幻灯片中出现的景象就是来自中国东北部地区。日俄两个列强国家正在为瓜分中国东北和朝鲜的势力范围而处于交战状态,日本军队占领了旅顺港,并且在沈阳附近打败了俄国军队。鲁迅写道:

但我接着便有参观枪毙中国人的命运了。第二年添教霉菌学,细菌的形状是全用电影来显示的,一段落已完而还没有到下课的时候,便影几片时事的片子,自然都是日本战胜俄国的情形。但偏有中国人夹在里边:给俄国人做侦探,被日本军捕获,要枪毙了,围着看的也是一群中国人;在讲堂里的还有一个我。

"万岁!"他们都拍掌欢呼起来。

这种欢呼,是每看一片都有的,但在我,这一声却特别听得刺耳。此后回到中国来,我看见那些闲看枪毙犯人的人们,他们也何尝不酒醉似的喝彩,——呜呼,无法可想!但在那时那地,我的意见却变化了。

到第二学年的终结,我便去寻藤野先生,告诉他我将不学医学,并且离开这仙台。他的脸色仿佛有些悲哀,似乎想说话,但竟没有说。

幻灯片事件发生在 1906 年 1 月,鲁迅后来指出,幻灯片上的中国看客们看上去身体健康、精力旺盛,因此,需要救治的不是他们的身体而是他们的精神。出于这些考虑,鲁迅决定放弃医学专业,他从此走上了文学创作之路。

在鲁迅留日期间,中国知识分子注意到了欧洲的文学变革往往先于政治变革,文学作品直接影响着公众思想的趋向。1902 年,梁启超在东京创办《新小说》刊物。在创刊号上,他撰写了一篇题为《论小说与群治之关系》的文章,在文中他写道:"欲新一国之民,不可不先新一国之小说。故欲新道德,必新小说;欲新宗教,必新小说;欲新政治,必新小说;欲新风俗,必新小说;欲新学艺,必新小说;乃至欲新人心,欲新人格,必新小说。何以故?小说有不可思议之力支配人道故。"

梁启超这篇文章对儒家古老的"文以载道"箴言进行了新的解释,文学要承载的不再是孔子之道,而是现今的改良和革命之道,至少文学要传达社会变革和经济现代化的"道"。鲁迅未必赞同梁启超的政治观，但是当他开始接触欧洲现代文学后，他赞同文学在中国的现代化中起着重大的作用这样的文学观。虽然这样的文学观后来并非一成不变，但是它的确在整个20世纪的中国占据了统治地位。这样的文学观也成为鲁迅做出弃医从文抉择的另外一个刺激因素。

从仙台医专获得官方退学许可后，鲁迅便去拜访藤野教授，目的是向他告别，藤野教授送给鲁迅一张照片，且在照片上写下"惜别"的文字。鲁迅很珍视藤野教授的这张照片，许多年之后，他还把老师的照片挂在北京居室的墙上，照片上的藤野先生激励他不断地进行抗争。鲁迅还把留有藤野先生批注的听课笔记装订成6卷，把它们当作藤野先生帮助和鼓励他学习的纪念物品。

回到东京后，鲁迅很快找到了住所，并去见他的好友许寿裳，许寿裳问了他放弃医学专业的原因。许寿裳后来回忆道："鲁迅踌躇一下，终于说：'我决计要学文艺了。中国的书呆子、坏呆子，岂是医学所能治疗的么？'我们相对一苦笑。"

案例出处

［英］秦乃瑞：《鲁迅的生命和创作》，王家平、张素丽译，中国国际广播出版社2014年版，第79～81页。（有删减）

案例解析

鲁迅（1881—1936），原名周树人，字豫才，中国近代著名的文学家、思想家，曾于1902年至1909年在日本留学。鲁迅曾经对自己弃医从文有过说明："我的梦很美满，预备卒业回来，救治像我父亲似的被误的病人的疾苦，战争时候便去当军医，一面又促进了国人对于维新的信仰。"不过鲁迅这一美好愿望，很快被案例中所提到的"幻灯片事件"改变。"幻灯片事件"使得鲁迅受到了极大的刺激，促使他最终"弃医从文"。他说："我便觉得医学并非一件紧要事，凡是愚弱的国民，即使体格如何健全，如何茁壮，也只能做毫无意义的示众的材料和看客，病死多少是不必以为不幸的。所以我们的第一要著，是在改变他们的精神，而善于改变精神的是，我那时以为当然要推文艺，于是想提倡文艺运动了。"可见，鲁迅的个人转变仍是来自外在因素的影响，换句话说是由中国的屈辱处境所促发的。从根本上说，近代中国的革命是被外国侵略者和本国封建统治者逼出来的。1904年至1905年，日俄两个帝国主义国家爆发了为争夺中国东北权益的战争，清政府反倒宣布"局外中立"，最终日本战胜俄国，攫取了沙俄在中国东北享有的大部分特权，而鲁迅之所以

第三章 辛亥革命与君主专制制度的终结

"弃医从文",也受到这场战争的影响。

从辛亥革命爆发的外在条件来看,民族危机进一步加剧了清王朝的统治危机。日俄战争从本质上看是一场帝国主义战争,是以争夺东北为目标的,但清政府在这场战争中却宣布"局外中立"。日本战胜俄国之后,俄国将所攫取的中国东北南部所有一切特权转让给日本,中国的民族危机进一步加深了。这一事件对当时的中国人产生了极大的震撼。而鲁迅留学日本期间,恰恰是经历了日本取得战争胜利之后的社会思潮变化。面对中国社会所面临的危机,很多人出国留学寻求救国之路,1905年前后,留学日本的中国留学生达到近万人。像鲁迅一样的知识分子对世界大势与国内民族危机有了更敏锐的认识。这些知识分子最终成为辛亥革命的中坚力量,也成为推动辛亥革命成功的重要因素。

案例启思

辛亥革命为什么会爆发?

教学建议

对于鲁迅弃医从文的转变,要引导学生正确分析,将原因归结到当时中国社会危机造成鲁迅的转变,要从国家命运与医学变革的视角对学生进行引导,深刻认识个人选择与国家命运的关系。本案例课适用于第三章中"辛亥革命爆发的历史条件"相关内容的讲解。

案例三 秋瑾与我国护理事业

案例

我国近代史上伟大的女革命家秋瑾是一位值得中国人民崇敬和缅怀的巾帼英雄。她生前不仅积极地投身于我国民主革命的洪流中,同时还以巨大的毅力为争取妇女的解放而斗争,也以极大的热情关心着我国医疗护理事业的发展。

1904年,秋瑾在日本东京留学时,曾与陈撷芬等十人发起组织了"共爱会",其宗旨之一是救护受伤战士。1906年3月,秋瑾到今浙江省湖州市南浔镇的浔溪女子学校教书,她所讲授的就有卫生学这门课程。

作为一位女革命家，秋瑾衷心地希望我国"女子生机活泼，精神奋飞……为醒狮之前驱，为文明之先导"。因此，秋瑾在积极地进行革命活动的同时，根据护士职业多为妇女所从事的这一特点，译述了日文的《看护学教程》，并在她创办的《中国女报》月刊上发表。

秋瑾在刊出译述的《看护学教程》时，在译文前首先刊登了自己所撰写的绪言，对护士工作的性质、意义做了精辟的阐述和高度的评价。她说："看护法者，医学中之一科目，而以为治疗者之辅佐也。"她不仅强调护士工作是医学中不可缺少的一门学科，在治疗中有着极大的重要性；还力陈护士工作在社会上的重要意义，指出"看护为社会之要素……健者扶掖病者，病者依赖健者，斯能维持社会之安宁"。

针对社会上存在着歧视护士工作的错误看法，秋瑾给以有力的驳斥，她指出："救死扶伤，无分彼此，斯博爱之旨也。惟习俗所锢，往往有视看护为贱业者，此则谬之甚者也。"她进一步写道："（护士）平时则看护亲子兄弟之疾病，以归于安宁；战时则抚慰出征军旅之伤痍，以振其勇……虽谓之益国便民之事业，亦非过语，何贱业之有？"

正是因为护士工作在医疗中和社会上具有极为重要的意义，秋瑾认为从事护士职业者，应该对医学之全部要领有所了解，技术熟练，具有高度的同情心、细心和耐心。她写道："故欲深明（护理）其学，施之实际，而能收良好之效果者，非于医学之全部皆得其要领者不能；且即使学识全备，技艺娴矣，然非慈惠仁爱，周密肃静，善慰患者之痛苦，而守医士之命令，亦不适看护之任。"也正因为护士工作要求高度的同情心、细心和耐心，秋瑾认为"女子之绵密周致"，更适于担任医疗护理工作，所以从事该职业者"常以女子为多也"。

秋瑾为了使《看护学教程》的译文能尽快发表，从而唤起人们对护理学的重视，她译出一部分即刊出一部分。自1906年底至1907年正月，其校译文章陆续在《中国女报》上发表，内容包括一般看护法，如病者的看护、诊察时之心得、就褥及换褥、病室温度及清气法、病人之饮食等，也包括各种看护法，如褥疮及睡眠、体温之测定等。

《中国女报》由于资金困难，仅出版了两期即停刊。更为可惜的是，1907年夏，秋瑾壮烈捐躯，因而《看护学教程》未能继续译述刊完。但是，她在绪言里的正确论述，给我们留下了珍贵的一页。

案例出处

杨吉生：《秋瑾与我国护理事业》，载《中国中医药报》2018年8月1日

第三章 辛亥革命与君主专制制度的终结

第 8 版。(有删减)

案例解析

本案例主要说明了秋瑾出版《看护学教程》与其革命活动的情况。秋瑾（1875—1907），浙江绍兴人，原名秋闺瑾，字璿卿，号竞雄，乳名玉姑，自称"鉴湖女侠"，中国近代民主革命志士。秋瑾出身于名门望族，良好的家庭条件使得她从小就接受了较好的私塾教育，15 岁时又随表兄学会了骑马射箭。这些经历使得秋瑾远比一般女孩子富有见识。1904 年 7 月，秋瑾东渡日本留学，先后加入了光复会、同盟会、洪门下的天地会与三合会等组织，并创办了《中国女报》，策划了皖浙起义，还曾担任大通师范学堂督办、同盟会浙江主盟人等。自日本留学归国后，又投身于秘密的抗清活动中。1907 年，秋瑾翻译了《看护学教程》，刊于《中国女报》第 1 期和第 2 期。在《中国女报》绪言中，秋瑾说："慈善者，吾人对于社会义务之一端也。吾国群理不明，对于社会之义务，阙陷良多；独慈善事业尚稍稍发达。曩岁在东，与同志数人创立共爱会，后闻沪上女界，亦有对俄同志会之设，今虽皆未有所成，要之吾国女界团体之慈善事业，则不能不以此为嚆矢。他日者，东大陆有事，扶创恤痍，吾知我一般之姊妹，不能辞其责矣。"由此可见，秋瑾翻译这本书的目的与她当时从事的秘密反清活动密切相关，也与秋瑾提倡妇女解放的思想有关。秋瑾认为女子的本性"绵密周致"，最宜担任看护之职。从中我们也可以看出以秋瑾为代表的辛亥革命志士，为推翻清王朝的腐朽统治和实现妇女解放所进行的努力，特别是在医学方面的准备。

辛亥革命时期，以孙中山等为代表的革命志士，在宣传革命思想中，其中一项重要内容就是提倡"男女平权"。在这种情况下，像秋瑾一样接受了新式教育的女性知识分子通过投身启蒙运动，如开办女子学堂，为实现妇女解放和男女平等做出了贡献。孙中山先生评价秋瑾是"最好的同志""鉴湖女侠千古巾帼英雄""浙人之首先入同盟会者"，"为推翻专制、建立共和，绍兴有徐锡麟、秋瑾、陶成章三烈士，于光复事业，功莫大焉！"为纪念秋瑾，孙中山还撰楹联："江户矢丹忱，感君首赞同盟会；轩亭洒碧血，愧我今招侠女魂！"这些评价高度肯定了秋瑾为辛亥革命做出的贡献。革命老人吴玉章评价秋瑾说："秋瑾是中国近代史上一位伟大的女英雄，她为民族解放和妇女解放事业付出了自己的生命，从而成为旧民主主义革命时期中国革命妇女的楷模。"这一评价更凸显了秋瑾对妇女解放事业的历史贡献。

案例启思

请搜集资料,梳理辛亥革命时期革命团体的活动情况。

教学建议

在推翻清王朝的过程中,资产阶级革命派进行了各种各样的宣传和组织工作。本案例所呈现的就是以秋瑾为代表的中国女性革命党人参加革命所进行的思想宣传工作,也见证了中国近代女性解放与医学发展的某些片段。本案例可以用于第三章中"资产阶级革命派的活动"相关内容的讲解。

案例四 章太炎的中医情怀

案例

章太炎(1869—1936),名炳麟,号太炎,浙江余杭县(今为余杭区)人,我国近代著名的民主革命家、思想家、国学大师。他思想进步,学识渊博,融通古今,是中华优秀传统文化的集大成者。鲁迅称其为"有学问的革命家""先哲的精神,后生的楷范"。毛泽东曾指示相关人员注释章太炎的著作,周恩来总理高度评价章太炎"学问与革命业绩赫然"。

章太炎自述"不为良相,当为良医,此亦吾人之志也""余时少年锐进,不甚求道术,取医经视之""平生之好,又在医学""翻阅医书,此为性之所喜""张机、范汪之医,终身以为师资""吾家三世皆知医""家门师友,专此者多"。有人问章太炎:"先生的学问是经学第一,还是史学第一?"他毫不隐讳地回答:"实不相瞒,我是医学第一。"中医名家由衷地感佩赞叹章太炎道:"医学特其余绪,而亦精思冥悟,深造独绝。"章太炎出身于世医之家,祖父章鉴精研中医30年,遍购古今医家经典,谙熟医理,"自周秦及唐宋明清诸方书悉谙诵上口。以家富,不受人馈糈,时时为贫者治疗,处方不过五六味,诸难病率旬日起","尝治时疫之脉绝气脱者,一剂即起,立方参变不泥古。治危症,药不过三四味"。父亲章濬同样长于医术,为人治病辄效,声名遐迩。伯父章钱医术精湛,曾对章太炎进行过医学启蒙教育。身处这样的大家庭之中，章太炎耳濡目染，与中医药学结缘颇深。

章太炎幼时曾跟清末名医仲昂庭研习中医，后随汉学大师俞樾治经期间，又广泛涉猎医典。走上社会之后，他仍然怀有医学不了情。1898年，戊戌变法失败后，他因避难远赴台湾，后又东渡日本。在日期间，他大量搜求医书、古代验方，详考得失，并编著《古方选注》；其中选方约350首，涉及内外妇儿诸病70余种。他自1910年发表第一篇医学研究论文《医术平议》后，屡有著述，相继撰写医学论文134篇，共计26万字，涵盖中医基础理论研究、医籍考、医著论述、《伤寒论》研究、《金匮》研究、温病研究、方药研究、中西医汇通研究等领域。其论道精辟，丰富了中医学研究方法，曾结集出版《猝病新论》。他尤为推崇汉代张仲景，对《伤寒论》进行了深入研究，提出温热病"三式、十八法、十三方"。

最初，章太炎曾主动为朋友开方治病，后来当得知疗效并不理想时，他勇于总结经验，寻找差距，潜心研究理论，注重实践积累，后来医术大有长进，医治好了一些患者的疑难杂症。此外，他还积极进行中医临床实践，自病自疗。他患有黄疸病，自治而愈。他还为邹容、孙中山等人开药方。他与邹容身陷囹圄期间，千方百计托人从监外捎来黄连、阿胶等为邹容治病调理。名医臧伯庸因横膈膜痉挛打嗝不止，西医诊治无效，他亲拟一方并配好药送去，臧伯庸仅服几剂便告痊愈。章太炎还曾自拟药方治疗猩红热。

章太炎与中医界名流多有往来，深入切磋岐黄之术。他多次向上海名医陈存仁问询时方，还采用陈存仁所开之方，将芙蓉叶研末治疗鼻炎，并将此方传示他人。章次公、陈存仁、陆渊雷、恽铁樵、王一仁、秦伯未、许半龙、徐衡之、章巨膺等一大批近当代名医亦深受其影响。他认为"中医之成绩，医案最著"，并积极倡导汇集当世医案，还曾经发起召开全国中医学教材编辑会议。

在近代中西医大论战中，章太炎挺身而出，坚定支持中医，维护中医尊严，鲜明地提出"融会中西，更造新医"。他既反对废除中医，崇洋媚外，又反对中医守旧自大，主张中西医汇通，发展祖国特色医学。他身体力行，倾心中医教育，支持医学发展，曾任中国医学院院长、上海国医学院院长、苏州国医学校名誉校长、苏州国医研究院院长等要职。

章太炎对我国传统医学的研究系统、深入，见解独到，成果丰硕，大大丰富了医学宝库的内涵。他的良相、良医之志，学术、医术之功，各施其用，各显身手，相得益彰。

案例出处

李金钢：《章太炎的中医情怀》，载《中国中医药报》2018年4月2日第8版。（有删减）

案例解析

本案例着重说明了具有深厚医学素养的章太炎在中西医论战当中的主张以及对中医的维护，从中我们看到章太炎由于深厚的国学根底和修养，使得他在中西医论战当中能够客观持平地评价中医。当然章太炎先生也是清末革命思想宣传当中极为重要的代表性人物，特别是1903年，他发表《驳康有为论革命书》并为邹容的《革命军》作序，产生了极为深远的影响，客观上传播了革命的主张，推动了辛亥革命向前发展。改良与革命是近代中国的两种变革社会的方式，但是近代中国的现实及统治者的阻碍，使得改良无法实现变革中国社会的目的，在这种情况下，只能选择通过革命的方式对旧制度进行彻底的破坏。

案例启思

清末革命派与改良派的论战中是如何论述革命的必要性、正义性和进步性的？

教学建议

辛亥革命的成功，其中一个重要的条件就是革命思想的传播，而在传播革命思想的过程中，章太炎扮演了十分重要的角色。特别是他与改良派之间的关于革命与改良的论战，对传播革命思想起到了很大的推动作用。本案例可用于第三章中"关于革命与改良的辩论"相关内容的讲解。

第三章 辛亥革命与君主专制制度的终结

▶ 案例五 辛亥革命中的红十字会救护行动

1911年11月8日,新军统制徐绍桢发动起义,兵临南京城下,终因子弹缺乏,兵退镇江待援。苏军统领刘之洁、浙军司令朱瑞、沪军统领黎天才以及扬州都督徐宝山、镇江都督林述庆等率部来会,组织苏浙沪联军,推徐绍桢为总司令,另由沪军都督领衔,联名电请江苏都督程德全出山督师。11月24日,联军向南京进发,声势浩大。

宁战爆发,伤亡累累,救护迫在眉睫。中国红十字会、中国赤十字会以及留日医药界红十字团积极行动,组织救护。救护情况分述如下。

先看中国红十字会的救护情况。11月24日,即联军挺进南京的同一天,中国红十字会及时派出侯逸如等诸医士组成的救护医队赴宁,并在沪宁铁路沿线的镇江、常熟、苏州、吴淞等处设立临时医院,红十字会总医院"亦已预备一切",随时准备接纳伤兵。南京开战后,中国红十字会采取了5大救护措施:①与美国红十字会江安分会、旱西门金陵医院、螺丝湾贵格医院、鼓楼基督医院联手,救治伤兵病民;②商请沪宁铁路医长齐福果医士、总办朴爱德,"特备红十字医车数辆,由宁镇一带往来驶救,一遇伤兵,即行抢救至伤车内,随到随医";③以南京尧化门车站为战地医院,该战地医院可容纳伤兵50人;④请齐福果医士会商白廉医生,"借镇江金鸡岭医院为本会临时机关,以便救护医车运送伤兵留养";⑤雇工百人编为担架队,"倩西友十余人督队,专供抬送伤兵之用"。南京大搏战期间,中国红十字会首次使用的救护医车发挥了特殊的作用,据报道:"宁镇烽烟,生灵涂炭,沪宁铁路总办朴爱德君侧然悯之,特备红十字医车数辆,由宁镇一带往来驶救,一遇伤兵即行抢救至伤车内,随到随医,一路开驶,至镇江红十字分会医院留养,倘病榻不敷再运至上海车站(沪宁铁路医院),或徐家汇红十字总医院、天津路红十字分医院。该会理事总长沈仲礼君与朴君协商妥则,职掌医车之医士为英人齐福果君、培林君两医博士。该医车镌就红十字标识,往来驰救,并不搭客。"大战期间,"由医车救治之伤兵共约五百余人"。

65

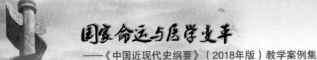

再看中国赤十字会的战地救护情况。与中国红十字会一样,中国赤十字会救护的重点在武汉战场,但对江苏战场也给予了力所能及的救护,为此组织了中国赤十字会第二团开赴江苏各地"普救受伤之人"。该团在11月初陆续出发前往苏州、扬州、崇明等地,建立事务所或支部。这些地方战事不烈,伤兵不多,但"军士抱病者要求疗治,几于日不暇给"。南京开战后,第二团又于11月19日派出由20位男队员、21位女队员组成的救护队开赴镇江,转进南京。他们在南京西华门中西医院收治伤兵,成绩可观。另据报道:"民军自初二起至十一晨,连日攻夺天保山,昨晨六(点)钟占领,惟伤者甚多,死者不少,经余医疗者有五十人。马群一带有赤十字社三十人驻扎,均甚踊跃。"他们不辞辛劳,救护伤兵,对伤民也给予热心救治,有的甚至献出了宝贵的生命。据《民立报》报道:"泰兴朱竹生女士毕业于女子医学校,本年(1911年)为上海医院女医。九月中,上海光复,民军攻制造局,受伤来医,女士为治愈者甚众。十月攻南京,女士以中国赤十字会女医,率同男女会友,往来于镇江、金陵间,不辞劳瘁,医愈受伤军士尤多。"1912年1月27日,朱竹兴随张竹君会长乘夜车赴宁,至下关"喉痛发热",在张竹君力劝下,次日返沪,不治病逝。2月11日,中国赤十字会特在上海医院开追悼会,缅怀她在辛亥救护行动中的骄人业绩。总之,如时论所评:"上海医院自武汉事起,即行组织赤十字会,以院长张竹君为会长。(阴历)9月3日由会长率同第一队赴汉口,继复分队驻汉阳,计两月中两处救疗受伤战士一千三百余人,事务殷繁,常至不遑寝食。两军战酣时,每出入枪林弹雨之中,亲界伤者至病院,耐劳冒险,中外人皆称道不置,西人至屡载报章以颂扬之。9月29日,该医院续发第二队赴镇江,旋即随先锋队入南京,所救疗亦千余人,其勤劳亦为中外人所赞叹。"张竹君和其会友"热心办事,可为中国四万万人模范"。

最后看留日医药界红十字团的救护情况。留日医药界红十字团到来之时,苏浙沪联军由镇江进攻南京。来自大阪、长崎的留日医学生乃受命先赴镇江前线,迅即投入救死扶伤的行动中,其余分编甲乙两队。12月11日,甲队60人以陈任梁为领队开赴湖南;乙队60人以孙家树为领队,留江苏进行战地救护。乙队原定赴金陵救伤,并于下关设立临时机关,因战局北移,中国红十字会"特派留日医药团编队往救,于是江北、皖北一带,沿津浦路线遍设临时医院。医生半属教士,而以美国宝琅医生总其成,犹恐救护队员不敷遣派,议定会旗随战旗而进,前敌增设一队,殿后即撤去一队,以其人员移调至前,用是递推递进,费省功溥,并借津浦铁道组织救护医车,机关愈形灵敏"。

留日医药界红十字团乙队还沿津浦铁路南段"择要组织病院,无事时专医病兵",扩大救护范围。救护工作圆满结束后,留日医药学界红十字团返回

日本。临行时,中国红十字会特"开会欢送",表达红会同仁对留日医学生慈善懿行的敬意。

案例出处

池子华:《辛亥革命中红十字会的江苏战场救护》,载《史学月刊》2008年第9期。(有删减)

案例解析

本案例以红十字会为例,说明了医学界参与辛亥革命的状况。红十字会作为从西方逐渐传入我国的现代医疗救护组织,在社会灾疫和战争救护中起到了非常重要的作用。辛亥革命时期,红十字会通过战场的救护运动,直接或间接地参与了这场革命运动,在推动革命运动发展的同时,也促进了自身的发展。据统计,辛亥革命期间,红十字会先后设立分会65处,分会医院30余所,以至于有人说中国红十字事业"发轫于俄日之战,而大彰于武汉之师",而中国红十字会"善功所及,非特鄂省一役而已"。尽管参加辛亥革命的社会阶层仍有较大的局限,占人口绝大多数的农民没有被发动参与到这场革命运动当中,但其他社会阶层通过各种方式参加到辛亥革命中,展现了处于三千年未有之大变局之下的社会阶层的变动及其新的气象。

辛亥革命是资产阶级领导的以反对封建君主专制制度、建立资产阶级共和国为目标的革命,是一次比较完全意义上的资产阶级民主革命。在推翻封建帝制的过程中,作为医界代表的留日医学生回国参加辛亥革命,通过这一方式促使中国发生了历史性的巨变。辛亥革命取得胜利的主要原因在于资产阶级革命派的革命性。在当时,革命党人联合各种反对清政府的势力,共同为推翻清朝政府的统治而努力,最终使得清王朝走向了崩溃。

案例启思

胡绳在主编的《中国共产党的七十年》中说:"如果脱离中国近代革命史的全过程来观察问题,也许会把辛亥革命看作不过是一朵不结果实的花,但它并不是不结果实的。"请结合辛亥革命的历史意义解析这一观点。

教学建议

辛亥革命作为中国近代历史中具有标志性的重大事件,是资产阶级革命派革命性的体现,他们联合各种政治势力最终共同完成了推翻清王朝的历史任务。红十字会的救护行动展现了医学人对辛亥革命的贡献。本案例可用于第三章中"封建帝制的覆灭"相关内容的讲解。

案例六 中华医学会的建立

案例

博医会在辛亥革命前长期不许中国医师入会,但中国医生羽翼已丰,有意成立一个独立的、自己的学会。1910年,伍连德医师登报征求意见,倡议组织医学会;1914年5月,由颜福庆、俞凤宾、伍连德、萧智吉、古恩康、黄琼仙等医师共同发起,并于1915年1月在上海集会筹备。1915年2月5日,趁出席中国博医会年会之际,伍连德等三十六位医师在上海聚会,推选颜福庆为主持人,由伍连德医师提议成立中华医学会,获得与会者一致同意。会议选举颜福庆医师为会长,伍连德医师为书记,刁信德医师为会计,萧智吉和曹丽云医师为协助员,俞凤宾医师为庶务,并在上海南京路三十四号俞凤宾医师诊所设立中华医学会事务所。

同年4月10日,颜福庆会长发表《中华医学会宣言书》,宣告中华医学会的宗旨是"巩固医家交谊,尊重医德医权,普及医学卫生,联络华洋医界"。11月,以中英文并刊的《中华医学杂志》第一卷第一号出版,刊登了中华医学会章程,规定特别会员、普通会员和名誉会员三种,时有会员共二百三十二人。从此,中国西医师有了自己的学术组织。

1916年2月,在上海举行了中华医学会第一届大会,举行学术报告和讨论,展出了大批医学标本及书籍。同时,在伍连德医师提议下用国语讨论了会务,最后选出伍连德医师为新任会长,俞凤宾、力舒东医师为副会长。中华医学会下设编辑部、会员部、名词部和公众卫生部。以后或隔一年、两年,至多三年召开一届会员大会,至1947年共开了十五届大会。历届的会长分别为伍连德、俞凤宾、刁信德、牛惠霖、刘瑞恒、林可胜、牛惠生、林宗扬、朱恒璧、金宝善、沈克非、朱章赓等。1930年,第八届大会规定会员入会资格"不限国籍、但凭学历"。1932年,第九届大会正式宣布中国博医会并入中华医学会。实际上,早在1917年和1920年的两次大会,双方已是联合举行。从两会的消长到合并,可以看出中国西医师的实力之强大。

第三章　辛亥革命与君主专制制度的终结

中华医学会做了大量的西医研究、普及教育、医疗及公共卫生等方面的工作，如积极禁止鸦片、防治结核病及性病、预防霍乱等传染病及推动乡村卫生工作。1919 年，伍连德会长曾在上海亲自验查鸦片并监视焚毁鸦片 1200 箱。1937 年，第十二届大会成立了包括皮肤病、结核病、公共卫生、儿科、内科、医史、眼科、妇产科、医院管理、外科、耳鼻喉科、放射科等分会或研究会在内的十二个专科委员会，并创设了医学博物馆和图书馆供会员参观阅览。1950 年后，中华医学会总会由上海迁到北京。

案例出处

马伯英：《中国医学文化史》下卷，上海人民出版社 2010 年版，第 502～503 页。（有删减）

案例解析

本案例以中华医学会的成立为例证，展现了在 20 世纪初，由于西方医学本身取得了很大的进步，其对中国传统医学的冲击越来越强烈；而此时中国处于半殖民地半封建社会，西方宗教组织利用"医学传道"的方式为西方医学在中国的传播提供了便利条件。随着西医的影响越来越广泛，西医取代中医成为中国医学主流的趋势日渐明朗。不过，在中西医学蜕变的关键时期，中国西医的发展却一直由外国人主导，中国的西医组织的话语权也由外国人所掌控，特别是西方教会医学团体的影响极为广泛。正是受到屈辱和不公正的医学组织话语权的影响，那些爱国的医学者深感有成立属于中国人自己的西医组织的必要。特别是辛亥革命之后，中国本土培养的西医人数日增，加之留学欧美的中国医学的著名人物先后回到国内，成立由中国人自己组织的全国性的西医学术团体的时机已经成熟，中华医学会的成立正是这些诉求的结果。

案例启思

辛亥革命对现代民族国家构建的影响是什么？

教学建议

辛亥革命对中国社会产生了深远的影响，不仅表现在国家大的构建等方面，还表现在中华医学会的成立等小的方面，它展现了中华民族意识日益觉醒的历史变迁。本案例可用于第三章中"辛亥革命与建立民国"相关内容的讲解。

案例七　北京医学专门学校的成立

案例

　　1911年10月10日，腐朽没落的清王朝在辛亥革命武昌起义的枪炮声和各地风起云涌的起义光复运动中轰然倒塌，民主共和政府呼之欲出。这时，从日本金泽医学专门学校毕业回国、已在杭州任浙江省咨议局咨议并建成浙江病院的汤尔和（汤任病院副院长兼内科医师）被选为浙江省代表，参加中华民国临时政府的筹建。汤尔和被全国17省代表推选为临时议长，于1911年12月29日在南京主持了中华民国临时政府首任临时大总统的选举，宣布孙中山为首任临时大总统。汤尔和等人前往上海迎请孙中山，孙中山先生于1912年1月1日偕代表会正副议长汤尔和、王宠惠等赴南京，以沪军都督陈其美为护从，在南京就任中华民国临时大总统。汤尔和之后仍回杭州继续操持浙江病院事务，被浙江都督蒋百器聘为浙江民政司佥事，并开始筹办浙江省立医药专门学校。1912年2月12日，清帝宣布退位，孙中山先生遂提出辞职，并将大总统职位移交袁世凯。3月10日，袁世凯就任大总统。在孙中山任临时大总统期间，教育总长蔡元培在北京就任唐绍仪内阁教育总长。1912年夏，汤尔和被蔡元培聘为教育部会员。1912年7月，蔡元培辞去教育总长一职，其职务由次长范源濂先生接任。8月，全国教育会议在北京召开，汤尔和应邀参加。会上，汤尔和主张少办法政学校，多办医学专门学校，以服务社会百姓。会议结束后，范源濂邀请汤尔和到家商议，打算在北京筹办一所全国首屈一指的模范医学校，并请汤尔和帮忙。汤尔和慨然允诺："为社会事业献身，是自己的素志。尤其为医学界出汗，更是应当。不过，要办就得专门西医，不可中西合璧！"范源濂点头以示赞赏。1912年9月1日，浙江省立医药专门学校开学，汤尔和任副校长兼组织学讲师。不久，北京教育部来电催促汤尔和北上筹备国立医学校，他遂将病院和学校事务托付韩士鸿先生，辞去浙江一切职务，离杭赴京。

　　1912年10月16日，教育部任命汤尔和为首任校长，10月26日颁发校章，29日呈报启用，标志着中国第一所由中央政府出资兴办的高等西医学

校——国立北京医学专门学校正式成立。经前期积极筹备,学制定为四年,不设预科。地址设在由教育部用10000元购买的北京和平门外八角琉璃井原清朝京师大学堂医学馆舍。学校开办伊始,经费仅800元,全校教职员共9人。拟定的教职员于10月先后到校,随后开始修理校舍,购置器具,接收教育部旧存书籍、药品和仪器模型等。当时聘请留日归国者周颂声(生理学)、葛成勋(外科)、陈魏(内科)、孙柳溪(外科)、朱其辉(内科)为教员,汤尔和自兼组织学教授。11月24日,由汤校长呈请教育部提出法案,准予实行解剖。12月,从北京、上海两地招考新生,汤校长亲赴上海、杭州办理招考事宜。

1913年1月,首届在京、沪考录的72名新生到校;1月20日行开学典礼,教育部次长董鸿祎莅临致辞。汤尔和校长致辞指出,"医校目的,自主观言,在促进社会文化,减少人民痛苦。自客观言,西来宗教,都藉医学为前驱,各国的医学集会以及印刷物中,没有我们中国人的地位,实在是一件最惭愧不过的事。所以这所学校,不仅给诸位同学一种谋取职业的本领,使你们能挣钱,实在是希望诸位负起促进文明、用学术来和列强竞争的责任……",开宗明义指出办学目的。

1913年春,聘马叙伦为国文讲席,先后拟定学校章程草案呈请教育部备案,汤校长赴日本购办图书、仪器。暑期派生理学教师周颂声赴日本调查各地医学专门学校解剖设备情况并研究生理学。8月1日举办第二批入学考试,因入学人数不足定额,复于9月1日再行考录,并于当月开始上课。以后每年从北京、上海两地考录新生成为定例。当年11月举办第一次周年纪念活动,教育总长汪大燮、次长董鸿祎等教育部官员莅临训词并全体合影。草创之时,用马叙伦的话说:"本校方在经始,规模粗略,师徒数十人趣于十余室中,盖虽京师之小学犹有过之者。"

1915年2月,教育部购买后孙公园施医总局全部房屋拨作本校使用,5月修葺完工。6月,八角琉璃井校门关闭,校门改设后孙公园,施医总局房屋和八角琉璃井房屋连成一片。

1917年3月,北京医学专门学校举行第一届毕业典礼,四年甲级生袁可仕、孔祥选、洪式闾、胡鸿基等22人,第一班(附设产婆养成所)女生章佩金等14人同日获发毕业证。大总统黎元洪派代表屈永秋暨教育总长范源濂、次长袁希涛来校致训辞,政学界来宾演说,与毕业生等全体摄影。袁可仕、孔祥选和章佩金获大总统奖给珍品。6月,举办第二届毕业典礼,四年级生鲍鉴清、徐佐夏等14人,第二班女生刘镜明等7人给发毕业证。这也标志着学校成立后第一批教学硕果的生成。

国立北京医学专门学校及其后续更名的北京医科大学校、京师大学校医

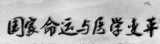

科，直至 1928 年更名国立北平大学医学院之前，一直为国内唯一的国立民用高等西医学校，也寄托着历届中央政府对其的期望。

案例出处

杨龙：《中国第一所国立高等西医学校诞生记》，见西安交通大学医学部网站（http://www.med.xjtu.edu.cn/info/1014/8204.htm）最后访问日期：2019 年 10 月 15 日。（有删减）

案例解析

国立北京医学专门学校是北京医科大学（今北京大学医学部）的前身，也是中华民国建立之后中国人建立的第一所西医专门学校。辛亥革命推翻了持续两千多年的封建专制制度，开创了中国历史的新纪元。孙中山先生说辛亥革命"做成了两件很大的事：一件是把满清两百多年的政府完全推翻；一件是把中国数千年的专制国体根本改变"。北京医学专门学校的成立，就是在社会制度及环境发生重大变革的时代背景下产生的，可以说，它既是辛亥革命的产物，也是中国人觉醒的结果。但辛亥革命胜利之后，由于资产阶级本身的软弱性，不敢和帝国主义及封建主义势力彻底决裂，将革命胜利的果实拱手让给了袁世凯。1915 年底袁世凯复辟帝制，标志着辛亥革命的彻底失败，袁世凯死后，中国又陷入军阀割据混战之中，社会危机加剧。从外部来看，日本帝国主义趁列强忙于第一次世界大战之际，加紧了对中国的侵略。面对如此的内忧外患，在这种情况之下，新文化运动应运而生，先进的知识分子们通过宣传新思想、新文化，宣传民主和科学，以此反对帝国主义和封建主义。在这场斗争中，国立北京医学专门学校的师生始终是积极的参与者。从这个意义上看，国立北京医学专门学校的成立对推动医学的发展、社会的进步都产生了积极的作用。从另一方面来看，北京医学专门学校作为辛亥革命的直接产物得以幸存，但辛亥革命本身存在的局限和问题，则使得资产阶级共和国的方案受到了前所未有的质疑，选择什么道路也是人们面临的新困惑。这也是马克思主义传播和中国共产党登上历史舞台的历史背景。

案例启思

辛亥革命为什么会失败，它的失败说明了什么？

教学建议

辛亥革命虽然失败了，但是由这场运动所促发的社会变革却更为深刻。从

第三章 辛亥革命与君主专制制度的终结

国立北京医学专门学校的建立及其学生在后来的重大历史事件中所发挥的作用就可以看出,这所学校的学生推动了医学的变革,更促进了社会的进步。这也是辛亥革命的意义所在。本案例可用于第三章中"旧民主主义革命的失败"相关内容的讲解。

中编 从五四运动到新中国成立（1919—1949）

第四章 开天辟地的大事变

案例一 新文化运动时期中西医文化冲突

案例

在 1915 年的新文化运动之前,中西文化的接触与冲突还是局部的、隐性的。从官僚阶级到知识阶层或一般士人,都未曾超越长久以来形成的"中体西用"的思维范式。他们在中西文化的冲突浪潮中,多数选择的是站在传统的一边。但是到了新文化运动期间,一部分知识分子经过了西方文化的洗礼后,自觉或不自觉地将东西方文化进行比较,得出了西方近代资产阶级文化优于中国传统封建文化的结论,于是对传统文化大加批判,发现中国竟无一处是强于外国的。科学技术就不用说了,就连安身立命的几千年的传统文化也在西学东渐中摇摇欲坠。于是,否定传统、否定一切的民族虚无主义泛滥。一部分激进分子认为包含了古代文化各个领域的中国固有文化"陈腐朽败""妖言充塞""是过去的已死的东西"。如胡适就认为,"中国这样又愚又懒的民族,不能征服物质,便完全被压死在物质环境之下,成了一分像人九分像鬼的不长进民族"。中国文化"富有惰性""竞争进取之心非常薄弱""不注重真理的发现与技艺器械的发明""那五千年的精神文明,那光辉万丈的宋明理学,那并不太丰富的固有文化,都是无济于事的银样蜡枪头"。中国"百事不如人,不但物质机械不如人,不但政治制度不如人,并且道德不如人,知识不如人,文学不如人,音乐不如人,艺术不如人,身体不如人"。只就我们引以为豪的文化来看,也是"无论在文化哪一方面,都没有人家那样进步"。"我们所觉为最好的东西,远不如人家的好。可是我们所觉最坏的东西,远坏过人家最坏的

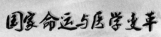

千万倍"。他们认为旧文化和新文化是冰火不相容的,只能"以新代旧",不能"以旧容新"。要"重新估定一切价值";以新的取代旧的,才是应有的规律。而在他们的观念中,"新"主要指西方传入的新文化,尤其是指西方的科学民主,"旧"则是指中国固有的道德文化。这些以西方新的方法论和理论为支撑的观点与西方在可见领域内优于中国的现实,使得维护传统的保守派一时间手忙脚乱。

在西方的科学观念和基督教文化的冲击之下,以阴阳、五行、天、道等为构成要件的传统儒家的"天人之际"的观念动摇了,以中国哲学为基础的中医也受到激烈批判。新文化运动的伟大旗手、中国现代伟大的文学家鲁迅在《我的父亲》里所写到其父亲患的是肝硬化腹水,中医辨证属臌胀,因此陈莲河要用破瘀逐水的方法,丸药是"败鼓皮丸",用打破的旧鼓皮制成。而且陈莲河用蟋蟀做药引,却又提上了"原配"的封建伦理关系,"似乎昆虫也要贞节,续弦和再醮,连做药引的资格也丧失了"。这些缺乏药理和病理的治疗方法最终使鲁迅得出批判中医的结论。"我还记得先前的医生的议论和方药,和现在所知道的比较起来,便渐渐地悟得中医不过是一种有意的或无意的骗子,同时又很起了对于被骗的病人和他的家族的同情;而且从译出的历史上,又知道了日本维新是大半发端于西方医学的事实。"其弟周作人也认为,"成千上万的中医实在不是现代意义的医生,全然是行医的玄学家。什么辰州祝由科,灵子术的灵学家,国民精神养成所,这是原始社会的巫师行径,是再早一个时代的东西,不必说了,就是最纯正的中医学说也都是玄学的说法,倘若真是说得特别,即使荒唐古怪,也总还是够得上说是独有,可以标榜一个国字而名之曰'国术'!但是不幸某一时期之医学的玄学说法却是世上普通的事,'以天地五运六气配人身五藏六腑'与西洋中古之以七曜十二宫配人身各器官,阴阳湿燥之说与病源体液说等,药物之形色数的意义与表征说,根本上是一致,这种事例不必等我外行人来多举,只要请去查世界及中国医学史就可看到很多"。

新文化运动的另一位领袖人物陈独秀,在《新青年》创刊号上发表《敬告青年》,极力呼唤民主与科学,声讨专制与蒙昧,其中就有对中国传统医学的批判:"医不知科学,既不解人身之构造,复不事药性之分析,菌毒传染,更无闻焉;惟知附会五行生克寒热阴阳之说,袭古方以投药饵,其术殆与矢人同科;其想象之最神奇者,莫如'气'之一说。其说且通于力士羽流之术;试遍索宇宙间,诚不知此'气'之为何物也!"傅斯年对中医提出更为激烈的批判:"我是宁死不请教中医的,因为我觉得若不如此便对不住我所受的教育。""中国现在最可耻最可恨最可使人短气的事,不是匪患,不是外患,而

应是所谓西医中医之争。只有中医西医之争,真把中国人的劣根性暴露得无所不至!以开了四十年学校的结果,中医还成问题!受了新式的教育的人,还在那里听中医的五行六气等等胡说!自命为提倡近代化的人。还在那里以政治的或社会的力量作中医的护法者!这岂不是明显表示中国人的脑筋仿佛根本有问题?对于自己的身体与性命,还没有明了的见解与信心,何况其他。对于关系国民生命的大问题还在那里妄逞意气,不分是非,何况其他。"傅斯年在伦敦大学专攻的科目是生理学、实验心理学,由文科转向了自然科学。对此,罗家伦的解释可能最为恰当:"要明白他这个举动,就得要明白当新文化运动时代那般人的学术的心理背景。那个时候大家对自然科学都非常倾倒,……想从自然科学里面得到所谓可靠的知识。"由此可知,这时人们普遍认为西医代表着科学与进步,中医则意味着愚昧与落后;西医代表着理性,代表着世界发展的趋势,中医显示的则是非理性;东西医的差别是时代的差别,是古今问题。按照这种简单的二分法逻辑,如果中医要求进步,就只有接受西医的改造。

总之,我们今天讨论中医在近代的历史命运时,无法绕开新文化运动。社会和文化变迁的历史趋势同样左右着中国传统医学变迁的走向。"覆巢之下,岂有完卵",20世纪初的中国医学恰恰穿行于文化激进与文化守成的漩涡之中。在整个中国传统文化都遭到抨击、破坏,整个西学都受到推崇、提倡的全盘西化的思想氛围中,中医学不可能不遭到冲击。医学界的欧化思潮是中国近代医学发展史上必然的伴随现象,随着这种欧化思潮的深入,中医本身也经历了一个去糟粕、留精华的过程,正如恩格斯说的,科学发展的过程就是不断告别谬误的过程。

案例出处

张慰丰主编:《中西医文化的撞击》,南京出版社2013年版,第252~254页。(有删减)

案例解析

本案例简要评析了新文化运动时期中西医的文化冲突,展现了在新文化的冲击之下中国传统医学所面临的困境。西方医学是不同于中医学的另一种医学文化模式,不论从观念系统,还是从理论系统乃至技术系统,二者都有重大差别。西方医学早在明代就已传入中国,但是当时尚没有对中医学产生较大冲击,因此也未能引起国人的重视。鸦片战争之后,西方医学借助西方的坚船利炮大规模进入中国,并在沿海开放的口岸城市以开办医院、学校,出版书刊等形式迅速传播开来,在这种情况下,中西医之间的矛盾才日渐尖锐。到了新文

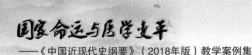

化运动时期，由于中国人对西方文化的态度已经发生巨大变化，在科学主义的视野之下，时人也重新审视中国传统医学的存在价值。从某种程度上说，恰恰是由于这一历史阶段中西文化地位的根本翻转，才导致了要抛弃中医的极端观点和做法的出现。这一事例给我们的启示就是，今天我们谈论文化自信，需要坚守自己的优秀传统文化，而不是亦步亦趋盲目崇拜西方文化，中医文化源远流长，蕴含着中国古代科学的丰富内容，也附着了中国传统优秀文化的诸多内容，在这种情况之下，更需要我们对中医文化中的优秀成分加以发扬，而不是数典忘祖，完全否定自己的传统。这对我们今天了解和认识近代中西医的发展史仍具有深刻的借鉴意义。

案例启思

新文化运动兴起的历史意义是什么？

教学建议

本案例内容主要梳理了新文化运动时期中西文化冲突的基本情况，并对其中的冲突进行了解析。对理解新文化运动的重要历史作用和局限性具有较大的帮助。本案例可用于第四章中"新文化运动与思想解放的潮流"相关内容的讲解。

案例二　梁启超医疗事件与中医境遇

案例

民国北洋政府统治时期，政局动荡不宁，南北战事难靖。在内忧外患之中，思想文化界的"新文化运动"蓬勃发展，"德先生"（民主）与"赛先生"（科学）深入人心。与传统文化息息相关的中医被认为属于旧学的阵线，日本留学归来的西医余云岫借势开辟了"新医"与"旧医"的战场，对中医进行各种抨击。在1929年著名的"废止旧医案"发生之前，中国思想界对中医的认识，在国学大师梁启超所经历的一次医疗事件中被集中地体现出来。

第四章 开天辟地的大事变

一、梁启超被西医误割右肾

1926年3月,梁启超因小便出血住进了协和医院。当时医生经检查后确诊为肾肿瘤,建议切除"坏肾"。梁启超决定接受肾切除手术方案。手术由协和医院著名的外科专家刘瑞恒主刀,副手也是美国有名的外科医生。手术相当成功,可是术后梁启超的尿血症状不但没有消除,反而加重了;而协和医院也发觉,割下来的右肾并无问题。

今天来看,这是一起因诊断不准确导致的错误手术。不久,事情便为社会所知,于是议论四起。著名文人陈西滢发表文章说:"在梁先生初进医院的时候,上海一位懂得中医的朋友,写信给他,说他的病是不用施行手术的,只要饮什么汤就会好。这话不但西医们听了好笑,就是我们也一点都不信。可是这中西不同的推断究竟有多大的分别呢?大家都在暗中摸索,谁能说什么汤一定不能治愈这病症?即使不然,病人所受的损失,也不至于比丢掉一个腰子和七个牙齿再大吧?""中医只知道墨守旧方,西医却有了试验精神。可是我最怀疑的就是这试验精神……我们朋友的里面,曾经有过被西医所认为毫无希望,而一经中医医治,不到半月便霍然病愈的人,而且不止一二位。"

文章在《现代评论》刊出后,另一文人徐志摩也在1926年5月29日的《晨报》副刊载文《我们病了怎么办》说:"假如有理可说的话,我们为协和计,为替梁先生割腰子的大夫计,为社会上一般人对协和乃至西医的态度计,正巧梁先生的医案已经几于尽人皆知,我们即不敢要求,也想望协和当事人能给我们一个相当的解说。让我们外行借此长长见识也是好的!要不然我们此后岂不个个人都得踌躇着:我们病了怎么办?"

两人的言论令事件全程公诸于社会,协和医院一时压力极大。这时,梁启超却发表了一份声明,题目是《我的病与协和医院》,其英文文件至今保存在病案中,中文版本则发表在1926年6月2日的《晨报》副刊上。文中说:

据那时的看法,罪在右肾,断无可疑。当时是否可以"刀下留人",除了专家,很难知道。但是右肾有毛病,大概无可疑,说是医生孟浪,我觉得冤枉……

出院之后,直到今日,我还是继续吃协和的药,病虽然没有清楚,但是比未受手术之前的确好了许多。想我若是真能抛弃百事,绝对休息,三两个月后,应该完全复原。至于其它的病态,一点都没有。虽然经过很重大的手术,因为医生的技术精良,我的体质本来强壮,割治后10天,精神已经如常,现在越发健实了。

我们不能因为现代人科学智识还幼稚,便根本怀疑到科学这样东西。即如

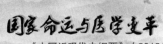
国家命运与医学变革
——《中国近现代史纲要》（2018年版）教学案例集

我这点小小的病，虽然诊查的结果，不如医生所预期，也许不过偶然例外。至于诊病应该用这种严密的检查，不能像中国旧医那些"阴阳五行"的瞎猜，这是毫无比较的余地的。我盼望社会上，别要借我这回病为口实，生出一种反动的怪论，为中国医学前途进步之障碍——这是我发表这篇短文章的微意。

二、对西医宽容，对中医苛责

围绕梁启超割肾手术前后的争议，折射出特定的时代思潮。在当时，新文化运动的科学与玄学论战正酣，中西医之争也硝烟弥漫。梁启超、鲁迅等人都是革新派，鲁迅说过"中医是有意无意的骗子"这样的话，还曾说："中医，虽然有人说是玄妙无穷，内科尤为独步，我可总是不相信。"梁启超则写过著名的《阴阳五行说之来历》，文中说："阴阳五行说为两千年来迷信之大本营，直至今日，在社会上犹有莫大势力，今当辞而辟之。……吾辈死生关系之医药，皆此种观念之产物。"他们对中医理论中的五行学说给予否定。根据他们一贯不遗余力提倡新学的立场，他们支持西学并不意外。

遭受了被割错肾，身体受到很大戕害的梁启超，不肯追究协和的责任，甚至还公开为对方开脱，人们还可以理解为梁启超对"科学"的宽容。但是，对自己多次经中医治疗好转的事情，他却绝口不向社会公开，甚至在声明中还批评中医治病为"瞎猜"；接受唐天如的治疗，却又说他"言涉虚杳"。这就让人难以理解：他对西医与中医的态度差别这么大？梁启勋说，梁启超"辛苦数十日，牺牲身体上之一机件，所得之结果，乃仅与中医之论相同耶。中医之理想，虽不足以服病人，然西医之武断，亦岂可以服中医？总而言之，同是幼稚而已"。这就是有人说的，西医治不好病，也是"科学"的；中医能治好病，也不"科学"。

类似的例子，在这一时期并不少见。另一新文化运动主将胡适曾患水肿，西医屡治不效，后来由中医陆仲安治愈。当时报刊报道胡适患的是糖尿病和肾炎，但后来胡适一直否认他的病曾被确诊，用意是不承认中医能治好这两种病。他们刻意讳言与中医的接触，也许对他们来说，个人的疾痛获愈不过是私人"小"事，承认中医能治好科学诊断的病却是原则"大"事，只有如此苛刻，才能表明自己的"科学"精神。由此不难看出，新文化运动树立的"科学"霸权何其强势！

其实，梁启超、鲁迅、胡适等都有深厚的国学根底。从真正的科学精神来说，他们何尝会不知道传统文化有其精华？只是为尽快革故鼎新，破除封建残余，这一代知识分子不惜让传统文化受到深重责难。这确实是中国新生之前不得已的阵痛。

第四章 开天辟地的大事变

案例出处

郑洪、陆金国：《"国医"之殇：百年中医沉浮录》，广东科技出版社2010年版，第34～39页。（有删减）

案例解析

这是民国时期中西医之争一个极为有名的案例。这一案例说明了受到西方文化思想的影响，近代学人对待中医的态度也已经完全发生了变化。这一事件的主角就是梁启超。作为近代著名的思想家和政治人物，梁启超在当时的社会上有着极高的声望。在"割肾"事件中，尽管还有些细节至今仍不清晰，但对社会产生巨大震动和影响的是梁启超对待西医的态度——在所有人都认为西医存在重大医学失误的情况下，作为当事人的梁启超挺身而出，极力为西医辩护。这种推崇西医的态度当然值得赞赏；但是值得注意的是，以梁启超为代表的部分新式知识分子却并不能做到客观持平地看待中医，即中医在治疗某些疾病方面有着自己的优长和独特效果，有些人依然选择视而不见、听而不闻。这种鲜明的反差态度展现的是他们在面对中国传统文化和西方现代文化时的不同心态。这一心态至少表明他们力图抛弃自己的文化传统，全力拥抱西方的文化，结果就导致了对自身文化传统及优秀传统文化的鄙弃。今天，我们强调文化自信是最根本的自信，新文化运动中梁启超"割肾"事件中的知识人的立场更值得我们反思。

案例启思

新文化运动对马克思主义的传播有何促进作用？

教学建议

梁启超被协和误诊事件是当时中西医之争的一个缩影，同时也是新文化运动背景下的一个文化事件。梁启超作为国学大师，有着深厚的国学根底，当然知道传统文化也有精华；但他又是新文化运动的支持者、参与者，为尽快革故鼎新，破除封建残余，因此不惜让传统文化受到深重责难。这都反映出新文化运动蓬勃发展起来后，"科学"的强势。不过，梁启超对待中医的态度也反映了新文化运动的局限性。可用于第四章中"新文化运动和五四运动"相关内容的讲解。

案例三 民国前期的中西医之争

中医的生存危机贯穿整个民国时期,"废止中医"思潮始终困扰着中医的发展。中医界因此拼力抗争,中西医双方的斗争形式是多样的,其中,双方的文字论战精彩激烈,引人注目。这些论战围绕阴阳五行、医学教育、取消中医、"国医问题"等内容展开,持续数年,范围由医学界扩展到舆论界乃至政界。论争的性质也充满了政治意识形态和思想文化范畴的丰富内涵。

一、围绕中医能否加入学系的辩驳

1912年,北洋政府以中西医"致难兼采"为由,在新颁布的学制及各类学校条例中,只提倡医学专门学校(西医)而没有涉及中医。同年7月,政府举行教育会议,拟仿照日本学系体例制订《壬子癸丑学制》,其后,陆续颁布各科学校令,大学共分文、理、法、商、工、农、医七类,医学类又分为医学和药学两门,医学的科目共计有解剖学等51科,药学分为有机无机化学等52科,二者均没有把中医药学列入,这就是著名的中医教育遗漏案,中医教育被排斥在学校系统之外。

此后,中医界一直力图将中医纳入学校体制中,并为此不懈努力。1925年,中医界先后在长沙、太原召开会议,通过了相关议案,力争让中医加入学系以求教育合法化。此事报请教育部批准时,以余云岫为代表的西医界上书教育部,坚决抵制,横加干扰。余氏一面组织西医界致电各省加以阻挠,一面先后发表了《旧医学校系统案驳议》《请明令停止旧医学校》等文。不久,中西医双方开展了一场关于中医加入学校系统问题的辩论,西医的主要代表人物为余云岫、朱恒璧、郭琦元等,中医为秦伯未、杨百城、王一仁、陆士谔等。

在《旧医学校系统案驳议》一文中,余云岫认为中医一无可取,"所谓'效如桴鼓',所谓'历著明效',所谓'成效已著'者,无他,多言幸中也,贪天功以为己也,以言乎实验,渺乎远矣"。余云岫的言论遭到中医界的强烈反击,秦伯未愤然为中医辩护:"吾中医界虽非因彼一言而消灭,国人亦不因

彼而失其信仰。"杨百城等人声称:"欲振兴中医,非办学校不可,欲办学校,非加入学校系统不可。"

这次关于中医加入学校系统的论争,涉及中医的命运和前程。余云岫等极力扼杀中医教育的权利,而广大中医奋力抗争,旨在赢得中医生存与发展的机遇。显然,这场论争已经超出了中医优劣的单纯的学术之争,而上升到对中医教育取舍的文化斗争了。

二、关于取消中医药的文字攻讦

如果说20年代初余云岫与杜亚泉、恽铁樵等人的论争还停留在学术辩论层面的话,那么1929年前后关于废止中医案的论争就超出了学理的范畴,演变成为中医生存而抗争,演变成意识形态化的政治攻击,且上升到"国计民生"的高度。这次论战牵涉面最大、力度最深,影响亦最为广泛。

首先是余云岫、汪企张与陆渊雷、陆士谔等人的论战。

陆渊雷是中医界的代表性人物,时人以为唯陆氏与余云岫旗鼓相当。1928年,陆渊雷发表的《西医界之奴隶派》被称为抨击西医的重拳,文字辛辣,对余云岫等人大加攻击和讥讽:"现在有少数的西医飞扬跋扈,不可一世,好像要把中医一口气吞下的样子。他们的学说是从日本来的,日本的学说又是从西洋学来的。论起辈分来西洋好比是祖父,日本好比是父亲,这些少数的西医不过是孙子罢了。……如今这些少数西医拼命地要消灭中医。他们自己是中国人,所用的武器又是中国文字,所要消灭的又是中国医学。"

此文被认为是中医界攻击文字中的最高峰,可见当时中西医论战的火药味十足,由学术而动义气,余云岫等被骂为"西医界中别有肺肠的几个奴隶派"。余云岫等当然不甘示弱,在此文发表后不足三个月,余氏在南京中央卫生会议上愤然提出废止中医案。中西医之争陡然激化,进入到政治层面的交锋。西医界面对陆渊雷等人的谩骂,也有不少反驳性文字出笼,他们更多地利用学术上的优势,反唇相讥,颇中中医之弊。余云岫说:"讲到新医旧医,那一重门户能够限制我,他们喜欢谈气运,我就同他谈气运,他们喜欢谈易理,我就同他谈易理,穿房入户、升堂入室,连旧医的厨房、亭子间、屋顶、地下室都走到,简直可以说没遮拦,还什么界限可分、门户可争呢?所以这部书是旧医的入室操戈、心腹大患,不是单单向着旧医骂山门的伎俩。"

另外,汪企张发表《想和旧医赌一赌》一文,充满意气。文中写道:"请旧医界将这温热温毒放在我们身上,煽动一动肝风,叫他内外交攻起来,发出头痛、项痛、拘挛、神昏等各种症状,证明本症(流行性疼症)是温热温毒病原。一面由我们新医界将我们培养的流行性脑脊膜炎菌用法叫他侵入你们的

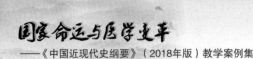

国家命运与医学变革
——《中国近现代史纲要》（2018年版）教学案例集

体内，看他是不是发出同样的症状，这才叫真凭实据。"

从1928年起，陆士谔在《金刚钻报》上连篇累牍地发表评论，并以《金刚钻报》为阵地，同西医针锋相对。陆氏抨击余云岫等"迩来西医，张牙舞爪，大肆簧鼓，讥吾中医不合科学"，他建议政府"试行全国投标大抉选，逼发选票，令国民自由投票，信用中医中药者若干人，信用西医西药者若干人，政府监视开票，吾知信中医中药者，必得百分之九十五，信西医西药者不过无人也"。

1931年，陆士谔又在《金刚钻报》与余云岫交锋数月，各自发表文字数万。当时争论之激烈，影响之广泛，已经超越医药界。

其次是中医界群起而攻"废止中医案"。

1929年，中央卫生会议通过余云岫提出的"废止中医案"，激起了全国中医界的抗争，中医界挥戈上阵，群起而攻，火力集中于余云岫及其提案上。这次不再就中西医优劣等学理问题与余云岫等纠缠不清，而是逐条批驳余云岫等废止中医之理由，并将中医存废置于政治意识形态层面进行论辩。

3月11日，张赞臣等联合八个医学团体发表《医药团体对中卫会取缔案之通电》，指责余云岫等提案是为"帝国主义者辟一医药侵略之新途径"，中医界高揭三民主义的旗帜，声称中医完全符合三民主义。将中医存废问题上升到是否拥护三民主义的政治层面，显然是为了争取民意和更多政治上的优势。

废止中医案是西医利用政府权力干预的产物，对此，中医界亦以牙还牙，同样注重运用政治力量。他们在通电中称："彼既借政治势力为压迫，我当秉民权主义以反抗，力促全国各界彻底觉悟。"3月17日，在全国医药界团体代表大会上，代表们就高呼"打倒余汪提案，就是打倒帝国主义；拥护国民政府；拥护中国国民党；中华民国万岁；中国医药万岁"等带有强烈政治色彩的口号。

中医界斥责废止派倒行逆施，甘为帝国主义者张目，基于此，中医界打出"提倡中医，以防文化侵略；提倡中药，以防经济侵略"的旗号，明确提出提倡中医药的目的是"促进健康，强种强国"。不可否认，这些关乎国计民生的宣言和通电对政府和社会各界均产生了强烈的影响。

中医界强烈的批判着实激起了西医界的反感。上海西医界代表人物余云岫、汪企张、胡定安等纷纷在各大报刊上发表废止中医的言论和反驳性文章，回应中医界的批判。此时，双方论战的焦点是中医存废问题，已不再是一般的学理之争，对中医界来说，这场论战已经演变成为捍卫自身生存权的殊死抗争。

率先发起反击的依然是废止派领袖余云岫。3月17日，《申报》刊发了他

第四章 开天辟地的大事变

的《异哉旧医之举动》,以抑扬顿挫、气势磅礴的措辞,给了国粹派一个下马威,大有短兵相接之势。余云岫认为,中医界的行为是"以欺惑愚蒙,阻遏进步",是"不许医药之科学化也,是不许政府有卫生行政也,是不许中国医事卫生之国际化也,是坐视文化侵略而不一起谋所以振刷也"。他认为中医界的抗争是"逞一朝急气之忿,而忘邦国之大计者也"。期间,余云岫还两次致函《时事新报》,对该报 3 月 14 日和 18 日两篇社论提出反驳,指出中医界及舆论界在讨论中医存废时均没有注意存废之根本原则问题。他认为:"原则者何?学术之根本问题也,世界之潮流也。二者为解决新旧医纷争之先决问题。学术之真妄是非明,存废即不成问题。"

胡定安、汪企张也是西医阵营里的干将,胡定安坚决主张废除中医:"中国医药一日不进步,即中国医药在国际上一日无地位。"汪企张则质问中医界:"你们所办的学校,因为不合现代国家教育原则,不能加入系统,所以各自超然独立,我行我素了,现在你们到底是不是中国人。"

1929 年,围绕中医废存问题的论战,中西医双方皆使出浑身解数,极尽攻讦讥讽、指责谩骂之能事,大有剑拔弩张、你死我活之势,争论的性质演变成围绕生存权展开的拼死搏斗。

🔍 案例出处

郝先中:《民国时期围绕中医存废问题的论战》,载《中华医史杂志》2007 年第 1 期。(有删减)

✏️ 案例解析

这一案例较为详细地展示了民国时期中西医之争在思想文化、政治制度等方面的表现。从中可以看到,中医与中国文化的命运紧密相连,近代中国的被动挨打和由此所导致的落后,也使得很多人产生了极为普遍的文化自卑心态,加之近代西方科学传入,大行其道的科学主义,使得中国传统医学沦为"异端"。在这种情况下,攻击中医的言论层出不穷,甚至在国民党当政时期还通过国家的强力手段对中医的发展进行限制,中医丧失了话语权以及在医疗市场上的地位。换句话说,民国时期中医发展受到影响是在西方文化日渐强势甚至占据主导地位的情况下发生的,这种影响进而扩展到政治层面,从而在整个社会上形成了对中医不利的社会环境和制度。因此,对今天的中医来说,中华民族伟大复兴的历史机遇,其中也包含了中国优秀传统文化的复兴,而与中国文化一荣俱荣、一损俱损的中医也面临着前所未有的发展机遇。适应时代发展,弘扬优秀的传统文化,提升中医的影响力,仍是新时代中医的挑战。对今天的

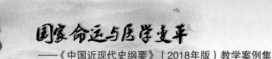

中医而言,我们要真正理解习总书记所说的那句话"中医药学是中国古代科学的瑰宝,也是打开中华文明宝库的钥匙",在坚守传统的基础上,不断整理总结中医学的精华,并结合时代条件不断发展。

案例启思

如何正确认识新文化运动的局限性?

教学建议

民国前期的中西医论争是近代中国医学发展史上一个极为重要的事件,这一事件从根本上说是由于新文化运动中新旧思潮的激荡所造成的,但民国前期的中西医之争给中西医相互的认知都带来了诸多的问题。本案例可用于第四章中"新文化运动与思想解放的潮流"相关内容的讲解。

案例四　汇通中西医学的恽铁樵

案例

由于家道贫寒,异常聪颖的恽铁樵更立志发奋、刻苦攻读,13岁就读于族中私塾,16岁即考中秀才,20岁全部读完了科举经典。孟河出名医的文化熏陶,让儒学深厚的恽铁樵及早涉猎了《温病条辨》等医学著作,在叔祖北山先生温热夹食,庸医妄投"小青龙汤"时,他已经能够明辨是非,提出质疑。1903年,他考入上海南洋公学,攻读英语,成为近代中医界精通旧学,又系统接受新学制教育的第一人,为吸取现代科学知识发展中医奠定了基础。

1906年,从南洋公学毕业后,恽铁樵先赴湖南长沙任教,后回上海浦东中学执鞭。教学之余,翻译了却尔斯·佳维的《豆蔻葩》《黑衣娘》《波痕荑因》等中篇小说,于1909—1910年分别刊登在上海出版的《小说时报》上,与林纾齐名而别具风格。1911年,任商务印书馆编译;1912年,任《小说月报》主编。10年的编辑生涯虽与医学无缘,但却为熟悉和掌握西医知识以及其后的著书立说打下了扎实的基础。

第四章 开天辟地的大事变

一、弃文业医缘爱子

正当恽铁樵的事业卓然于世之时，年已 14 岁的长子阿通因为伤寒而离开自己，次年第二、第三子又因伤寒夭折。粗通医道的恽铁樵往往心知其所患某病，当用某药，但是苦于没有临床经验不敢轻举妄动，向医生建议商讨，从无采纳的余地，只是爱莫能助。痛定思痛，恽铁樵深深地感到求人不如求己，遂深入研究《伤寒论》，同时问业于伤寒名家汪莲石先生。他时常拜访同门丁甘仁，对去世的三个儿子的病情进行一次次的分析研究。

一年后，第四子又病，发热恶寒，无汗而喘，太阳伤寒的麻黄证显然。请来的名医虽熟读《伤寒论》，但不敢用伤寒方，豆豉、山栀、豆卷、桑叶、菊花、杏仁、连翘等连续不断，遂致喘热益甚。恽铁樵考虑了一整夜后，决定自行先开一剂麻黄汤。恽铁樵向其夫人说道："三个儿子都死于伤寒，这次医生又说无能为力，与其坐着等死，还不如服药而亡。"夫人不敢多言，立即让儿子服药。一剂下肚，儿子渐渐肌肤湿润，喘息减缓；第二剂喝下去，出了很多汗，热度也退下了，喘息没有了。最终在恽铁樵及其夫人的精心照料下，他们的儿子重新捡回了一条命。

此事一过，恽铁樵更加信服伤寒方，用大量的时间钻研中医经典，亲友有病也都来请他开方，被他治疗过的人也都被治愈。有一天，报社一个同事的孩子因伤寒阴证垂危，请了沪上名医治疗无效，后来就希望恽铁樵能够试一把。因为大胆用药治愈了自己的爱子，所以恽铁樵经过认真分析研究，开了四逆汤方子，同事的孩子一剂服下便转危为安。同事感激万分，登报鸣谢："小儿有病莫心焦，有病快请恽铁樵。"口碑相传的真实性，再加上报纸的广泛发行，感谢信一出去，就如水闸打开，求治者日渐增多，让只在业余时间研医的恽铁樵应接不暇，于是在 1920 年正式辞职，开始自己的悬壶生涯，挂牌不久便门庭若市，声名远播。

二、东西兼习辟新路

恽铁樵从医之时，中医正处于生死存亡的危急关头。20 世纪初，随着新文化的传入，面对西方科学的进步，如何看待中国传统医学出现了两个极端：一种是盲目崇拜外国，彻底否定中医，如余云岫，1916 年抛出《灵素商兑》，从基础理论入手，主张立法废止中医；另一种是夜郎自大，顽固保守，拒不接受现代科学，攻击研习西医是"媚外卖国，蹂躏国粹"。

恽铁樵以他渊博的知识、丰厚的临床经验，纵览了世界科学的进步，认为中医有实效，乃有用之学；西医自有长处，尤其是生理学的研究。由于中西文

89

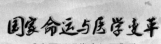

化背景不同,医学基础各异,从而形成了两个不同的体系,"西方科学不是惟一之途径,东方医学自有立脚点";但是中医由于年代久远,应该整理提高,使之发展进步。他明确提出吸取西医之长处,融会贯通产生新的医学,说"中医有演进之价值,必须吸取西医之长,与之合化产生新中医,是今后中医必循之轨道",并说"居今日而言医学改革,苟非与西洋医学相周旋更无第二途径"。然而这是为了发展中医,补助中医,"万不可舍本逐末,以科学化为时髦,而专求形似,忘其本来"。他的真知灼见为垂危的中医指出了生存和发展的道路,回顾半个世纪来中医所走过的历程,立足中医,吸取新知的观点无疑是正确的。

三、古今融会著华章

为了使退化的中医进步,零乱的学术整齐,恽铁樵一扫引经考据的陈规陋习,不因袭前人的成见,不附和时行的见解;独辟蹊径,革新旧说,比较全面系统地整理了中医经典及重要著作。首先他针对《灵素商兑》的武断攻击,在1922年发表了著名的闻世之作《群经见智录》。他用科学的方法,研究了《内经》理论的原委实质,提出了"四时五脏"的观点,认为古人把四时看作是万事万物变化的支配力量,也是古人认识事物变化的方法,由四时的风寒暑湿产生了六气;生长化收藏产生了五行,再由四时五行派生出五脏,因此四时是《内经》的骨干,"内经之五脏非血肉之五脏,乃四时的五脏"。他从方法论的高度揭示了中医理论,特别是藏象学说的奥秘,展示了古代医家一条朴实的可以理解、捉摸的思路,驳斥了《灵素商兑》的攻击,捍卫了中医学术的完整性。

此外,"因势利导""拨乱反正"的形能观、"单丝不成线"、内外因素结合的发病观,"腺体一统,以肾为平的腺肾相关论"等众多独特的见解至今犹有其指导意义,如腺肾相关论已为现代肾本质的研究所证实。

四、呕心沥血育新人

梁启超的《演说集》云:"中医尽能愈病,总无人能以其愈病之理由喻人。"因此,恽铁樵认为培养人才至关重要。尽管当时政府已将中医摒弃于教育之门外,他还是披荆斩棘,于1925年创办了铁樵中医函授学校,发表了4000余言的《创办函授学校宣言》,高瞻远瞩地指出中医必将走向世界,说"中医不能出国门一步,此则有国力关系,况现在情形是暂时的",顿时八方响应,入学者600余人,遍及大江南北。1927年,恽铁樵又办起临诊实习班。同时还兼任上海各中医学校讲席。1928年,由于废止中医法案的出笼,不得不停办教学。废止中医法案被迫撤销后,恽铁樵又以铁樵函授医学事务所的名义于1933年复办函授教育。经过几番艰难曲折,终于培育了一批如陆渊雷、章巨膺、顾雨时等具有创新思想的优秀人才,有力地推动了中医事业的发展。

案例出处

朱鼎成、李鑫著:《海派中医》,文汇出版社2010年版,第144~150页。(有删减)

案例解析

本案例以恽铁樵的会通中西为例,说明在近代中国传统医学发展的机遇与挑战。在新文化运动"科学"观念的影响之下,人们围绕中西医展开了激烈的论争,在如何看待中国传统医学这个问题上,出现了两个极端:一种是在"科学主义"之下盲目崇拜西洋医学;另一种坚持"文化本位主义"拒不接受西洋医学。而弃文从医的恽铁樵则没有陷入这种论争的窠臼之中。他以自己渊博的知识和丰富的临床实践,提出了"西方医学不是唯一之途径,东方医学自有立脚点"的主张,讲求博采中西医之所长,融会贯通产生新的中国医学。这一主张直到今天仍具有积极的价值。这种不偏废一端的取向,使得传统中医不再闭关自守,为寻求中医药发展的新途径、新方法提供了可能性。因为中药发展的前提是首先肯定中医存在的价值,而中医本身所具有的经验以及整体性的视野,恰恰也是经过实践检验的。恽铁樵在中西医学汇通的思想之下,对中医典籍进行系统的整理,留下《药盦医学丛书》《伤寒论研究》《温病明理》《药盦医案》等二十余种著作。在这些著作中,恽铁樵最大的贡献在于,他认为中西医学是由于中西方文化背景的差异而造成的两种医学体系,把中西医比较放在文化背景上进行研究。恽氏强调在汇通中必须摒弃那种机械地把中西医概念对号入座的方法,指出不能用西医学说注释中医经典。这些认识无疑是极为深刻的,与一般以西医的理论来论证中医的理论及其合理性有本质的区别。恽铁樵为了光大传统医学,还于1925年创办了铁樵中医函授学校,培养了陆渊雷、章巨膺、顾雨时等一批优秀人才,为中医的发展做出自己应有的贡献。这些精妙准确的思想认识,对今天中医的发展仍有借鉴的价值。

案例启思

以五四时期新旧文化的碰撞为例,思考如何处理优秀传统文化与西方文化的关系。

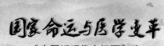

国家命运与医学变革
——《中国近现代史纲要》（2018年版）教学案例集

🎙 教学建议

恽铁樵的"弃文从医"和"汇通中西"，对引导学生正确看待近代医学变革与国家命运之间的关系有较大帮助。学生不仅要看到近代历史上有孙中山"弃医从政"、鲁迅"弃医从文"，也要看到恽铁樵"弃文从医"。近代医学的发展还有另外一种趋向，就是很多人看到近代中国医学的落后和外来医学对中国传统医学的挑战，试图用更开放包容的眼光看待近代中国医学和西方医学的问题；这对正确认识新文化运动的局限性大有帮助。本案例可用于第四章中"新文化运动和五四运动"相关内容的讲解。

▶ 案例五　毛泽东与"湘雅"的不解之缘

 案例

110多年以前的1905年，29岁的美国内科医生爱德华·胡美博士（来中国之前在印度行医）受美国耶鲁大学资助和雅礼协会派遣，携妻带子来到长沙行医办学。1906年，他在长沙小西门西牌楼买下了一罗姓老板的"中央旅馆"，创办了中国最早的西医医院之一——雅礼医院，于当年11月开业。1914年，湖南督军谭延闿（后来担任过南京国民政府主席）提议，由湖南育群学会代表湖南省政府与美国雅礼协会合作，于当年9月在长沙潮宗街创办了我国第一所中外合办的高等医学教育机构——湘雅医学专门学校（现中南大学湘雅医学院的前身）。省政府拨出一块基建用地，于1917年动工兴建校舍，医院和医学院陆续迁往留芳岭和上麻园岭的现址。"湘雅"的"湘"即湖南，"雅"即代表美国耶鲁大学雅礼协会，湘雅医院即医学院的附属医院。1925年6月，湘雅医学专门学校更名为湘雅医科大学，孙中山还应李振翩等第5届毕业生之请，写了"学成致用"的题词。北有"协和"，南有"湘雅"，就此闻名。作为中国最早致力于现代医学教育和服务的机构之一，百余年来，湘雅是中国唯一能与"协和"齐名的医学院。可是人们鲜知，毛泽东一生与"湘雅"结下了不解之缘。

第四章 开天辟地的大事变

一、青年毛泽东在湘雅主编了《新湖南》周刊

毛泽东是湘雅的校友吗？如果毛泽东在北京大学图书馆做过临时管理员可以算北京大学校友，那么毛泽东在湘雅医学院担任过报刊主编，也应该算是湘雅的一名校友了！早在1919年4月，设在长沙潮宗街56号的湘雅医学专门学校学生自治会就创办了《学生救国报》。当时，医院已搬迁至留芳岭新址，医学院也拟搬迁至马路对面建筑中的上麻园岭新址，还有一部分师生仍在潮宗街旧址没有迁出。五四运动之前，在湘雅旧址编印的《学生救国报》是湖南乃至全国高校中较早的周双刊。五四运动发生之后，《学生救国报》从第4号起更名为《新湖南》（继承辛亥革命之前长沙志士杨毓麟在日本写的《新湖南》书名）。《新湖南》有月刊和周刊两种，月刊是杂志，周刊是报纸，每期各印1000份，除了在省内发行之外，还远销北京、浙江等地。

毛泽东接任主编之后，加强了周刊的革命性。他公开提出以批评社会、改造思想、介绍学术、讨论问题作为办刊宗旨，并坚持"什么都可以牺牲，惟宗旨绝对不能牺牲"的原则。现在能够查到毛泽东写的办刊宗旨和原则的原文，它曾经以"《新湖南》周刊第7号刷新宣言"为题，刊登在陈独秀主编的《新青年》第7卷第1号（1919年12月1日出刊）上。毛泽东主编了第7号至12号，并亲自撰稿，对帝国主义、反动军阀和封建势力进行抨击。"第七期的重要文章就有'社会主义是什么？无政府主义是什么？''评新中国杂志''哭每周评论''工读问题'等，其内容和形式都与第六期以前迥然不同，大家觉得《湘江评论》复活了。"《新湖南》周刊继承了《湘江评论》的战斗精神，成为湖南宣传进步思想和革命主张的阵地。

不幸的是，《新湖南》周刊在出版发行至第12号时，又遭到了湖南军阀张敬尧的查封。尽管毛泽东接手主编《新湖南》只有一个多月时间，前后仅出版发行了5期（另有1期完成了编辑而未印刷），但它震撼和鞭笞了当时的军阀政府，有力地配合了北京乃至全国的五四运动。解放初期，毛泽东给新创刊的中共湖南省委机关报题写了《新湖南报》的报名。首任湖南省卫生厅厅长龙伯坚写信问毛泽东，毛泽东回信说为家乡的报纸题写《新湖南报》（即现在的《湖南日报》），有一份当年《新湖南》周刊的情结。《新湖南》周刊被军阀封杀以后，毛泽东仍然住在潮宗街56号，还在湘雅学生会门口加挂了一块牌子——"马克思主义研究小组"，开展了湖南的建党活动。

二、毛泽东在湘雅开办了文化书社

1920年7月，毛泽东从杨开慧的母亲向振熙那里得到了一些经济上的资助,又与人合伙以低租金租下潮宗街湘雅医学专门学校的三间房。这三间房包括一间传达室(做售书门面用)和两间教室(做库房和住宿、做饭等生活用,后来也是长沙"俄罗斯研究会"和湖南建党活动的讨论室)。他们在此办起了宣传马克思主义的书店,取名为"文化书社"。由于学校正在搬迁,部分校舍空置,租借湘雅的传达室和教室开办文化书社,是8月20日由学校秘书赵运文经手的。毛泽东于7月31日写了《文化书社缘起》的广告:"湖南人现在脑子饥荒,实在过于肚子饥荒,青年人尤其嗷嗷等哺。"文化书社的愿景便是"以最迅速、最简便的方法,介绍中外各种最新书报杂志,以充青年及全体湖南人新研究的材料,也许因此而有新思想、新文化的产生"。为了掩护革命活动,毛泽东甚至请擅长书法的军阀谭延闿为书社题写招牌,并邀其出席开业仪式。

1920年9月9日,文化书社在潮宗街56号正式开业,最初资本金500元,经营的书有164种,杂志45种,日报3种。卖报纸的本和利都不大,是街头报童便可以做到的事,大家只能在杂志和书籍上多想一些办法。毛泽东有意识地多引进《新青年》《新潮》《劳动界》《新生活》等观点新颖、革命味十足的报刊,果然销路很好。销售的书籍主要有《共产党宣言》《马克思资本论入门》《社会主义史》《新俄国之研究》《劳动政府与中国》《阶级斗争》《罗素政治理想》《杜威五大讲演》等。为了拿到更便宜的书,毛泽东和出版社直接联系,与上海泰东图书局、中华书局、亚东图书馆等11家出版社签订了合同,保证自己能拿到最低折扣的书刊。不仅如此,毛泽东还动用他与陈独秀、李大钊、恽代英等人的关系,由他们出具信用介绍,供货商免去了书社的抵押金。为了扩大书社的知名度,提高书籍的销售量,文化书社还在长沙发行量最大的《大公报》上打了广告。

毛泽东经营书社一举数得,不仅能传播新思想、新文化,赚取一定的利润,而且还充当了秘密联络机关,建党初期的很多活动都通过文化书社开展。过了一段时间,毛泽东决定物色一个人来代替自己经商,他则投身于更大的政治舞台。被毛泽东看中的是他的大弟弟毛泽民,在经商理财方面,毛泽民的才能并不逊于毛泽东。毛泽民接手发行部经理之后,发现以前赚不到钱,是因为发行量上不去,导致成本偏高。他决定扩大发行网点,增加发行品种,减少发行成本以扩大利润。到1921年初,文化书社在外地增设了平江、浏阳、宁乡、邵阳、衡阳、武冈、溆浦七处分社。1921年12月中旬,毛泽东与共产国际代表马林秘密会见,地点也在文化书社。文化书社存在了6年半,《毛泽东书信选集》第14页注释有:"文化书社是毛泽东等为传播新思想新文化、宣传马克思主义而在长沙创办的进步书店,1927年马日事变后被国民党反动派

封闭。"

三、毛泽东在湘雅主持了湖南的建党活动

毛泽东在湖南开展建党活动,主要以新民学会会员为基础。随着蔡和森等一批会员赴法国勤工俭学,毛泽东需要在长沙吸收新的革命力量。《新湖南》周刊被军阀封杀以后,毛泽东仍然住在潮宗街56号(有时住修业学校,直至1921年冬才搬到清水塘的中共湘区委员会新址)。新中国成立以后,毛泽东在中南海对原湘雅医学院院长颜福庆说,那时我们还在湘雅学生会的门口挂了一块牌子——"马克思主义研究小组"。因此,《新湖南》周刊停刊以后(《新湖南》月刊仍然存在),毛泽东不但在潮宗街56号开办了文化书社,而且把湖南省学联搬迁到湘雅学生会内(湘雅学生张维担任省学联主席),还在湘雅成立了"马克思主义研究小组"和"俄罗斯研究会"。可见,湖南进步知识分子在建党初期的很多活动都在湘雅医学院开展,并通过文化书社作为联络点。

1920年9月16日,湖南"俄罗斯研究会"在文化书社召开了成立大会,推举辛亥革命之后担任长沙首任知事的姜济寰(参加南昌起义时加入共产党)为总干事,毛泽东为书记干事,彭璜为会计干事。俄罗斯研究会先后介绍了刘少奇、任弼时、萧劲光、任作民等青年到上海早期共产党组织开办的外国语学校学习,然后赴俄国留学。还规定研究会成员每逢星期天下午,需自愿去文化书社参加集体讨论。毛泽东与蔡和森关于建党的几次通信,也以湘雅医学院作为联系地址。1921年9月29日,毛泽东在《致杨钟健》的信写道:"以后赐示,请寄长沙潮宗街文化书社。"还有毛泽东致彭璜的信,也说明文化书社是毛泽东的联络点。由于湖南建党的活动经费匮乏,文化书社给予了资助。直到大革命失败、文化书社被封闭之前,"书社也常被利用作为党的省委同省内外的通信联络机关;1921年到1923年,有时也在这里开党和团的会议",对于革命活动所需的"经济周转,书社是始终负担着的"。

毛泽东等人探讨湖南建党,具体的时间和地点一直没有结论,有人认为在蔡和森家里。其实,1919年冬,蔡和森一家乘坐"央脱莱蓬"号邮船赴法国勤工俭学,河西刘家台子的房子就已退租,不可能留给毛泽东等人做活动地点。新民学会留在长沙的会员基本上住河东,那时湘江没有架桥,不便经常过河。会员聚首有时在营盘街楚怡小学(何叔衡、萧子升在此任教),多数时间在潮宗街文化书社。新民学会孕育了一批共产主义者,正如毛泽东在延安接受美国记者斯诺采访时所说,"新民学会起过联共党小组的作用"。会员们受新文化运动影响,加上五四运动的实践锻炼,对民主与科学开始有了新的认识,特别是俄国十月革命的成功、马克思主义传入中国,使一切努力寻找革命真理的志士仁人有了新的方向。一些会员开始从教育救国、实业救国并从空想社会主义、无政府主义、工团主义、自由主义等的幻想中醒悟过来，初步认识到要使中国强盛起来，非进行彻底改造不可。改造的良策唯有仿效苏俄。

湖南先进知识分子的建党活动分两条线进行：1920年7月6日到10日，新民学会赴法勤工俭学的会员在蒙达尼公学举行了5天会议，讨论了蔡和森提出的"改造中国和世界"的宗旨，后来又讨论了成立共产党、建立无产阶级专政等问题。接到蔡和森介绍法国会员讨论情况的信之后，1921年元旦至1月3日，毛泽东与长沙的新民学会会员顶着寒风、踏着积雪来到潮宗街56号，在文化书社举行了一场"新年会议"。大家讨论热烈，列举了改造社会的5种方法——社会政策、社会民主主义、激烈方法的共产主义（列宁的主义）、温和方法的共产主义（罗素的主义）、无政府主义。与会会员共20人，赞成"列宁的布尔什维克主义"者12人，占与会人数的60%。因为多数会员赞成创建一个布尔什维克主义的党，并决心"自己投身到劳动界去"，我们可以把新民学会在潮宗街56号召开的"年会"看作湖南建党活动的"热身"。

毛泽东在长沙从事湖南的建党活动，据资料显示，早在1920年11月，他就收到陈独秀、李达的信，接受了他们在湖南筹建党组织的委托。他们还把上海党的早期组织上海机器工会（由毛泽东原在湖南省立第一师范学校的同学李中主持）的情况和《中国共产党宣言》起草等情况告诉了毛泽东，毛泽东也邀请陈独秀来长沙参加湖南社会主义青年团的成立大会。陈独秀因赴广东就任广东省教育委员会委员长，未能来长沙。经过慎重物色，毛泽东和何叔衡、易礼容、彭璜、陈子博等6人（另1人据《西行漫记》记载为萧铮，估计是埃德加·斯诺不懂中文，翻译也没有听清楚毛泽东的湘潭口音，把新民学会的总干事萧子升翻译成"萧铮"）在湖南建党的文件上签了名。他们6人是湖南建党的第一批共产党员，都与新民学会和文化书社的活动相关。

至于建党的具体时间和地点，至今尚未发现直接史料（湖南社会主义青年团的成立，则有张文亮日记佐证）。从相关史料分析，湖南早期党组织的建立，应该在新民学会1921年"新年会议"之后，但也不会晚到易礼容、萧三认定的"三十节"（民国十年十月十日即1921年10月10日）在"协操坪"。笔者认为，湖南早期党组织应该于1921年上半年建立。在目前没有直接史料的情况下，我们可以把文化书社召开的"新年会议"作为湖南建党之始。由于湖南是中国共产党第一批已经建党的"国内6个地方"之一，1921年6月，中国共产党上海发起组织的代理书记李达的信寄到了文化书社，并寄来路费100元（银圆），邀请湖南的共产主义者派两人到上海参加中国共产党第一次全国代表大会。6月29日傍晚，从潮宗街通向小西门的湘江轮渡码头上，毛

泽东和何叔衡乘暮色登上开往上海的小火轮。他们没有让人送行，只有知情者谢觉哉在日记中写道："午后6时叔衡往上海，偕行者润之（即毛泽东——引者注），赴全国〇〇〇〇〇之招。"这五个圈隐掉了"共产主义者"五个字，因为赴上海参加中共一大是秘密之行。

案例出处

曾长秋：《毛泽东与"湘雅"的不解之缘》，载《湖南第一师范学院学报》2018年第4期。（有删减）

案例解析

本案例通过梳理毛泽东在湘雅医学院的社会活动，展现了毛泽东早期革命活动的诸多侧面，为全面深入理解毛泽东对中国共产党建立的贡献奠定了良好的研究基础。这一时期也是毛泽东转变成为一个马克思主义者极为关键的阶段，这些革命活动对他的转变有一定的影响。从更广阔的层面来看，特别是毛泽东在湘雅的革命活动，为湖南党组织的建立奠定了基础。毛泽东在湘雅的革命活动主要是三个部分：一是创办《新湖南》，二是创立文化学社，三是主持了湖南的建党活动。这些活动传播了新思想、宣传了马克思主义，为湖南早期党组织的建立准备了组织上的力量。

毛泽东主编《新湖南》后，提出了新的办刊宗旨，大大加强了《新湖南》的革命性。这一点如果对比《新湖南》第一期与第七期的办刊宗旨就可看出。第一期发刊词提出的办刊宗旨是："一、反对旧礼教，提倡新道德使国人知所取从；二、改造家族制；三、提倡男女平权生活独立；四、提倡劳工神圣，反对分利坐食；五、提倡平民教育；六、灌输卫生知识。"第七期登出的刷新宣言为："一、批评社会；二、改造思想；三、介绍学术；四、讨论问题。第七期以后的本报，同人尽其之所能，本着这四个宗旨去做，成败利钝，自然非我们所顾。因为我们的信条是：'什么都可牺牲，惟宗旨绝对不能牺牲。'"毛泽东主编《新湖南》的主旨中所提出的"批评社会"、"改造思想"和"讨论问题"的主张，带有极为鲜明的革命色彩，继承了《湘江评论》的战斗精神，扩大了湘雅在全国的影响，为当时的湖南革命运动指明了方向，配合了五四运动。对此，曾为《新湖南》主编的龙毓莹（又名龙伯坚）后来回忆说："毛泽东同志每期都为《新湖南》写很多篇论文，以通俗易懂、生动活泼、犀利透辟的新文风，真正反映了当时革命人民的思想意志和五四运动突进的时代精神。"

毛泽东在湘雅创办的文化学社，不仅搜罗了全国最新出版的报纸杂志，传

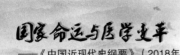

播了马克思主义，还为湖南早期的党组织提供了活动场所。李锐在《毛泽东同志的初期革命活动》一书中，高度评价毛泽东创办文化书社。他认为："1920年7月，毛泽东回到湖南展开广泛的革命活动时，在传播马克思主义和新文化运动方面，做了许多工作；其中影响最大并与建党有密切关系的事，是创办了文化书社。"综合毛泽东创办文化书社的革命活动，这一评价也是比较客观的。

毛泽东依靠新民学会，以文化书社为空间，并在湘雅成立了"马克思主义研究小组"和"俄罗斯研究会"，通过研究小组学会成员的学习、讨论，使得很多成员接受了马克思主义，在寻求救国救民革命道路上形成了高度一致的认识，为湖南党组织的建立奠定了基础。

案例启思

中国的先进分子为什么会选择了马克思主义？

教学建议

毛泽东在湘雅时期的社会活动，对理解其早期革命活动及思想变化是极为关键的。通过这一案例可以看出，正是通过创办《新湖南》和文化书社，主持湖南的建党等活动，毛泽东为中国共产党的创立做出了很大贡献。本案例可用于第四章中"马克思主义进一步传播与中国共产党诞生"相关内容的讲解。

案例六 孙中山病逝前的特殊治疗手段

案例

孙中山是1924年11月应段祺瑞政府之邀，北上"会商时局"，在到达天津时病倒的。当时以为是感冒，并未想到是不治之症，只是暂停公开活动，卧床休养。当时段氏政府来电催促，希望孙中山尽快到北京，虽然病情越来越重，但孙中山以大局为重，还是强忍病痛，于月底动身，入住北京饭店。

旋即，请协和医院医生狄博尔、克礼二人与施密特会同诊治，诊断孙中山得了"最烈肝病"。这"最烈肝病"到底是什么病？为了进一步诊查，医生打

第四章 开天辟地的大事变

算通过外科手术来探查病情,但孙中山很固执,不同意开刀,只答应使用保守的内科治疗。

到1925年1月21日前后,孙中山的病情发生变化,体温不正常,忽高忽低,脉搏失常。在非进行外科手术不可的情况下,才由中、美、德三国医生共同会诊,决定开刀。但考虑到孙中山当时已60高龄了,恐他支持不了,能不开刀就不开刀,于是手术方案暂缓,仍进行保守治疗。但接下来情况更加糟糕,不能进食,一吃就吐。尽管如此,对于是否进行外科手术,夫人宋庆龄及国民党一班要员一时仍不能拍板,最后由孙中山自己决定,同意手术。

1925年1月26日下午3点,孙中山住进协和医院,很快进行手术。为孙中山做手术的都是当时国内最好的专家。主刀医生是外科主任邵乐尔,助手是协和医院代理院长、与孙中山私人关系亲密的刘瑞恒。打开腹部后发现情况不是一般的糟糕,孙中山的肝部坚硬如木(肝硬化),长了一个肿瘤。当即割下肿瘤的外皮,进行化验,证实是恶性肿瘤,即大家常说的肝癌。

从1925年1月26日确诊,到3月12日逝世,仅仅46天时间,可见孙中山的病情是很严重的。

手术后不久,便进行了放疗,两天不见效果,病情急剧恶化。此时,大家对孙中山病情好转仍抱有希望,但医生知道,孙中山这病是好不了的。

2月17日,刘瑞恒给孔祥熙写信,请他转告孙中山的家属和国民党内诸人士,明确表示孙中山患的是不治之症,时日不多,意思是希望准备后事,早做打算。原信是用英文写的,中文意思如下:

孙先生入本院即发觉所患为肝癌最末时期,为不治之症。经于剖割及将癌之外皮用显微镜考察证明,诊断为确。病状自不好而至极不好,余等以孙先生之生存为无希望矣。

在这种情况下,2月18日,孙中山由协和医院转到铁狮子胡同的顾宅。在铁狮子胡同期间,医护人员对孙中山使用了多种特殊的治疗手段,大家都希望能出现奇迹,希望他能多活一些时日。平生不服中药的孙中山这时也服用了中药。中医陆仲安给孙中山开出了由黄芪、党参等配伍的药方,服用后,水肿竟然真的消了,吃饭也正常,和未生病时一样。西医检查了一下,发现血液循环也稳定了,令人惊喜。

但他不久开始腹泻,精神变差。这时,又对孙中山施以"精神治疗法",请毕业于德国精神医学专业的葛辛慈前来治疗,给孙中山做心理和肉体上的"按摩",同时停止服用已无效的中药。

中医、精神疗法均告失败后,一个叫王纶的山东医生主动要给孙中山治疗,称有"驱癌液"。"驱癌液"是当时日本人发明的一种抗癌新药,药名为

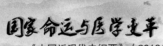

国家命运与医学变革
—《中国近现代史纲要》（2018年版）教学案例集

"卡尔门"，当年一度被看成是治疗癌症的灵丹妙药。此药刚注射时似乎有效，但消肿如故，只好请王纶走人。没过不久，王纶再从山东写信来，称即便"驱癌液"不是特效药，也是有效药啊，为什么不继续试试？

俗话说病急乱投医，见到稻草也以为能救命，遂又请回王纶。出于慎重，专家将王纶带来的"驱癌液"进行了化验，证明确系日本医学界的新发明，又经药物专家与医学专家一起论证，证实其有效后，才继续使用。"驱癌液"是由沃度与海莴苣制成的，其实并非灵丹妙药。如果真的能"驱癌"，那现在癌症也能治好，不会至今仍是绝症。这回，前五次注射有效，脉搏、呼吸开始平稳，但腹水仍不消。"驱癌液"勉强注射到第七次，王纶本人也失望了，认为"药力不敌病势，虽对症也无效"，无奈停止了注射。

3月11日凌晨1点，孙中山忽然神志清醒，也许这就是民间所谓的临死前的"回光返照"吧，他叫来宋庆龄、孙科、汪精卫、邵元冲、黄昌谷、于右任等到病床前，说了下面的一段话：

余此次来京，以放弃地盘，谋和平统一。以国民会议，建设新国家，务使三民主义、五权宪法实现。乃为痼疾所累，行将不起。死生常事，本无足惜，但数十年为国奔走，所抱主义终未完全实现。希望诸同志努力奋斗，使国民会议早日成立，达到三民、五权之主张，则本人死亦瞑目矣。

自知人生快到尽头了，孙中山令人将2月24日预备的遗嘱拿出来，由宋庆龄扶腕，用钢笔在上面签了字。继而反复呼喊：

和平，奋斗，救中国！

这也是孙中山留给国民党和他的同志们的最后一句话。当天下午，亲朋故旧、同志战友依次来到孙中山的病床边，见了他最后一面。关于孙中山的最后时光，当年"总理葬事筹备处"关于孙中山病逝记述中是这样写的：

至晚，手足遽冷，呼吸更慢至一六，脉搏骤至百六十，医士以强心剂注射，始沈睡。十二日一时二十五分，痰忽上涌，不能言，脉搏至百八十，家人及同志成环集。至晨九时三十分，我总理竟弃同志而一一瞑不视矣。悲夫！

🔍 案例出处

倪方六：《孙中山病逝前的特殊治疗手段》，载《新侨报》2011年10月14日第A40版。（有删减）

🖊 案例解析

本案例展现了孙中山病逝之前所进行的治疗活动，在生命的最后，他依然在想着如何拯救万千人民。孙中山晚年对国共合作的促进是其重要的历史功绩

第四章 开天辟地的大事变

之一。孙中山在病逝前将旧三民主义发展为新三民主义,推动了国民革命的发展。这其中最基本的前提就是国共的第一次合作。从孙中山个人来说,具有与时俱进的品格,具有爱国爱民的情怀,是他能够与中国共产党进行合作的前提和条件。从客观条件来看,十月革命取得胜利给俄国带来了巨大的变化,也促使孙中山的目光转向俄国,而共产国际对国共合作的帮助和推动,是重要的外部条件。从当时国内的环境来看,国民党涣散无力,无力推动革命的发展。而中国共产党在京汉铁路工人大罢工中的失败,也促使年轻的中国共产党寻求能够合作的革命对象。在各种因素的共同作用之下,最终促使国共的合作。

案例启思

2015 年 11 月 7 日,习近平、马英九在新加坡会面。结合历史上的两次国共合作,分析为什么国共能进行合作。

教学建议

这一案例生动地展现了孙中山在生命最后时刻所接受治疗的具体状况。特别是通过这一故事展现了孙中山先生临终前对国家命运和前途的关注,以展现孙中山先生以救国救民为己任的爱国主义精神。这一案例可用于第四章中"实行国共合作,掀起大革命高潮"相关内容的讲解。

▶ 案例七 "丙寅医学社"的家国情怀

案例

1925 年,五卅运动是北京协和医学院学生思想上的一个转折点。运动以前,该院图书馆里没有一份中文报纸,所有书刊都是外国的,只有少数学生订阅《时报》,了解一点社会情况。院长和教授对学生的影响主要在钻研医学知识和学习技术方面。还有少数教师每逢星期日就邀约从教会学校来院求学的学生赴教堂做礼拜,从未接触过基督教的学生在星期日多半则去图书馆看书,当时学院的社会宗教部还安排一些旅游、参观。因此,大多数学生是不关心国家大事的,一心努力学习医学技术。

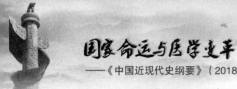

　　五卅运动爆发时，学院当局和大多数学生都不知道运动的目的和意义，只是从报章上看见一些有关英帝国主义在中国的残暴行为的报道。直到北京学生联合会号召北京所有学校参加运动时，协和医学院的学生会才坐不住了，开始考虑响应号召的问题；学生会开会时，高年级学生中杨济时、贾魁、诸福棠等平时比较关注国家大事的学生，主张向学院当局提出要求，参加运动的中年级学生朱章赓、李瑞林、陈志潜等表示支持这个意见；其他大多数同学，随着运动的发展，也都逐渐觉醒起来，同意参加市学联的各种运动。但学校当局不理解学生的要求，他们认为北京协和医学院是美国办的学校，挂的是美国国旗，不应该受中国政治的影响，学校的主要任务是培养医学科学人才。遂由当时北京协和医学院附属医院院长刘瑞恒出面召集学生代表开会，讨论学联对该院学生的要求，对罢课参加运动一事，学院表示反对。在会议上，学院当局对学生会的代表指责性的言辞引起学生会多数学生的反感。最后由于燕京、清华、北京大学等知名学校的学校当局都允许学生参加爱国活动，在此形势下，协和医学院当局才被迫同意了学生会的要求，决定提前结束课程，延期考试。于是学生会很快地推选出杨济时、朱章赓、李瑞林和陈志潜同学为代表参加了北京市学联，并由这几位代表组织本校学生积极参加市学联所组织的爱国活动。

　　第二年，即1926年，协和医学院学生为继续发扬五卅运动的爱国精神，以学生会成员杨济时为首的一部分学生和本院青年医生发起组织"丙寅医学社"。参加的主要成员有杨济时、朱章赓、贾魁、诸福棠、李瑞林、胡传揆和陈志潜等。经过研究讨论，该社成立后即创办了一种通俗的医学读物，向广大人民介绍宣传近代医学的卫生常识。由于没有经费，不能单独出版、发行，就由学社成员朱章赓的亲属介绍，在当时的《世界日报》上占一个版面，每周出一期，由陈志潜任主编。发表的文章，内容很广泛，除介绍一般卫生常识外，还对当时社会上不合理的医药现象进行揭露和抨击。如当时许多开业医生并无真才实学，使用假药欺骗病人，又如当时主管卫生行政的警察局只管收取卫生费，从不关心环境卫生的改善，再如政府对许多烈性传染病如天花、霍乱、斑疹、伤寒、猩红热等的流行不闻不问，等等。由于这些内容直接涉及人民的卫生健康问题，因而周刊很快就受到各界人士的关心和重视。但是出了几期之后，《世界日报》因出周刊减少了广告收入，拒绝继续合作。又由于丙寅医学社社员的功课压力太大，文章来源也发生了困难，周刊面临夭折的危险。幸而此时新创刊的《中华日报》愿意合作，双方签订了合同，学社成员也克服困难，挤时间写文章，周刊才得以继续办下来。但不久，《中华日报》由于某种原因停刊，使《丙寅医学周刊》不得不转向天津《大公报》求援。在《大公报》的支持下，周刊一直出到1930年。1930年以后，由于主要人员相

继离开学校而宣告停刊。

自 1926 年至 1930 年，周刊每年发行一次合订本，共发行五本。这五本合订本在全国起了很好很大的影响。可惜，这五本合订本因年代久远多已失落无存，仅有一套保存在北京图书馆内。1932 年，朱章赓、贾魁根据丙寅医学社的精神，又在南京创办了不定期的刊物，定名为《医潮》。

总的来说，《丙寅医学周刊》是受了五卅运动爱国思想的影响才创办起来的，在全国医学院校的历史上是一个比较突出的爱国表现。

案例出处

政协北京市委员会文史资料研究会编：《话说老协和》，中国文史出版社 1987 年版，第 441～443 页。（有删减）

案例解析

北京协和医学院在民国初期是由外国传教士建立的医学院校，因而带有鲜明的西方文化底色。而作为北京协和医学院学生组织的丙寅医学社，在五卅运动中首先就要冲破学校对他们的限制，进而参与到全国民众的爱国运动中。从这个意义上看，丙寅医学社参加五卅运动本身就具有双重意义，更加凸显了反帝爱国运动的目标。在五卅运动中，作为丙寅医学社的重要成员陈志潜等人结识了燕京大学社会科学系的许士廉教授，以及著名编辑、政治活动家陈友仁等，在他们的影响下，北京协和医学院的学生开始更加深入地了解中国社会现状，将自己的学识逐渐与中国现状相结合，并力图参与到变革中国社会的重要活动中。这些因素直接促使了丙寅医学社的成立。而丙寅医学社的成立又反过来进一步推动了协和医学院爱国学生与革命运动的结合。

五卅运动沉重打击了帝国主义，对中华民族的觉醒和国民革命运动的发展起了巨大的推动作用，大大提高了中国人民的觉悟，揭开了大革命高潮的序幕。中国共产党在领导五卅运动的斗争中得到很大锻炼，培养造就了一大批干部，党组织也得到极大发展，在斗争实践中总结了宝贵的经验，为以后党领导大规模的群众斗争奠定了基础。

案例启思

中国共产党的最低革命纲领是什么？

教学建议

五卅运动作为中国共产党领导的群众爱国反帝运动，推动了大革命高潮的到来。这也是国共合作之后局势变化的结果。本案例以北京协和医学院的学生参与五卅运动为例，说明了中国共产党在推动大革命过程中的重要作用。本案例可用于第四章中"实行国共合作，掀起大革命高潮"相关内容的讲解。

案例八　大革命中的浙江医药专门学校

 案例

　　1925年，五卅运动的浪涛澎湃潮涌地到了杭州，浙江医药专门学校（简称"浙江医专"）师生同杭州各校师生义愤填膺，纷纷英勇地投入了反帝爱国斗争。而广济医校在英人梅藤更奴化教育的控制压、打抑下，学生的爱国运动不易开展。但在6月1日杭州市各界反英帝斗争游行示威队伍经过广济医院和广济医校门口时，有人高呼"打倒英帝国主义！""反对英帝国主义文化侵略！"也有人高呼："广济学生有不参加游行者为洋奴！"这激起了广济医专学生的爱国反帝的激情。他们立即集会声援，投入反英的斗争。当遭到广济医院当局英人以开除学生来恐吓时，该校学生就在6月6日集会，集体宣布退出广济医专。浙江医药专门学校师生为了支援广济医专学生的爱国反帝斗争，决定成立"六六"特班，由钱潮任内科教授主持接收他们的业务和教育工作。1927年，北伐胜利，政府派洪式闾、程浩、姚梦涛、童志沂、黄鸣龙、黄鸣驹等人接收了广济医院和广济医校，并由民政厅长马叙伦介绍，派洪式闾担任广济医院院长（后来又将医院和医校发还给英人），当时就给英帝国主义分子梅藤更以严重的打击。广济医专就此一蹶不振，停止招生。而浙江医药专门学校却在斗争中得到迅速发展。医校师生为了纪念这一反帝斗争的光辉历史，曾在刀茅巷校舍内建立"六六"班同学纪念碑。

　　1926年，当北伐战争揭开序幕之后，北伐军中的医疗工作人员非常缺乏，在浙江医药专门学校的前任教授孙洞环（时任黄埔军校卫生处处长）和陈方之（时任国民革命军总司令部军医处处长）的急电催促下，医校动员了大批毕业同学赴广东，参加北伐战争的医疗卫生工作。在北伐战争的中期，又有一批早期毕业的校友前去参加北伐军的医疗卫生工作。据不完全统计，前后参加北伐战争的浙江医专同学将近300人，其中程浩任统计科职务，吴麟孙，宋懋

第四章 开天辟地的大事变

传、郑飞伯等任陆军医院和后方医院院长并动员医专毕业校友前往组织各部队之野战医院及卫生队等各级医疗机构。可以说，在北伐过程中，浙江医专校友尽了救死扶伤的崇高职责，在北伐战争中是一支不可缺少的重要的战斗力量。

1927年，"四一二"后，以蒋介石为代表的国民党反动派叛变了革命，对共产党人进行大屠杀，镇压各地的爱国志士和工农群众，并建立了新军阀统治。生机勃勃的中国大革命就这样被葬送了。在这黑暗时期，浙江医专共产党员曹仲兰、魏特等四位同志和周围的几位同志都被逮捕。后来，曹仲兰同志英勇牺牲，魏特同志死于狱中。自此，浙江医专革命活动暂时受到挫折，开始了苦难的历程。

案例出处

全国政协文史资料委员会编：《昔年文教追忆》教育篇，中国文史出版社2006年版，第268～269页。（有删减）

案例解析

大革命是在国共合作为基础的统一战线的组织形式下进行的。中国共产党则是国共合作的倡导者和统一战线的组织者。正是在中国共产党的推动之下，大革命狂飙突进，群众运动也发展到前所未有的高度，一向被视为一盘散沙的中国人民，其力量被逐步地组织、凝聚起来，为国民革命的发展奠定了基础。而浙江医药专门学校通过自己的医疗技术支援了大革命，取得了突出的成绩，也是这场革命运动中群众力量凝聚的典型案例之一。不过，由于反革命集团的叛变，最终大革命走向了失败，中国共产党人遭到了屠杀。在此过程中，浙江医药专门学校中的共产党员遭到了杀害，对浙江医专的革命运动造成了极大的消极影响。大革命的失败使得中国共产党开始反思革命失败的教训，开始认识到进行土地革命和掌握革命武装的重要性。

案例启思

中国共产党成立后，中国革命呈现出哪些新面貌？

教学建议

中国共产党在大革命中起着独特的、不可替代的作用。浙江医药专门学校参与北伐战争的事例就生动地说明了这一点。这一事例也见证了以蒋介石为首的反革命力量最终导致大革命走向失败的过程。本案例可用于第四章中"中国革命的新局面"相关内容的讲解。

第五章　中国革命的新道路

案例一　傅连暲和戴济民献出医院、投身革命

案例

　　傅连暲（1894—1968），原名傅日新。福建省长汀县人，医学家。中国人民解放军高级将领，中国共产党的优秀党员，久经考验的忠诚共产主义战士，中国人民解放军和新中国医疗卫生事业的奠基人、创始人之一。他是新中国成立之初的一位医疗将军、开国中将。傅连暲，早年随在长汀教会工作的父母进入长汀，就学于长汀一中，毕业于汀州福音医院的亚盛顿医馆，1925 年出任长汀福音医院院长。1927 年 8 月，他在南昌起义军路过长汀时曾收留陈赓、徐特立等 300 多名起义军伤病员在福音医院治疗。1929 年，红四军入闽后，他领导福音医院积极收治红军伤病员，1932 年 1 月，创办"中国工农红军中央看护学校"，培训 60 多名红军医务人员。同年秋，应毛泽东的建议，将福音医院改名为中央红色医院。1933 年初，他正式参加中国工农红军，并将医院迁往瑞金，成为中央红军第一个正规医院。当时，国民党军加紧了对中央苏区的"围剿"，毛泽东要转移到瑞金去了。临出发前，他询问傅连暲去留的意向。傅连暲毫不犹豫地说："跟主席到瑞金去！"毛泽东问他医院怎么办，傅连暲说："搬到瑞金去！"傅连暲说到做到，他雇了 150 个挑夫，挑了半个月，把整个福音医院从长汀一直挑到瑞金叶坪杨岗，正式创立了中央红色医院，也就是中国工农红军历史上第一个正规的医院。对此，1933 年 4 月 26 日，中华苏维埃共和国中央政府机关报《红色中华》发表专题文章"红匾送给捐助巨

第五章 中国革命的新道路

产的傅院长",称赞他是"苏区第一个模范"。1938年9月7日,他被批准加入共产党,完成了从一个基督徒到共产主义者的转变。1934年10月,他参加长征,以妙手医术保障了毛泽东、周恩来、朱德、刘伯承、王树声、邵式平等大批中央领导、战士的健康,在军中有"红色华佗"的美誉。到达延安后,他历任中央总卫生处处长兼中央医院院长、中央军委总卫生部副部长。傅连暲长期担任中央领导的医疗保健工作和医疗卫生教育工作,为我军培养了大批医务人员,为解放区的医疗卫生事业做出了积极的贡献。新中国成立后,他历任卫生部副部长,中央军委总后勤卫生部第一副部长,中华医学会会长,全国政协第二、三届常务委员,中共第八届全国代表大会代表。1955年,他被授予中将军衔,荣获一级八一勋章、一级独立自由勋章、一级解放勋章。傅连暲是中国人民解放军医疗卫生工作的创始人之一,在发展中西医、普及祖国医学、培养医学人才等方面做了大量工作,为人民解放军和人民卫生事业做出了重要贡献。

戴济民(1888—1978),安徽省合肥市人。早年求学于芜湖教会医院,后在江西吉安办起了私立惠黎医院。1930年10月上旬,红军攻下江西吉安。红军总前委书记毛泽东率总前委、中国工农革命委员会机关一起进驻吉安城。在吉安,毛泽东专程拜访了戴济民,戴济民向毛泽东提出建议道:"红军是老百姓的队伍,我早有耳闻。但是,红军天天打仗,伤病员多,要多一些医生,多办一些医院才好啊。"在交谈中,毛泽东盛情邀请戴济民到革命队伍中来,戴济民答应了说:"若不嫌弃,我愿意为红军服务。"听到戴济民的回答,毛泽东高兴地道:"想不到我今天做客,竟得到一位红色华佗,欢迎你加入红军队伍!"于是戴济民参加中国工农红军,把自己私营医院的全部器械、药品无条件地捐献给红军,并为红军培养医护人员。戴济民投身革命后,将自己的命运同革命事业紧紧联系到一起。1931年3月,戴济民加入了中国共产党。1933年,他的津贴是红军中的最高标准——每月80元,可他主动要求降低标准,情愿与红军将士同甘苦共患难。由于戴济民中西医结合,医术高超,在中央苏区与傅连暲、陈义厚、李治一起,被称为医界"四大金刚"。戴济民曾给无数红军将士疗伤,其中不乏大名鼎鼎、令敌闻风丧胆的红军指挥员,罗瑞卿、聂荣臻、杨成武、耿飚等红军将领都是在他的医治下康复的。在二万五千里长征中,戴济民还救治了时任中央革命军事委员会副主席周恩来,在周恩来病重的两个多月里,戴济民一直守护在周恩来身边,寸步不离,直到周恩来康复。1938年初,他从延安调到新四军工作,任新四军军医处副处长。1941年,新四军重建军部以后,任新四军卫生部副部长兼后方医院院长。中华人民共和国成立以后,曾任中华人民共和国卫生部监察局局长。

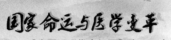

🔍 案例出处

钟建红：《傅连暲与红色医院的创办》，载《炎黄春秋》2017年第11期。（有删减）

单杰华：《"红色华佗"戴济民》，载《党史纵览》2014年第9期。（有删减）

✏️ 案例解析

革命理想高于天。傅连暲、戴济民这样的医学人才正是凭着坚定的革命理想信念，凭着对共产党的信任和忠心，才能抛弃优越的生活条件，带着自己的技术和医疗器械药品加入土地革命战争洪流中，甘愿和红军战士一起风餐露宿，同甘共苦。他们最重要的信念只有一条，就是相信共产党，相信红军，相信跟着红军走就是有前途，相信共产党做的事情就是为穷苦老百姓好，相信共产党说的就是真理。正如傅连暲所说："跟着共产党走，才有光明的前途。共产党是中华民族的新希望，是中国人民的大救星。""心中有理想，脚下有力量"，党的十八大以来，习近平总书记反复强调理想信念的重要性。他指出，对马克思主义的信仰，对社会主义和共产主义的信念，是共产党人的政治灵魂，是共产党人经受住任何考验的精神支柱，是共产党人安身立命的根本。当前中国特色社会主义进入新时代，我们不能忘记党的初心和使命，不能忘记革命理想和革命宗旨，要继续高举革命的旗帜，弘扬伟大的苏区精神，朝着中华民族伟大复兴的目标奋勇前进。

🧠 案例启思

1. 为什么傅连暲、戴济民能够献出医院投身革命？
2. 我们从傅连暲、戴济民身上学习到怎样的精神？

🎤 教学建议

土地革命战争时期，傅连暲、戴济民等利用自己的医疗技术，放弃原本优厚的待遇舍家投身革命，他们用自己的高明医术在苏区医疗战线上书写了医疗史上的奇迹。傅连暲、戴济民等凭着坚定的理想信念，勇于奉献的革命精神，为反"围剿"的胜利、巩固和扩大红色根据地做出了杰出贡献。在讲述第五章中"对革命新道路的艰苦探索"土地革命战争的兴起时，可把傅连暲、戴济民跟着共产党走的坚定信念和崇高的革命理想作为土地革命战争为什么能够胜利的有利佐证，从而得出结论：坚定的革命理想信念是中国革命走向胜利的根本保证。

第五章 中国革命的新道路

案例二 长征路上的中医药力量

长征期间，红军连续作战，给养匮乏，环境恶劣，缺医少药。医务人员不顾个人安危，以鲜血和生命铸就忠心赤胆，用中西医结合的方法救死扶伤。其中，中医药显现了强大的力量和作用，为长征的胜利和有效保存中国革命的骨干力量做出了历史性贡献。长征开始后，红军总医院（医务部下设西医部、中医部和卫生学校等）与各分院一起随部队行动。为了加强医疗工作，红军医院相继吸纳了一些中医大夫。鉴于伤病员数量不断增加，西药难以满足需求，医务人员就地取材，一路行军一路采集草药。官兵们用生姜、辣椒、胡椒、白酒等辛温食物御寒，用万金油、杏仁油、山核桃油涂抹伤口，用针刺穴位治疗疟疾，用锅底灰（百草霜）向痢疾宣战。战斗一结束，批量的中草药便会流转至医院。为了便于携带和使用，中药房的工作人员常常夜以继日地加工制作……这一切有效地缓解了药品匮乏的状况。

长征途中，周恩来患了肝脓肿，中央急调戴济民前来治疗。戴济民原在地方行医，是毛泽东亲自登门拜访请来的名医。他原本学西医，后来又自习中医，到百姓中收集偏方，采集中草药，在中医方面有所实践与积累。他同医疗组的医生一起，中西医结合，精心调治，使得周恩来诸症渐消，终至痊愈。长征途中，红军不时以野菜果腹，为了防止误食野菜中毒事件重演，朱德组织成立了野菜调查小组和40余人的采摘大队，还专门举办野菜展览。展出的野菜品种有：野韭菜、野蒜、荠菜、苎麻、车前草、马齿苋、鱼腥草、枸杞芽、蒲公英、灰灰菜、野芹菜、臭蒿子、牛耳大黄等。一位战士指着牛耳大黄说："这不是中药材吗？"朱总司令说："是呀，药材也来参加革命，应当管它叫'革命菜'。"这些野菜既能作为粮食充饥，有的还具有预防、治疗疾病之功效。过草地时，董必武的脚部溃烂发炎，疼痛难忍，骑马、行走十分困难。后来，用草药"钻地蜈蚣"捣烂涂敷在伤口上，得以治愈。红四军政治部主任洪学智患病发高烧，最初医生给他吃西药、打针，未见转机。部队同志找来了一位老中医，老中医确诊洪学智得了伤寒并开了药方。工作人员在药铺购买、

109

国家命运与医学变革
——《中国近现代史纲要》（2018年版）教学案例集

在野外采集，最终找齐了草药。洪学智喝了3剂药后，开始退烧并很快康复。红四军军长王宏坤曾患痢疾，吃了这位老中医开的几剂药后即告痊愈。红一军团第二师四团团长耿飚是长征先头部队的带头人，部队出发前他正患疟疾，领导拟让他留在地方养病。耿飚软缠硬磨，终获批准出征。耿飚在湖南天堂圩遇到一位中医，自称有包治疟疾的祖传秘方。大夫说："此药毒性甚大，能使人脱发毁容，讨不到堂客（老婆）的。"耿飚回答道："不怕，只要让我干革命，没有堂客也成。"大夫遂开了药方，主要成分是斑蝥，去掉头足，以桂圆肉赋型。一剂九丸，分三次服用，耿飚吃了三丸，病就好了。红三军团第四师师长张宗逊在同敌人争夺遵义城老鸦山的战斗中腿部负重伤，中医大夫用几味草药砸成糊状敷在伤口，再贴上膏药，伤势很快就好了。红二军团第五师政委谭友林身患伤寒，连日高烧，不能进食。他一连吃了部队中医大夫杨云阶开的50多剂草药，病情才好转起来。红六军团颜文斌负伤，用南瓜瓤泡盐水裹伤口，一个星期就痊愈了。红三军团卫生部部长饶正锡从苏区出发时，随身携带了一本《中草药手册》。他回忆说："这本书在长征路上可帮了大忙。因为我们这些医务人员基本都是学用西药治病，在长征路上，有许多西药来源断绝，只好就地取材，从山上采草药。而这本《中草药手册》正好充当了我们的'老师'。从中不但学会了一些中草药的识别方法，还学会了一些验方。"

红军的卫生人员还为长征经过地区的群众排忧解难，医治疾病。红军途经川北地区时，当地许多男子和妇女吸食鸦片。红军开办戒烟局，研制出以红花、芥子、茯苓等为主要成分的"戒烟丸"，免费发给这些"瘾君子"服用。红三军团到达贵州遵义时，当地流行伤寒，部队卫生员龙思泉根据祖传秘方，用中草药治愈了许多老乡的疾病。老百姓交口称誉道：红军是活菩萨。

🔑 案例出处

李金钢：《长征路上的中医力量》，载《中国中医药报》2017年6月28日第8版。（有删减）

✏️ 案例解析

中医药是我国传统文化的瑰宝，是中华文明的重要载体。在举世闻名的两万五千里长征艰苦卓绝的战争岁月中，红军战事频繁，伤病员日益增多，由于远离城市，加之国民党军队围追堵截，红军队伍西药、西医奇缺。在这种情形下，民间中草药和乡村中医起到了至关重要的作用。这些中医药治愈了千千万万红军指战员，为红军的健康和伤员的救护起到了重要作用，确保了红军长征的伟大胜利。红三军团卫生部部长饶正锡说："从苏区出发时，我带了一本

第五章 中国革命的新道路

《中草药手册》，这本书在长征路上可帮了大忙。因为我们这些医务人员基本都是学用西药治病，在长征路上有许多西药来源断绝，只好就地取材，从山上采草药。"正如习近平同志在参观中央红军长征出发纪念馆时所说，在中央苏区和长征途中，党和红军就是依靠坚定的理想信念和坚强的革命意志，一次次绝境重生，愈挫愈勇，最后取得了胜利，创造了难以置信的奇迹。今天，在我们为实现"两个一百年"奋斗目标新的长征路上，只要我们发扬伟大的长征精神，保持坚定理想信念和坚强革命意志，就能把一道道坎都迈过去，什么陷阱啊，什么围追堵截啊，什么封锁线啊，把它们通通抛在身后！当前，中医药发展上升为国家战略，中医药事业进入新的历史发展时期。为此，我们医学界就是要发扬长征时期红军这种创造条件充分发掘中医药宝库的精神。

案例启思

1. 红军长征时期，中医药对红军官兵起了怎样的作用？
2. 怎样理解中医药在当今医药卫生中的地位？

教学建议

回望长征，可以看到在艰苦卓绝的战争年代，中医药对红军的健康和伤员的救护起到的重要作用是不可否认的。更重要的是，长征时期的中医药医疗建设经验为新时代医疗事业的发展提供了有益的借鉴。我们应从中医药在革命战争年代的开发利用中继往开来，让中草药资源为康民、强国所用，将博大精深的传统中医学发扬光大。本案例可用于第五章"中国革命在探索中曲折前进"中红军长征的胜利的教学，以此弘扬伟大的长征精神，激发当代大学生的历史使命感。

案例三 苏区时期的中西医结合

案例

俗语说，"西医疗效快，中医治根本"。因此，在这种急需"人力"的战争环境下，在殖民地半殖民地的民国，西医由于其便捷性，进入中国后，便很

111

快排挤了中医的市场，部队医院一贯偏向使用西医。但这一惯例在中共的医疗卫生事业中却截然不同，1928年11月，毛泽东在报告中曾描述了这样的现状："医院设在山上，用中西两法治疗，医生药品均缺。"因此，在井冈山时期，中共的医疗卫生事业就注重传统医学和西医并举的策略。例如，在红军修建的小井红光医院中，由于极度缺乏西药，医护人员通常充分利用周围的环境，在医院周围发掘可以使用的中药，通过中医的治疗方法来及时治疗伤病员。这一利用中医的策略既是根据地时期医疗物资缺乏所采取的应对措施，也是中国共产党继承传统中医遗产、有意识地利用中医的结果，这一点明显区别于国民党政府欲将传统医学从医学领域里剔除、排斥中医学和中医医师的政策和做法。

中央苏区时期，在发展医院的过程中，1929年，在蛟洋组建的后方医院中就同时包含中西医医师，用两种医疗方法为红军治病。1930年，红军在才溪建立了专门的后方中医院，有意识地保持和发展中医，雇佣中医医师为红军战士和根据地群众看病。其他红军医院也充分利用当地或已有的中医师资源，与西医医师互相配合，互相补充，一般在内科的治疗上以中医为主，在外科的治疗上以西医为主。同时，医院在药品上也有意识地利用传统中医药知识，用中药代替西药治病。江西当地资源丰富，许多中医药材都可以从当地山区获取，红军各医院在药品资源上都充分利用当地这一优势，制作中医药品，治疗伤病员。西医出身的傅连暲、戴济民等名医，在加入红军后，积极向当地的中医请教中医的理论和知识，获取中药药材，用中医的方法治病。周恩来的岳母杨振德是一位经验丰富的中医，抵达中央苏区后，她加入了傅连暲主持的中央红色医院，成为医院里的第一名中医师，每次傅连暲遇到疑难杂症，都与杨医生商量，希望将中医和西医结合，优势互补，寻找最佳的治疗方法。

此外，中央苏区除充分汲取中国传统医学的技术精华外，还继承和发展了中华民族传统中医药文化，既涵盖了自然科学知识，也内蕴了中华文化的精髓。苏区对这种文化价值的"汲取"主要体现在：第一，传承中医药文化精粹。正如我们前面所提到，苏区将中医作为发展医疗卫生事业的重要组成部分，积极普及中医药文化知识，寓教于乐、寓乐于文，通过各种喜闻乐见的方式为广大人民群众传播中医学知识，在红军中许多西医医者也积极了解和学习中医，通过理论和学术探讨，将中西医融会贯通。第二，弘扬医者精神与素养。传统中医药是根植于传统中华文化的土壤，"真""善""美"的文化内涵也融入了传统中医药的精神中，医者秉承"仁爱"之心，无条件投身于革命的"救死扶伤"中，他们对革命、对群众具有"真"情，他们追求"善"的品德、"美"的心理，将医者的爱化为对压迫下的中国、困难中的人民的

第五章　中国革命的新道路

爱，全力治病救人。

🔍 案例出处

闵建颖：《中央苏区医疗卫生事业的理论与实践研究》，博士学位论文，华东师范大学，2017年，第20～25页。（有删减）

✏️ 案例解析

中西医结合是将传统的中医中药知识和方法与西医西药的知识和方法结合起来，在提高临床疗效的基础上，阐明机理，进而获得新的医学认识的一种途径。在大力发扬祖国传统医学的背景下，我国的中西医结合诊疗得到长足进步。屠呦呦发现了青蒿素，攻克了抗疟治疗失效难题，就是继承中医、发展中西医结合的典范。土地革命战争时期，苏区的中西医相结合的医疗实践，正是我们今天中西医结合诊疗的历史源头。在缺医少药的艰苦的战争年代，苏区设立中西医机构、筹措中西药品和培养中西医人才，对中西医结合治疗进行了有益的探索。党的十九大报告做出了"坚持中西医并重，传承发展中医药事业"的重要部署，为我们在新时代推动中西医结合的发展指明了方向和提供了遵循。总之，中西医结合对健康中国的建设具有重大的促进作用。

💡 案例启思

1. 苏区中西医结合的探索有哪些主要内容？
2. 苏区精神的内涵有哪些？

🎤 教学建议

医疗卫生事业与政治工作、军事斗争和经济建设一样，是建设和巩固苏区根据地的重要战略工作，这一工作的开展和深入发展不仅为革命事业提供了所需的医疗卫生服务，满足了红军和根据地防治疾病、保障身体健康的需求，还汲取传统医学精华，注重中西医相结合，达成优势互补，这些探索和实践中形成的理论和精神成果形成了苏区精神的内涵。在讲解第五章中"中国革命在探索中曲折前进"相关内容时，可把苏区时期我党中西医相结合的探索和创新作为苏区精神的内涵案例导入。

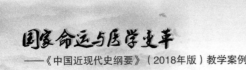

案例四 中央苏区卫生防疫运动

 案例

中国共产党在土地革命战争中,十分重视红军和人民群众的身体健康,苏区卫生防疫运动是一个历史见证。20世纪30年代,面对苏区疫病肆虐、人民缺医少药的状况,中国共产党大力进行卫生事业建设。制定法规条例,创建组织体系,开展宣传教育;从治、防两方面着手,尽一切人力物力医治患者,挽救生命;加强预防,未雨绸缪;通过卫生防疫运动,克服陋习,清除病源;提倡卫生文明,有效地改变了苏区卫生面貌,保障了军民身体健康,这是党的群众卫生工作的一个良好开端。

1932年3月,中华苏维埃共和国人民委员会发布了第2号训令《强固阶级战争的力量实行防疫的卫生运动》,强调:"苏区的瘟疫问题是一个很严重的问题,……若不从速设法防止,将它消灭,这是与革命发展有重大损害的,临时中央政府特为此事颁发一个暂行防疫条例,拟定许多防疫的办法及消灭瘟疫的办法,各级政府需领导工农群众来执行这条例中各种办法,尤其是向广大群众做宣传,使工农群众热烈地举行防疫的卫生运动。"中央内务部于3月制定的《卫生运动纲要》(以下简称《纲要》)指出:"在国民党统治的白色区域内,是充满着污秽和疾病的,工人农民在帝国主义国民党的地主资本家层层剥削之下,简直无法顾到自己的生命,没有余力去和污秽疾病作斗争。"而"苏维埃政府是工农自己的政府,他要注意解决工农群众一切切身的痛苦问题,污秽和疾病就是他们要解决的一个大问题"。《纲要》号召全苏区各处地方政府、各地团体领导全体群众一齐起来,向着污秽和疾病,向着顽固守旧邋遢的思想习惯,做顽强的坚决的斗争,因此要发起普遍的卫生运动。1932年10月10日,中央革命军事委员会下达《关于开展卫生防疫运动的训令》,要求"各级指挥员、政治工作人员与卫生人员要切实地鼓励起在前线摧毁敌人的精神和勇气,从卫生上来消灭现行的疟疾、痢疾、下腿溃疡等时疫,要运用卫生标语、传单、讲演、戏剧、竞赛各种方法进行卫生运动;各伙食单位的卫生委员会,须立即组织起来并建立起经常的工作,由各级卫生机关直接指导"。随着苏区大规模的卫生防疫运动展开，1933年3月，苏维埃中央政府颁布的《卫生运动纲要》对组织工作提出明确要求，要求有卫生运动的组织，分为城市、乡村、机关、部队四种，都要组织卫生运动委员会和卫生小组。

城市：小城市及大市场，每处要在苏维埃政府指导之下组织一个卫生运动委员会，要有主任一人，副主任一人，委员七至十一人。大城市在市苏卫生科指导之下，除组织全城的卫生运动委员会之外，还要将全城分作几个卫生区，每区设立一个卫生运动委员会，底下再分小组，每条街下十至十五家联合起来，成立一小组，名曰"卫生小组"，公推组长一人。

乡村：小乡以乡组织一个卫生运动委员会，大乡须分村组织几个卫生运动委员会，而于其上面组织一个总顾全乡的卫生委员会，均设主任一人，副主任一人，委员七至十一人。每五至十家成立卫生小组，公推组长一人。

机关：凡机关人数在百人以上者，在政府内务部指导之下组织一个卫生运动委员会，由群众推举主任一人，委员五至九人。百人以下的机关，组织卫生小组，隶属当地卫生运动委员会。

部队：一切集体运动的红色部队，在该部队的政治机关指导之下以团为单位组织一个卫生运动委员会，经过群众推举主任一人，委员五至九人。每一伙食单位成一卫生小组，公推组长一人。各种卫生运动委员会和卫生小组负动员本单位全体成员进行卫生运动之责。

卫生防疫事关人民健康，为使苏区每一个人都自觉地投入到卫生防疫运动之中，1932年1月12日，中央政府人民委员会第四次常会决定在苏维埃区域内普遍开展以预防常见病、流行病为主要内容的卫生防疫运动，主要内容包括：①凡居民所在地的所有坪场、村落、街道、天井、店铺、住室及公共场所，每半月大扫除一次；潴留污水的水道、水池、沟渠要开通；尘土脏物应集中坪场、村落以外之地进行焚烧。②在个人卫生预防方面，要求家庭用具及衣裤要洗涤干净，在日光下曝晒消毒；每个人要理发，刷牙，洗澡。③在食物卫生预防方面，要求各地挖井吃洁水，井口必须高于地面1尺；河水必须疏通，不准将污物及死物抛弃河中；一切食物煮熟后吃，不可与传染病人同食等。在各级苏维埃政府领导下，各苏区兴起了轰轰烈烈的广泛深入的群众性卫生防疫运动。党领导的苏区卫生防疫运动，虽然是在战争环境中展开，但由于目标明确，组织严谨，措施切实可行，具有巨大成效和重大意义。

案例出处

田刚：《中国共产党领导苏区卫生防疫运动》，载《首都医科大学学报》（社会科学版）2007年增刊。（有删减）

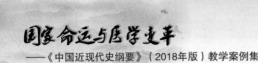

案例解析

卫生防疫是指为预防、控制疾病的传播采取的一系列措施，防止传染病的传播流行。土地革命战争时期，面对苏区农村疾病流行和人们与卫生预防相背离的不良习惯，中央苏区政府开展了一系列卫生防疫工作。一方面，颁发了多种卫生运动的政策法规，使得苏区的卫生运动有法可依；另一方面，以行政的手段，在苏维埃政权的各级政府和红军部队中普遍设立卫生委员会，再在基层设置卫生小组。通过这种既有政策法规又有人员编制的设计，在苏区形成了一整套行之有效的卫生运动的工作体系。正是依靠这种实际可行的卫生运动体系，红色苏区开展了轰轰烈烈的广泛而深入的群众性卫生防疫运动。苏维埃政府通过卫生防疫运动，纠正了不良的卫生习惯，减少了各种疫病的发生和流行，改善了苏区群众的卫生状况，保障了军民的身体健康。习近平总书记提出，"人民身体健康是全面建成小康社会的重要内涵"，"没有全民健康，就没有全面小康"。2016年10月，由中共中央政治局审议通过的《"健康中国2030"规划纲要》发布，勾画出健康中国的美好蓝图。新形势下，我们党推进健康中国的建设与苏区卫生防疫运动是一脉相承的。因而，借鉴苏区卫生运动的成功经验，发扬苏区卫生运动的优良传统，在当今有着重要的现实意义。

案例启思

中央苏区卫生防疫运动有哪些主要内容？

教学建议

只有改善人民群众的切身利益才能得到老百姓的真心拥护。苏区的卫生防疫工作从根本上说就是服务于广大红军指战员和苏区的人民群众，中央苏区政府以群众的需求为根本出发点，开展卫生防疫工作。通过改善人民群众的公共卫生和消除不良习惯，以期减少和消灭疫病。苏区卫生防疫运动可以让老百姓真实地感受到苏维埃政权是在做实事、做好事，而且已经取得了实实在在的成效。因而，苏区的人民群众愿意拥护为他们谋福祉的苏维埃政权，也愿意积极支持苏区的各项建设。在讲述第五章中"中国革命在探索中曲折前进"中走农村包围城市、武装夺取政权道路的相关内容时，可引用苏区卫生防疫运动案例，使同学们深刻地理解教材中提出的"中国革命之所以能够得到坚持和发展，根本的原因，就在于中国共产党紧紧地依靠了农民"。

第五章 中国革命的新道路

▶ 案例五 土地革命时期军事医学教育

 案例

土地革命时期，红军总卫生部为解决医护人员极度缺乏的问题，在毛泽东和朱德同志的领导下，由贺诚等同志主持，先后创办了一批军事医学教育培训学校。这些教育培训机构教育培养了一大批"红色医务"人员，他们战争适应力强、革命信念坚定、拥有精良技术，为革命事业的胜利做出巨大贡献。1931年11月，我军第一所规模性军医学校——中国工农红军军医学校正式创建。12月红军军医学校开始招生，录取了该校的第一批学员。经过文化课考试，仅录取25名学员，19名正式学员，6名旁听学员。开课后，6名旁听学员因为文化程度过低，无法坚持学习而中途退学。1932年2月，在雩都县城的旧教堂举行中国工农红军军医学校开学典礼，从朱德同志在开学典礼上的贺词中可以看到中国工农红军军医学校的办学宗旨和创建精神："医疗卫生战线是我们进行革命战争的一条重要战线。军政方面，我们有工农红军学校，我们还必须建立各种专业技术学校，要有军医学校，培养我们自己的红色军医。同志们是从各军团派来这里学习的，要十分珍惜这个机会。我们的红色军医应该具有坚定的政治立场，对人民，对伤病员要满怀阶级感情，要有艰苦奋斗、舍己救人的工作精神，同时还必须具备科学知识和精湛的医疗技术。这就是中央军委对同志们的要求和希望。"军医学校初期采用八个月至一年的学制，后改为医科一年，调剂班六个月，护士班三个月。军医学员不仅要接受医学专业知识技能的培训，还要按照军事生活制度的严格要求，参加军政训练、建校劳动、助民劳动，学校生活安排得非常紧凑。土地革命时期，课程设置主要分为两大部分：医学的相关课程和政治教育的有关课程。军事医学教育重视政治教育和军事知识的学习，这是军事医学教育区别于一般医学教育的关键之处。红军时期，军事医学教育培养的人才不仅要具备医学业务能力，更要在思想政治上过硬，切实配合好部队完成作战医疗任务，从思想根子上重视军事医学在战斗中的重要性、紧迫性。例如，军医学校在迁到茶岭后开设的课程主要有政治、解剖学、生理学、内科学、外科学、药物学等。在教学中，理论实际相结合，着重解决战伤外科治疗。课程安排上主要学习专业医学知识，尤其是以战伤治疗和四种疾病（疟疾、痢疾、疥疮、下腿溃疡）的防治为重点。后期还为医学生增设了德文和日文医用术语、理化大意、生物学概要等。位于瑞金的军医学校规模逐步扩大，组织更加完善，各种教学设备也初具规模，新建了图书馆，增加了解剖室、动物实验室、标本室等，使学校设施建设更加完善充实。军医学校的学员通过毕业考试后，组织会根据各部队对医护人员的需求分配毕业学员到各单位开展医疗工作。得益于在军医学校的教育和培训，这些医疗卫生技术人才能够在所属部队迅速展开战伤医疗救治、医学预防工作和军事医学教育工作。

土地革命时期，处于战争中的军事医学院校不断在适应部队作战任务中重组。"中国工农红军军医学校"在1933年5月更名为"中国工农红军卫生学校"。8月，从汀州迁来的中央红色医务学校合并于红军卫生学校中。红军卫生学校下的附属医院中央红色医院在中央苏区中是规模最大、设备较为先进的医院，这里不仅是总部直属机关伤病员的诊治机构，同时辅助临床教学，使医疗与教学相结合，为学员提供实践性较强的教育模式，并安排学员到医院实习。1932年，在中央苏区政府系统内还成立了中央红色看护学校。1932年4月，创办中央红色医务学校。上述数所军医学校规模较大，在教学上最大的共同特点就是医学教育为革命战争服务，医学理论与救治实践相结合。教学方针主要采取"少而精的重点教育"，让学员不仅掌握重点技术，还可继续学习一般性医学知识，让学员所学的技术切实为军事斗争服务。要求学员学会战伤的治疗处理，特别是四肢战伤，还要学会处理多种传染疾病。在教学中，教学内容并不是一成不变的。在实际调查研究的基础上，学校根据实际需求开展相关技术课程，使学员接受多方面的医疗技术培训。教育中还注重对战争形势变化的前瞻性教育。由于战争的特殊性，部队不断快速转移到不同地域、地区，不可避免地遭受地方病的危害，影响部队战斗力。因此预防医学教育在军事医学教育中占有重要地位。军医学校为部队培养了大批卫生防疫人员。

1932年，红军中开始普遍建立卫生防病组织，连及各机关设有负责防疫卫生工作的专职卫生员；师、团设有卫生长；军团设保健科；总卫生部设保健局。这些机构和人员组成了我军第一批防病专业队伍。教学方法上，由于学校招收学员条件的原因，学员的文化水平通常都较低，大多都是满腔热情却仅粗通文墨的工农子弟。因此教学中主要采用的是形象教学与实物教学相结合的方法，把医学理论知识由繁变简，变得形象直观，通俗易懂。甚至把理论知识编成容易理解和记忆的诗歌。还提倡学员到医院观察病人，熟悉操作过程，互相交流诊断技术。在医院急会诊时，让学员旁听，更直观地学习理论和掌握诊断

方法，并让学员参加战地实际救护工作，将教学紧密结合临床，把教学活动多样化，让学员能牢固地掌握必须的医疗、预防知识。红军卫生学校从创建到长征开始期间，先后开展了五期军医班，学生共计 181 名；四期调剂班，学生总共 75 名；七期看护班，学生有 300 名；三期保健班，学生数量为 123 名；还有研究班，学生总计 786 名。毕业之后，这些学生被派到红军各军团医院，大大补充了红军的卫生队伍力量，提高了医院的技术和水平。另有第六、七期军医班和第八期预科班共 200 多名学生跟随红军参加长征。红军卫校培训了大批医疗、看护和卫生等方面的人才，其中很多成为我军卫生事业的突出骨干。他们壮大了红军卫生队伍，提高了红军卫生工作效率，对充实、健全部队基层卫生组织，加强连队卫生管理和战伤救护工作，起了很大作用。

案例出处

张睿：《革命战争时期我军医学教育研究》，硕士学位论文，第四军医大学，2014 年，第 18～19 页。（有删减）

案例解析

土地革命战争时期是我军卫生工作的初创阶段，红色军事医学教育和培训在革命根据地得以开展起来。随着国民党军队对各革命根据地的"围剿"，中央红军先后粉碎了国民党军队的四次"围剿"，取得了反"围剿"的胜利，红军和革命根据地都有了进一步发展。同时，面对兵力和武器都占优势的国民党军，前线的红军指战员也付出了较大的伤亡代价。建军先建校，为了适应残酷战争的需要，毛泽东发出了应该多训练些军医的号召。为此，苏区政权在各革命根据地开办了医护学校，采取多种形式培训军队医务工作人员，培养制造医药及医疗设备的人才，大力开展医学教育活动。初步形成了我军独有的军事医学教学课程设置、教学模式和教学保障等较为合理的医学教育体系，使我党的医学教育体系在革命战争环境下得以初步建立起来，这为以后不同时期我党军事医学教育的发展奠定了较好的基础。总的说来，这一时期红军的军事医学教育有以下几个特点：一是规模一般都不大，红军的医护学校每期招生多则一百多人，少则几十人；二是课程设置上，专业课程比例占绝大多数，辅之以相关的基础课程；三是学制都较短，为了适应前方战事的需要，红军的医护教育时间长则一年，短期的只有 3～5 个月；四是理论和实战并重，一切红军的医护教育都要服务于革命战争的需要，特别注重医护理论与救治实践相结合，红军学员常被安排到医院实习或是直接参加前线战地的救护工作。

🧠 案例启思

1. 土地革命时期的医学教育有怎样的特点?
2. 农村革命根据地的建设包含哪些内容?

🎤 教学建议

我党的医学教育教学实践开始于土地革命战争时期,我党在各革命根据地开展医学教育教学活动的艰难探索过程中,逐步形成了我党独具特色的医学教育教学思想和体系的雏形。这也为之后我党在抗日战争时期、解放战争时期乃至新中国建立后的医学教育教学的发展和完善奠定了坚实的基础。当讲述到第五章"中国革命在探索中曲折前进"中的农村革命根据地的建设时,可以将土地革命时期军事医学教育介绍给同学们,使同学们更清楚地理解教材中所讲的苏维埃政府"注重发展文化教育事业"和"着力培养各方面的干部和专门人才"。

第六章 中华民族的抗日战争

▶ 案例一 国际主义战士白求恩、柯棣华

案例

诺尔曼·白求恩，1890年出生于加拿大安大略省的一个牧师家庭。1914年毕业于多伦多大学医科专业，参加到反抗压迫的工人行列，1936年加入加拿大共产党。1937年7月，抗日战争爆发；1938年1月，年近50岁的白求恩与护士琼·尤恩、外科医生帕尔森斯共3人组成加美医疗队，从温哥华出发来到中国。1938年3月底，白求恩率领的加美医疗队来到了延安。他们受到了边区干部、群众的热烈欢迎，毛泽东接见了白求恩。当白求恩郑重地把自己的加拿大共产党党员证交给毛泽东时，毛泽东说："我们将把你的组织关系转到中国共产党，你现在就不是外人啦，请你不要见外。"白求恩向毛泽东提出了他的请求："我请求到前线去，到晋察冀根据地去，一个军医的战斗岗位应该是离火线最近的地方。在那里，我将使75%的伤员恢复健康。我带的医疗器具，足够战地医疗的需要。"面对倔强的白求恩，党中央批准了他去晋察冀前线。

白求恩悉心致力于改进部队的医疗工作和战地救治，降低伤员的死亡率和残废率；把军区后方医院建设为模范医院，组织制作各种医疗器材，给医务人员传授知识，编写医疗图解手册；倡议成立特种外科医院，举办医务干部实习周，加速训练卫生干部；组织战地流动医疗队出入火线救死扶伤。为减少伤员的痛苦和死亡，他把手术台设在离火线最近的地方。1938年11月底，白求恩率医疗队到山西雁北进行战地救治，两个昼夜连续做了71次手术。1939年2

月,率 18 人的"东征医疗队"到冀中前线救治伤员,不顾日军炮火威胁,连续工作 69 个小时,给 115 名伤员做了手术。有一次,当某伤员急需输血时,他主动献血 300 毫升。他还倡议成立并参加了志愿输血队。有些伤员分散在游击区居民家里,他和医疗队冒着危险去为他们做手术。4 个月里,行程 1500 余里(1 里=500 米),做手术 315 次,建立手术室和包扎所 13 处,救治伤员 1000 多名。为了适应战争环境,方便战地救治,他组成流动医院,组织制作了药驮子,可装载足够做 100 次手术、换 500 次药和配制 500 个处方所用的全部医疗器械和药品,被称为"卢沟桥药驮子";制作了换药篮,被称为"白求恩换药篮"。1939 年 7 月初,白求恩回到冀西山地参加军区卫生机关的组织领导工作,提议开办卫生材料厂,解决了药品不足的问题;创办卫生学校,培养了大批医务干部;编写了《游击战争中师野战医院的组织和技术》《战地救护须知》《战场治疗技术》《模范医院组织法》等多种战地医疗教材。还将自己的 X 光机、显微镜、一套手术器械和一批药品捐赠给军区卫生学校。在艰苦的战争环境下,白求恩无私地奉献着自己的一切。他从不考虑自己,在生活上毫无所求。当毛泽东特意给晋察冀军区负责同志拍电报,指示每月发给白求恩 100 元津贴时,白求恩拒绝了。他在给毛泽东的复电中说:"我谢绝每月 100 元津贴。我自己不需要钱,因为衣食一切均已供给。"他说:"能和这样一些共产主义生活方式的同志工作在一起,是我毕生最大的幸福。"1939 年 10 月下旬,在涞源县摩天岭战斗中抢救伤员时,他的左手中指被手术刀割破,后来给一个外科传染病伤员做手术时受到感染,他仍不顾伤痛,坚决要求去战地救护。他说:"你们不要拿我当古董,要拿我当一挺机关枪使用。"随即跟医疗队到了前线,终因伤势恶化,转为败血症,医治无效,于 1939 年 11 月 12 日凌晨在河北省唐县黄石口村逝世。17 日,晋察冀边区党、政、军领导机关和驻地群众为他举行了隆重的葬礼。12 月 1 日,延安各界举行追悼大会,毛泽东题了挽词,并于 12 月 21 日写了《纪念白求恩》一文,号召中国共产党员学习他的国际主义精神和共产主义精神。

柯棣华,印度人,著名医生,国际主义战士,1910 年出生于印度孟买。1938 年随同印度援华医疗队到中国协助抗日,先后在延安和华北抗日根据地服务,任八路军医院外科主治医生、白求恩国际和平医院第一任院长。他参加了巴苏大夫领导的一个五人援华医疗队,于 1938 年到中国,为国民革命军救助伤员,他感觉国民党军队并没有全力抵抗日本侵略军。于是在 1939 年 2 月前往延安,参加了八路军医疗队,在晋察冀边区全力抢救和日本军队作战的伤员,并以自己的身体做试验,治疗当时在边区流行的传染病。从 1939 年 11 月 4 日开始,柯棣华和印度医疗队的同伴们,出入枪林弹雨之中,走遍了晋东

第六章　中华民族的抗日战争

南、冀西、冀南、冀中、平西和晋察冀敌后抗日根据地，数次通过敌人的封锁线。在战争环境中，他们和抗日军民一起，过着艰苦的生活，但他们没有任何怨言，以饱满的热情投入工作，在沿途施行了50余次手术，诊治了2000余名伤病员。在晋察冀两年多的时间里，他始终以白求恩为榜样，工作上极端负责，对同志人民极端热忱。他不仅从事医疗工作，还从事教学训练，编写讲义，担负着行政和政治工作。在敌人向根据地残酷"扫荡"的情况下，他和同志们经常沿着山谷峻岭，一边作战，一边转移，一边护理伤病员。他以惊人的毅力和革命乐观主义精神，克服了一切艰险。他同群众血肉相连，把为群众服务看作自己的幸福。在敌人的一次扫荡中，他路过一个被日寇摧残的村庄，听到断断续续的呻吟声，就顺声查找，在一间残破的房子里，见到一个由于难产而生命垂危的妇女。他连忙找来游击队和担架，把产妇送到一个临时救护所，连夜为她做手术，挽救了母子的生命。正因为这样，伤病员和群众都敬爱他，亲切地称他为"老柯""贴心大夫""黑妈妈"。1942年12月9日，任八路军医院外科主治医生、白求恩国际和平医院第一任院长的柯棣华因癫痫病发作在河北唐县逝世，年仅32岁。在延安各界举行的追悼会上，毛主席送了亲笔挽词："印度友人柯棣华大夫远道来华，援助抗日，在延安华北工作五年之久，医治伤员，积劳病逝，全军失一臂助，民族失一友人。柯棣华大夫的国际主义精神，是我们永远不应该忘记的。"

案例出处

李洪河、李乾坤：《抗战时期国际社会对华医疗援助探析》，载《中州学刊》2015年第10期。（有删减）

案例解析

抗日战争时期，中国人民不屈不挠的抗争，赢得了世界上所有爱好和平与正义的国家和人民、国际组织及各种反法西斯力量的同情和支持。外籍援华医生作为一个特殊的援助中国抗战的群体，他们在中国无私忘我地工作，利用自己的医疗技术支援中国抗战，用手术刀作为武器，抗击日本法西斯。白求恩、柯棣华医生就是这样伟大的国际共产主义战士，他们出于对侵略中国的日本法西斯的痛恨，同情和支持中国的抗日战争，不远万里来到中国，开展救死扶伤的光荣事业，最后牺牲在异国的土地上。他们不仅用精湛医术拯救了千百个八路军战士的生命、推动了抗日根据地卫生事业的发展，更体现出他们高尚的情操，以及无私奉献、反对战争、珍爱和平的高贵精神，这种高贵精神就是著名的"白求恩精神"，它已成为我国医德建设上的一面旗帜和典范。正如毛泽东在《纪念白求恩》一文中所说："一个外国人，毫无利己的动机，把中国人民的解放事业当做他自己的事业，这是什么精神？这是国际主义的精神，这是共产主义的精神，每一个中国共产党员都要学习这种精神。"这种"白求恩精神"就是"毫无利己的动机""毫无自私自利的精神""毫不利己、专门利人的精神"。作为新时代的医科院校的莘莘学子，在今后的学习和工作中，我们应该学习白求恩精神中毫不利己、专门利人的无私奉献精神，密切协作、团结互助的集体主义精神，尊重科学、坚持真理的严谨求实精神。

案例启思

1. "白求恩精神"的当代意义是什么？
2. 怎样理解抗日战争的胜利同世界所有爱好和平和正义的国家和人民、国际组织以及各种反法西斯力量的支持分不开？

教学建议

本案例可使我们深刻认识到白求恩、柯棣华这些国际主义战士身上所具有的国际主义精神和无私奉献精神，深刻认识以白求恩、柯棣华为代表的外籍医生在中国人民反抗日本法西斯侵略战争中所起的重要作用，以及他们与中国人民在战斗中结成的跨越国界的友谊。在第六章"抗日战争的胜利及其原因和意义"的教学中，在讲述中国人民抗日战争的胜利同世界所有爱好和平和正义的国家和人民、国际组织以及各种反法西斯力量的支持分不开时，可运用国际主义战士白求恩、柯棣华的事迹来讲解。

案例二　侵华日军七三一细菌部队

案例

七三一部队全称"满洲七三一部队"（1941年8月使用此名），是日本侵略军细菌战制剂工厂的代号。为掩人耳目，先后称为"加茂部队"（1933年）、"东乡部队"（1938—1939年，此时的秘密番号为"满洲第六五九部队"，取名东乡部队是为了纪念石井四郎心中的偶像东乡平八郎）、"关东军防

第六章 中华民族的抗日战争

疫给水总部"（1940年8月改组为关东军防疫给水部，同年12月2日创立关东军防疫给水部支队，平房地区设施成为总部）、"满洲二五二零二部队"（苏联攻克柏林后，日军为了掩人耳目，于1945年5月更为此名）。七三一部队伪装成一个水净化部队，把基地建在中国东北哈尔滨附近的平房区，建有占地300亩的大型细菌工厂。当时这一区域是傀儡政权伪"满洲国"的一部分。一些研究者认为超过10000名中国人、朝鲜人以及盟军战俘在七三一部队的试验中被害。另外，据日本作家森村诚一在《恶魔的饱食》中称，通过"特别输送"进入到七三一部队的"马路大"需要进行编号，而从1939年以后，进行了两轮编号，每一轮编号极限为1500，于是在抗战结束时，共计有3000人死于此。但是对数量还存在争议。日本投降前夕，日军匆忙撤退，为毁灭罪证，他们将工厂炸毁，大批带菌动物逃出，给当地人民带来了巨大灾难。七三一部队是日军侵略者产下的恶魔部队，他们把生物学和医学转为武器，并实施国际法明文禁止的细菌战。队员们对自己的经历严守秘密，其中许多人隐姓埋名地生活着。日本关东军第七三一部队是日本军国主义准备细菌战的特种部队，在战略上占有重要地位。日本军人所谓的"小小的哈尔滨，大大的平房"，在某种意义上正说明了这一点。就其规模来说，它实属世界上最大的细菌工厂。就其地位来说，它由日本陆军省、日军参谋本部和日本关东军司令部多重领导，人事配备是很强的，拥有从事细菌战研究的工作人员2600余人，其中一名中将和四名少将级军官，80余名佐级军官，判任官和技师达300余名。从1936年到1942年7月，由石井四郎中将为部队长；1942年8月到1945年2月，北野政次少将接任部队长；1945年3月到8月，石井四郎又重任部队长。它直属的各个部以及各个支队都配备佐级军官，对一些重要部门还配备了少将级军官。七三一部队在1940—1942年间向华中地区派出了"细菌战远征队"的秘密名称为"奈良部队"。据当时日军大本营参谋本部作战课参谋井本雄男大佐的工作日志《井本日志》记载：七三一部队1940年9月至10月曾在浙江宁波一带实施细菌战；1941年11月4日曾在湖南常德实施细菌战；1942年7月至8月曾在浙赣铁路沿线一带地区实施细菌战。七三一部队在实施这三次细菌战时，都组织了一支远征队，由这支远征队与南京的一六四四部队配合去完成实施任务。至于这支远征队为什么被称为"奈良部队"，曾在1940年参加过远征队到浙江实施细菌战的原七三一部队老兵石桥直方说，当时负责组织远征队的七三一部队总务部庶务课主任叫饭田奈良，于是就以"奈良"作为七三一远征队的秘密代称。

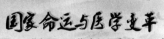

案例出处

王玉芹：《侵华日军七三一部队在中国的罪行研究》，载《日本侵华史研究》2017 年第 3 期。（有删减）

案例解析

日本帝国主义发动侵华战争，侵占中国大片国土，残酷奴役、杀害中国人民，疯狂掠夺中国的资源和财产，严重地侵犯、破坏了中国的主权。中国伤亡人数达 3500 多万，直接和间接财产损失共达 620 多亿美元，冻死、饿死者不计其数。日本在侵华战争中制造了一系列令人发指的暴行，臭名昭著的七三一部队用中国人进行"活体解剖"细菌试验，悍然发动细菌战和化学战。众所周知，鉴于德国在第一次世界大战中使用了非常规的细菌武器，对众多无辜平民造成了伤害，1925 年 6 月，世界列强在瑞士日内瓦签订了《关于禁用毒气或类似毒品及细菌方法作战议定书》，明确规定禁止使用细菌武器和化学武器。侵华日军不顾国际公法，对中国军民实行惨无人道的人体活体试验，1940 年下半年后，日军的七三一部队开始将带有鼠疫、霍乱和伤寒等病菌的投掷器投送到华北、华东和华中等地区，据统计，有据可查的就有 27 万无辜中国平民死于日军的细菌战，由于疫病蔓延造成各地流行的，以及形成新的疫源地后造成多年疫病的流行，其死亡人数更是不计其数。今天我们重温发动惨无人道细菌战的日军七三一部队的历史，就是要"前事不忘，后事之师"、就是要"牢记历史、不忘过去、珍爱和平"。

案例启思

1. 如何认识侵华日军七三一细菌部队？
2. 为什么说日本的侵略战争给中华民族带来了深重灾难？

教学建议

侵华日军第七三一部队在哈尔滨平房建立的特别军事区是近代战争史上规模最大的细菌武器研究和制造基地，是日本军国主义违反国际法，用中国平民进行活人细菌感染、毒气和冻伤实验的大本营，是侵华日军在中国发动细菌战和化学战的策源地，也是日本对外侵略扩张、践踏中国主权和奴役中国人民的铁的罪证。在讲述第六章"日本发动灭亡中国的侵略战争"中残暴的殖民统治和中华民族的深重灾难时，应把它作为侵华日军给中国人民带来深重灾难的罪证来讲述。

第六章 中华民族的抗日战争

▶ **案例三　晋察冀边区药品器械的自主生产**

晋察冀边区在建立之初，药品器材数量就严重不足，几乎贫乏到可怜的地步。正像周而复所描述的那样，"晋察冀边区……在它诞生的时候，……全边区没有一点施行手术时所必需的麻醉药，所有的药品只够用两个月"。酒精、镊子、橡皮膏都找不到，至于肥皂、毛巾、骨锯等都成为"奢侈品"，奎宁、止血剂更是难得的宝贝。在这种情形下，这些物品不得不被节约使用，例如绷带经过反复清洗消毒之后重复使用，并用铁丝制成探针，用铁片代替镊子，木工锯、钢锯代替骨锯，在牛皮纸上刷上一层胶水代替胶布之类的现象，也就不足为奇了。在整个抗战期间，边区不仅遭到敌人的"扫荡"和经济封锁，还受到了友军的各种"摩擦"骚扰，这使得药品器材的供应更为困难。面对这种困境，为了保障晋察冀军民的身体健康，取得抗战的最终胜利，边区军民积极响应党中央自力更生、生产自给的号召，根据边区的实际情形和需要，用尽办法，克服种种困难，逐渐扭转了药品器材极端贫乏的局面。在边区，仅靠动员、缴获而来的药品和器材远远不能满足需求，特别是随着敌人频繁扫荡和加紧经济封锁，购买而来的药品和器材也相当有限，在此种情形下，边区全力贯彻独立自主、自力更生的方针，通过各种形式进行自主生产。

1942年1月聂荣臻曾在军区卫生会议上号召大家向延安学习制造药品。时任卫生部代理部长游胜华在卫生会议上做了报告——《今后我们卫生工作应努力的方向》，在报告中谈及药品和器材筹备工作时，要求边区各地要自力更生，提议各分区建立小的生产厂，对药品和器械进行小规模生产。而早在1939年7月，军区便在唐县花盆村建立了卫生材料厂。不单是军区卫生部设有卫生材料厂，各分区卫生部也先后建立了卫生材料厂（组）。1938年4月，冀中区卫生部成立之时，便建立了卫生材料组。次月，在李各庄成立了小型材料厂。除此之外，冀中各军分区还建立了一些制药组，进行简单的药品制作。之后在卫生材料厂（组）的基础上，扩建成为制药厂，人才、技术、设备、

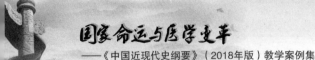

国家命运与医学变革
——《中国近现代史纲要》（2018年版）教学案例集

规模都有了改善。如1940年军区卫生材料厂迁往完县（今顺平县）刘家营村，改名为晋察冀军区制药厂，在1941年迁往阜平伯崖村，6月改名为伯华制药厂，下设中药、西药、材料三个组（分厂）。冀中军区则在1941年秋，在冀中七分区制药组基础上，重新扩建成立了冀中军区制药总厂，下设材料、玻璃、制药、纺织四个分厂。"1943年，冀中八分区卫生处，在献县孝巨村、泗水岸和饶阳大宋驾庄，利用地道开辟地下制药厂；九分区……在白洋淀梁庄建立药厂。"随着这些药厂的建立，边区可以生产丸散膏丹等百余种药品，以及蒸馏器、手术器材、药匙、探针等器材。这使边区的医药器材得到了充实，基本满足了需求。这也是晋察冀军区决定"凡有自制代用药者，扬不再购西药"的原因。除建立药厂外，边区政府还动员各医疗单位、药房积极自制一些药品。杜伯华更在《抗敌三日刊》上撰稿《科学地大量运用中药》，提倡科学地大量运用中药，以此来缓解医药紧张，这取得了一定的效果。白求恩国际和平医院"在老乡和全体工作人员协力下，采集山间土药制成丸散代替西药"；军区后方医院基于西药缺乏的实际情况，成立了制药所，上山采集中草药制作成中药；冀中第九军分区药房自行制备蒸馏水和几种普遍注射液，主要是奎宁注射液。中国人民抗日军政大学二分校的教职工自制中草药丸散膏酊、注射剂等。晋察冀边区通过上述途径，逐渐摆脱了药品、器材匮乏的窘境，部分满足了边区对药品及医疗器械的需求，保障了医疗卫生工作的进行。

案例出处

侯永乐：《抗战时期晋察冀边区医疗卫生事业研究》，硕士学位论文，河北大学，2011年，第23～27页。（有删减）

案例解析

晋察冀边区地处太行山麓，交通极为不畅，加上日伪军的封锁，八路军的药品供应十分困难。遵照党中央关于"建立以太行山为依托的抗日根据地"的指示精神，晋察冀边区建立起自己的医药品生产基地，以保证八路军的医药品需要。毛泽东曾专门为药厂题词："制药疗伤，不怕封锁，是战胜敌人的条件之一。"朱德总司令也为药厂题词："加强团结，努力生产，多造药品，输送前线，医好战士，打大胜仗。"晋察冀边区制药厂主要生产的产品有三类：一是中药制剂。边区制药厂利用当地中药材，加工制备了紫草膏等数种中药制剂，因疗效显著，受到了伤病员的广泛好评。二是注射剂。八路军制药厂成功研制出柴胡注射液，并能生产奎宁注射液、葡萄糖注射液，打破了抗日根据地不能生产注射剂的历史。三是卫生材料用品。除生产中药制剂外，还制作纱

第六章 中华民族的抗日战争

布、脱脂棉和急救包，同时制造出玻璃器皿和其他手术器械等。在党中央"自力更生、丰衣足食"的号召下，遵照毛泽东主席和朱德总司令的题词精神，晋察冀抗日根据地制药厂在极端困难的条件下，艰苦奋斗，把生产出的药品源源不断地运往前线和各个抗日根据地，挽救了许多前线战士和根据地军民的生命，为中国人民的抗日战争的胜利做出了特殊的贡献。

案例启思

1. 怎样看待抗日民主根据地自力更生地进行药品器械的生产？
2. 抗日民主根据地建设的意义是什么？

教学建议

抗日战争时期，毛泽东向全党和中共领导的抗日根据地发出了"自力更生、丰衣足食"的号召。晋察冀边区克服资金、技术和原材料等困难，在党的正确领导下，自力更生，生产出多种药品和医用器械，为保障边区军民身体健康和巩固抗日根据地发挥了重大的作用。在讲述第六章"抗日战争的胜利及其原因和意义"中抗日民主根据地的建设时，可把抗日民主根据地自主生产医疗器械与药品的感人事迹切入进去讲解。

案例四　李鼎铭先生的药箱

案例

李鼎铭，陕西省米脂县人，1881年出生，是享有盛誉的爱国民主人士，中国共产党的真诚朋友，曾担任陕甘宁边区政府副主席。

在抗日战争时期，李鼎铭先生提出了"精兵简政"的建议，受到党中央和毛主席的高度重视，被列为中国共产党打败日本侵略者的十大政策之一。为此，毛主席还亲自撰写了《一个极其重要的政策》一文，并在《为人民服务》一文中赞扬道："精兵简政这条意见就是党外人士李鼎铭先生提出来的，他提得好，对人民有好处，我们就采用了。"

近年来，多部影视作品里出现过李鼎铭先生的镜头，使先生的影响力不断扩大，正像有些文章提到的，"李鼎铭先生是一个充满故事性的人物"。然而，许多人对李鼎铭先生并没有完全了解，这里我们就从李鼎铭先生的药箱讲起。

李鼎铭幼年家境贫寒，上不起学，直到10岁才到舅舅（杜聿明之父）家读书。经过十年寒窗苦读，博览经史子集及中医学等学科书籍，在当年的绥德大考中一举夺魁。早年他主要从事教育工作，先后创办了米脂县陈岔觉民小学和桃镇国民高等小学。随后他在绥德、榆林等地执教，并受聘担任榆林中学教师。他主张改良教学方法，为振兴家乡教育事业做出了积极贡献，深受当地老百姓的拥护。中年以后，他目睹家乡医疗卫生条件落后，人民群众深受疾病折磨，心急如焚，于是辞去了官职，返回故乡，精心研究医学，兴医倡教。1930年，在友人马竹玲的资助下，他搬迁至米脂县城东街，开设"常春医馆"，坐堂行医。由于他医术高超、医德高尚，特别热心为穷苦老百姓诊治疾病。若遇到非常穷困的患者，他就分文不收，免费看病，因此深受百姓的好评，很快成为米脂县远近闻名的一代名医。先生的好友、《永昌演义》的作者李健侯送他一副对联："常日高眠无欲虑，春风拂座有知音。"好友马竹玲也送联曰："医纵多方有病不如无病好，馆储良药平时预备及时需。"四联的首字相连，正是"常春医馆"，高度赞扬先生行医济世的高风亮节。1925年，米脂县老百姓自发地敲锣打鼓，送给老先生一块题为"造福桑梓"的牌匾。

在媒体的宣传里，多数是李鼎铭先生为中央领导人诊治疾病的镜头。例如，他为毛主席治疗关节炎，在正午的太阳底下施行推拿按摩，用三服中草药治好了毛主席的关节炎。有一次，毛主席问李鼎铭先生是如何看待西医的，李鼎铭回答："中医西医各有所长，只有互相学习，取长补短，中国的医疗卫生事业才能发展壮大。"毛主席说："你讲得很好，中医西医要互相学习，要结合起来。"

李鼎铭先生不仅是中西医结合的倡导者，更是一位践行者。他始终把为百姓解除病痛看作是自己义不容辞的责任，把人民的疾苦放在心里，不论走到哪里，他都要背着自己心爱的小药箱，为穷苦百姓治病。李鼎铭先生的警卫员马存堂回忆说："副主席只要是外出或下乡，药箱是必带之物。药箱不是太大，可背可提，里面放着针灸针和一个自制的酒精灯等器械，还有一些常用的中草药。无论是在延安，还是在转战陕北的旅途中，先生每到一个地方，他都不辞辛苦，处理完公务就给乡亲们看病。"

从此以后，木头峪村及周围村子的群众都知道李鼎铭不仅是陕甘宁边区的副主席，而且还是一位名医。于是，患病的群众纷纷前来求医。李鼎铭对每一位患者都一丝不苟、精心诊治，深受广大群众的尊敬和爱戴。李鼎铭又把村内的针灸医生张家诚找来，询问他的针灸技术，互相交流经验，指导他提高针灸

技艺。后来,张家诚的技艺提高很快,不少病用针一扎便能减轻甚至消除疼痛,群众称他是"万病一针"。张家诚逢人便说,他是得到高人指点,受益匪浅。

随着战争形势的变化,党中央和陕甘宁边区政府决定让李鼎铭先生东渡黄河,住在山西临县前曲峪村,村民贺三虎还清楚记得李鼎铭先生为他母亲看病的情景,记忆尤其深刻的是李鼎铭先生的那个小药箱。由于李鼎铭先生平易近人,医术精湛,免费为老乡看病,与当地人民群众也结下了深厚的友谊。1947年11月下旬,李鼎铭先生接到中央通知,让他立即前往陕甘宁边区政府临时驻地绥德县义合镇开会。当时他身体不好,加上对晋绥边区土改过程中一些极"左"做法深感忧虑,他怀着沉重的心情离开前曲峪村时,当地的老百姓都依依不舍地为他送行。时间距离现在虽然已过去了近70年,但是当时送别的情景,不仅让人感动,更让人难以忘怀。

果不其然,李鼎铭先生来到义合镇后,一度也遭遇了一些冷遇。但在困难和挫折面前,他毫无怨言,没有退缩。他认为共产党的政策是好的,只是让一些"极端分子"执行偏了。他说:"共产党搞土改和干部审查这两项政策伟大极了,我深表赞同。"在病危中,他告诉孩子们,要永远跟着共产党走,同时表明他最大的愿望是想再见见毛主席。

1947年底,李鼎铭先生因病与世长辞,至今已离开我们半个多世纪了。那个跟随他几十年的小药箱如今静静地躺在李鼎铭纪念馆的橱窗里,每当看到它,人们的眼前会立刻浮现出在那个黄沙弥漫的村庄,一位花甲老人对乡亲们嘘寒问暖、细心诊病的情景。半个世纪以来,人民没有忘记这位从山沟沟里走出来的老人,正如毛泽东所评价的那样:"人民对于他的功绩将永志不忘。"

案例出处

中国延安干部学院编:《红色延安的故事·联系群众篇》,党建读物出版社2016年版,第214~218页。(有删减)

案例解析

这一案例的主角是李鼎铭先生。李鼎铭,出身普通农家,从事教育事业十余年,并开办医馆治病救人,群众对他有很好的评价。1941年夏,他以无党派人士身份,先后当选米脂县参议会议长、陕甘宁边区参议会副议长、边区政府副主席。同年,他在边区第二届参议会上提出"精兵简政"议案,受大多数议员的大力支持,也得到了毛泽东的高度肯定。李鼎铭先生作为爱国人士,是与中国共产党精诚合作的典范,也是抗日民族统一战线的支持者和实践者。

这一事例生动地展现了李鼎铭与中国共产党合作、为人民服务的诸多细节。从中我们可以看出，在抗日战争期间，中国共产党在抗日民主根据地政权建设中实行了"三三制"原则，容纳了各方面的代表，团结了一切赞成抗日又赞成民主的阶级、阶层，把各种积极的抗日力量团结在抗日民族统一战线的大旗之下，为争取抗日战争的胜利奠定了良好的基础。

案例启思

李鼎铭先生的药箱这个故事说明了什么？

教学建议

在抗日战争时期，中国共产党成为抗日战争的"中流砥柱"，在敌后根据地进行政权建设、经济建设等，为取得抗日战争的胜利奠定了良好基础。本案例可用于第六章中"抗日民主根据地的建设"相关内容的讲解。

案例五　太行山上的名医

案例

原国家卫生部部长钱信忠曾是八路军的名医，为抗日根据地的群众服务，与老百姓结下了血肉深情。他用高明的医术治愈了当地很多村民，受到了大家极大的尊崇，被赞誉为太行山上的"八路军活神仙"。

一、钱部长是根据地有名的"大红人""大忙人"

1940年11月上旬，八路军总部野战卫生部进驻辽县（今左权县）东隘口村，钱信忠部长带领卫生部所属科、股、政治处及警卫连同时到达。卫生部机关驻扎在东隘口村中央皇甫演家，钱信忠就住在大北房，此房既是办公室又是卧室。东隘口村位于辽县东南部，离县城30千米，离八路军总部所在地麻田15千米，离八路军野战政治部、一二九师司令部驻地桐峪镇仅5千米。全村70余户、360多口人，河的西面就是建有一所卫生部直属白求恩医院的西隘口村。

卫生部在东隰口村一驻就是5年,其间由于日军"扫荡"和战争形势变化,曾短时间转战离开,但形势允许就回迁,一直到1945年抗战胜利后才迁离东隰口村。在当时,钱信忠部长是太行山抗日革命根据地有名的"大红人""大忙人"。

说他"红",是因为他既是领导者,又亲自诊病当医生,不仅看普通伤病员,还亲自做手术。他为群众治好很多疑难杂症,不吃群众一口饭,不收群众一分钱。为救治伤员、给群众看病,他每天忙得团团转,东隰口村及周围群众几乎都认识他,说他是个"大红人"。说他"忙",是因战时的卫生工作头绪繁多,卫生部先后进行了3次合编,还创办了卫生学校、培训学员,管理下属各医院、卫生材料厂及下属的制药厂、绷带材料厂、玻璃厂、酒精厂……这些都需要建立健全各项规章制度,如各医院医疗制度、看护制度、保卫制度等,都需要具体安排资金筹措、原材料筹集、人员安置、后勤保障等事务。战时的卫生部至少有4项大任务:救治部队伤病员,仅1941年上半年就救治伤病员7757名;为当地老百姓看病治病;向广大群众宣传医药卫生知识、用新的方法接生和妇幼保健知识,破除迷信,打击巫婆神汉;自制各种医疗器具和中、西药品,保障各战时医院所需。

二、军爱民、民拥军,军民互助团结紧,八路军和钱部长就是咱最亲的人

经过5年相处,八路军野战卫生部和东隰口村及周围村庄的老百姓结下了密不可分的鱼水深情。钱信忠等把驻地当家乡,把群众当亲人,在繁忙紧张地救护部队伤病员的同时,还积极主动地为当地群众的卫生防疫、疾病治疗做了大量工作。驻扎东隰口村期间,村里人把八路军当成了最亲的人。他们把最好的房子让给卫生部人员,自己的生活虽然不宽裕,却经常给他们送小米、送蔬菜。真可谓是:军爱民,民拥军,军民鱼水情谊深。

平时,村里人会早早把小米、炒面、锅碗准备在两个筐篮中。只要日军一"扫荡",妇女们就先带上老人孩子逃难,男人们首要的任务就是去抬担架,把伤病员们迅速转移到村外最安全的地方,然后再返回家中,立刻担上担子追赶父母妻儿去躲藏。村里伤病员有时多达几百甚至上千人,如百团大战、关家垴战斗、黄崖洞保卫战等战役中的伤病员就特别多,附近的山庄窝铺都住有伤病员。只要一有"扫荡"消息,仅有百余名劳力的东、西隰口村要把几百个伤病员安全转移后,才顾得上和自己家人去躲避"扫荡"。

因为八路军卫生部驻扎在此,日军对东隰口村恨之入骨,便在寨顶山尖上修筑碉堡,同时在红岭坪上搭帐篷,一住就是40多天,日夜监视村中动静,

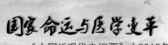

一遇机会,便下山"扫荡"。村民们随时密切监视敌人,只要敌人一下山,就自发组织起来,安置好伤病员后再逃难,卫生部在隘口村驻扎的5年时间,八路军的伤员没有一个遭到日军杀害,老百姓为此做出了很大贡献。

当时太行山区的群众生活十分艰苦,衣不遮体,食不果腹,哪里还顾得上讲什么卫生。群众根本不懂得卫生与健康的关系,女不梳头、男不洗脸是常事,更谈不上洗澡、洗脚、晒被褥了。当时多种疾病流行,霍乱、痢疾、疥疮、流感时有发生,许多人因此死于非命。特别是产妇不讲卫生,坐月子"怕光怕风",遮门挡窗,整个月子只喝清水米汤,卫生、饮食均得不到科学、合理的保障,许多产妇因此丢掉性命或婴孩夭折。

钱部长和医护人员看在眼里急在心上,于是组织卫生部医护人员大张旗鼓宣传讲卫生、防疾病、新法接生,普及科学育婴知识。除举办"保卫健康的医药卫生成果展览"外,还把卫生部宣传卫生知识的挂图、妇婴保健模型,让民教馆同志都带上,到各个集镇、农村巡回展出。医护人员更是深入各家各户去详细宣传相关知识,登门入户为孕妇进行新法接生,随访坐月子的妇女。

每逢元旦春节,钱信忠都要召开军民联欢会。联欢会大都在东隘口村西麻地召开,路上就是舞台,路下就是看场,周围村群众也来看热闹,总是人山人海。每次联欢他都要讲话,宣传抗日和军民团结,讲卫生防疫和妇婴保健。他讲得清楚明白,大家都直耳静听。有一年元旦,他组织军民团拜会,一边坐着部队医生护士,一边坐着村民。他指挥双方起立相互三鞠躬,群众感到稀罕高兴,就像和乐融融的一家人。

同时,钱部长还利用军民联欢会,给东隘口村60岁以上老人集体祝寿。他让村里的姚红斌、李廷怀、皇甫瑛、皇甫鸿昌等老人坐在上首,他按当地的习惯和村干部一同向老人们叩头贺寿。李廷怀老人一辈子也未受到这样的"高抬礼遇",激动得拉住他的手脱口问:"钱部长您贵姓?"钱部长笑着说:"免贵,钱部长我当然姓钱啦!"逗得军民哈哈大笑。

东隘口村的皇甫瑛甚是喜欢医学,和钱部长住处相邻,便经常找他求教。一来二去,两人相处得很是亲密,他还将皇甫瑛的女儿认为义女。此后,两家一直未断交往。新中国成立后,义女从长治医学院毕业后征求钱部长意见,工作是在地方还是到部队。他说,到部队能得到更好的锻炼。于是她就参了军,成为中国人民解放军第二六四医院的医生。

三、用高超医术帮群众诊治疾病,老百姓称钱部长就是"活神仙"

部队里的医生主动为当地群众诊治疾患,特别是妇女生养,不管白天黑夜,一叫就到,不但不收医药费,就连一顿便饭也坚决不吃。他们的善行被老百姓深深铭记，交口称赞。这里仅以钱信忠部长为例。

1942年，西隘口村的张云喜腰部被敌军打坏，碎骨头进了肚子里，一年多了还不能动，村里人都说他活不成了。钱部长听说后，去他家仔细察看了他的伤情，立即给他做手术，取出了肚子里的碎骨头。张云喜不久即痊愈，不但能劳动，还能担五六十斤重的柴火。

东隘口村的皇甫汉是《新华日报》的缮写员，每天都要工整抄写3000多个字。一次，他连续数天赶着把毛泽东著的《论持久战》抄写出来，可能坐太久得了痔疮。钱信忠给他做了手术，并嘱咐他要喝稀食。但他饿了就吃疙瘩（当地一种饭食），也不按时换洗纱布，结果刀口感染了。钱部长一边给他换药，一边善意地批评他："一要遵医嘱，二要讲卫生，你多受了罪，活该。"说罢，二人会心大笑。

东隘口村有个小孩叫魏永增，他在外玩耍时被狼咬住，拖到了九仙庙附近。幸好他本家叔父在庙前刨土，看见后赶紧打跑狼救了他。钱部长给永增的伤口消毒、撒药、包上纱布，多次换药后，永增才捡回一条命。魏永增后来一直对人说，是叔父和钱部长救了他一命。

村民张昌昌从高崖上跌入深谷，颅骨损伤，几天不省人事，家里人哭着为他安排后事，幸亏钱部长通过手术把他救活了，由此被群众称为"八路活神仙"。皇甫束玉为此而写的故事《活神仙》被编入晋冀鲁豫边区出版的新课本中。中共中央北方局的《新华日报·太行版》曾以《太行山上活神仙》为题，整版报道了他为边区人民服务的事迹，"不说太行山高奇，不表彰河水涟漪，只讲咱们八路军，出了个妙手回春大神医"的顺口溜在当地流传了很久。

案例出处

张基祥、侯俊伟：《钱信忠和八路军卫生部在左权》，载《党史文汇》2016年第2期。（有删减）

案例解析

在抗日战争时期，中国共产党的抗日民主根据地是保证抗日战争胜利极为重要的堡垒。因此，各地抗日民主政权十分重视根据地的经济建设。除此之外，为了应对根据地面临的严重困难局面，毛泽东提出了"发展经济，保障供给"的经济工作和财政工作的总方针，发出了"自己动手，丰衣足食"的号召。而本案例中，钱信忠开展的自己办工厂等活动，解决了医疗卫生工作所需要的物质条件。特别是在根据地开展的医疗卫生工作，既保障了人民群众的身体健康，也为构建良好的党群关系奠定了基础，获得了根据地广大民众的支

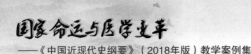

持。从这个意义上看,钱信忠的例子包含了极为丰富的内涵,也是抗战时期医疗卫生工作者革命贡献的具体展现。

案例启思

中国共产党抗日民主根据地的建设对中国共产党成为抗日中流砥柱的意义是什么?

教学建议

抗日民主根据地是实现中国共产党全面抗战路线、坚持抗战和争取胜利的坚强阵地。钱信忠被称为"八路军活神仙"反映了中国共产党在根据地建设中所取得的成就,且得到了广大民众的认可。因此,本案例可用于第六章中"抗日民主根据地的建设"相关内容的讲解。

案例六 马海德的中国情缘

案例

马海德(1911—1988),原名乔治·海德姆,生于美国纽约,原籍黎巴嫩。1933年毕业于日内瓦医科大学,获医学博士学位。同年,来到中国参加革命。1936年到陕北,参加中国工农红军。中国工农红军改编为八路军后,马海德担任八路军总卫生部顾问。解放战争时期,随中共中央转战到西柏坡。新中国成立后,加入中国国籍,担任卫生部顾问。马海德为我国20世纪60年代初基本消灭性病和防治麻风病做出了巨大贡献。曾任第五届全国政协委员,第六、七届全国政协常委。1988年被国家卫生部授予"新中国卫生事业的先驱"荣誉称号。

一、我要寻求一条救活社会的路

1933年11月,刚刚获得医学博士学位的他,听说在中国上海一带流行着一种东方的热带病。在同情心的趋使下,他毅然漂洋过海,孑然一身,前往中国这片陌生的土地,为苦难的人民解除病痛。来上海后,乔治先后在上海广慈

第六章 中华民族的抗日战争

医院和雷士德医院工作。不久,他和两位同学合开了一家诊所,遇到贫困的病人,就以低廉的价格或者免费为他们诊治。为调查皮肤病在上海的流行情况,他深入几十家工厂,亲眼看见平均年龄只有十四岁的童工,双手因终日接触电镀液而被烧成溃疡。他有感而发:"我在给工人治病的过程中知道他们需要的不仅是药片,更需要吃的、穿的,他们要生存,要一个人的劳动环境。这是我作为一个医生无法解决的。我要寻求一条救活社会的路。"

一次偶然的机会,他结识了宋庆龄和在上海的外国进步人士史沫特莱、路易·艾黎、格兰尼奇、汉斯·希伯等人,并参加他们组织的马克思主义读书会。也正是通过这些进步人士,他知道了中国还有另外一个世界,那就是中国共产党、中国红军和他们领导的根据地。他开始投身革命活动,他的诊所常常成为共产党地下工作人员联络、开会的地方。

1936年6月,经上海地下党和宋庆龄推荐,他和埃德加·斯诺进入中国共产党和中国工农红军最高指挥部的临时驻地——陕北保安县。当时保安的医疗人员之少、医疗设备之差,无不令他震惊;在如此艰苦的环境下,无数的革命志士仍保持着顽强的斗志,也让他看到了中国的希望。几个月后,斯诺完成采访,离开陕北,之后写出了轰动世界的《红星照耀中国》。乔治根据对陕北各地卫生医疗单位的考察,写了一份详细的调查报告,并决定留在中国工农红军根据地,用手中的手术刀同红军一起为中国革命并肩战斗。毛泽东很欣赏他的这份报告,任命他为中央革命军事委员会的卫生顾问,负责医疗系统的建立和最高领导人的保健工作。二十六岁的洋博士能够留在陕北边区,并被委以重任,充分体现中国共产党对他的信任。

1937年1月,乔治随中共中央由保安迁至延安。一个月后,他加入了中国共产党。他兴奋地说:"从此我能够以主人的身份,而不是作为一个客人置身于这场伟大的解放事业之中,我感到极大的愉快。"他不仅很快学会了中国普通话和陕北的方言,而且根据边区大多数回族兄弟都姓"马",于是将自己的名字"海德姆"调过来,改成了中国味很浓的"马海德"。从此,美国青年乔治变成了同志们亲切叫唤的"马大夫"。从毛泽东到普通百姓,无论什么病,只要找到马大夫,这个大鼻子拎起药箱就走。

在延安,马海德找到了自己的人生意义,同时获得了一份美好的爱情。1940年3月,他和从上海来的电影工作者、延安鲁迅艺术学院学生周苏菲结婚,组成了美满的家庭,并与之携手在革命道路上相依相伴了四十八年。马海德乐观和善,乐于助人,时常有人找他帮忙修理手表、手电、打火机,甚至应急当接生婆,他都有求必应,因而被大家称为"我们的万能博士"。

中国工农红军改编为八路军后,马海德担任八路军总卫生部的顾问,随军

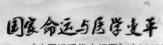

国家命运与医学变革
——《中国近现代史纲要》（2018年版）教学案例集

到山西五台山八路军总部工作。返回延安后，开始筹建八路军军医院。1942年，马海德调到延安国际和平医院工作。在他的努力下，延安国际和平医院和边区其他医院得到迅速发展。在抗日战争时期，他曾先后接待白求恩、柯棣华、巴苏、汉斯·米勒等外国医生。由于中外医务人员的共同努力，边区的医疗卫生事业得以迅速开展，国际和平医院从1938年的一所，发展到拥有八个中心医院和四十二个分院及许多为军民服务的医疗网点。据统计，仅仅在1944年到1947年的三年时间里，马海德就曾诊治伤病员四万余人，多次受到边区政府的嘉奖，名字传遍了整个边区。

在延安期间，马海德不仅以崇高的国际主义精神和精湛的医术为解放区军民服务，还曾担任中共中央外事组和新华通讯社的顾问。1937年11月，他帮助新华社创立英文部，开始向国外播发英文消息。他还经常为当时中央出版的对外宣传刊物《中国通讯》撰写稿件。1946年，他以中共代表团医疗顾问的身份，参加在北京成立的由共产党、国民党和美国三方代表团组成的军事调处执行部的工作。因为在外事活动中的出色表现，他被黄华誉称为"没有头衔的外交家"。

二、我是中国人

在延安的时候，马海德就提出要加入中国国籍。周恩来对他说："我们现在只有个党，等将来新中国成立，我第一个批准你加入中国国籍！"1949年10月1日，中华人民共和国成立，他应邀登上天安门城楼，见证了新中国的诞生。当天，他再次申请加入中国籍。周恩来总理亲自批准了他的请求，马海德成为第一个加入中华人民共和国国籍的外国人。

1950年，马海德被任命为中华人民共和国卫生部顾问。他说："社会制度改变了，消灭疾病就成为可能的事情了。"他以新中国主人翁的姿态，以极大的热情投入到新中国卫生事业的开拓和建设中。像战争年代那样，他不脱离医疗业务，经常在医疗第一线为病人服务，坚持每周到北京协和医院看门诊、参加会诊。当病人问他是哪国人时，他总是自豪地回答："我是中国人！"卫生部成立专家局后，决定给外国专家涨工资，其中也有马海德一份，他拒绝领取。他说："我是中国人，不是外国专家。这钱我不能要。"他经常说："不要因为我的鼻子高，就对我特殊照顾，我也是中国的一份子！"

1953年，马海德协助组建中国医学科学院的皮肤性病研究所，主要从事对性病和麻风病的防治和研究工作。他亲自参加解决封建旧中国遗留下来的妓院问题，由此投入到在我国消灭性病的战斗中。他长途跋涉，翻山越岭，走访少数民族的山寨和草原，向农牧民们传授防治性病知识，为成千上万的患者治

病。辛勤的劳动终于结出了丰硕的果实，中国在 20 世纪 60 年代初取得了基本上消灭性病的震惊世界的成就。

接着，马海德确定了新的奋斗目标——消灭麻风病。在之后的岁月里，他带医疗队上山下乡，足迹遍布全国除台湾和西藏外的所有省份，开展麻风病的调查研究和防治工作。去麻风病医院，他从来不穿隔离衣，也不穿白大褂，还与病人亲热地握手问好，查病时总是多次复查，生怕误诊。碰上患者脚底溃疡，他还把病人的脚抱在怀里仔细检查。病人请他喝水，吃水果，他从不拒绝。

根据中国国情，马海德将麻风病传统的住院隔离治疗办法改变为社会防治，并于 1980 年把国外治疗麻风病的新技术——强杀菌联合药疗引进了中国，大大提高了疗效。中国麻风病人很快地从 1949 年的五十万人减少到七万人。1985 年，他不懈努力，在广州成立了中国麻风病防治协会、中国麻风病福利基金会和中国麻风病防治研究中心，并且召开了中国第一届国际麻风病学术交流会。他亲自担任中国麻风病防治研究中心主任、中国麻风病防治协会会长和基金会主席。1986 年，他出访了十几个国家，使日本、美国等多国的麻风病基金会，分别同中国有麻风病防治任务的省区建立了对口联系，提供价值上千万美元的药品、医疗器械和交通工具等援助。就在去世前的一个月，马海德依然念念不忘麻风病的防治工作。他强忍着病痛，召集云南、贵州等省负责防治麻风病的工作人员开会，研究同国外合作的问题。在病床上，病危的他还要求妻子为他读各地寄来的有关麻风病的材料和信件。

三、我一直就相信我们的党

1972 年 1 月，以马海德为组长的中国医疗小组前往日内瓦，为身患重病的埃德加·斯诺看病。斯诺凝视着千里迢迢赶来探望他的好友，说："乔治，我羡慕你！我常想，如果当时我也像你一样留在延安，我今天的境况将是怎样的呢？"

留在延安的马海德，在中国革命历史上创造了很多"第一"：他是第一个参加中国工农红军、参加中国共产党的外国人；是唯一参加过红军、八路军、解放军的外国人；是唯一经过土地战争、抗日战争、解放战争、社会主义革命和建设、改革开放各个历史时期的外国人；也是第一个被批准加入中华人民共和国国籍的外国人。这些"第一"的背后，是他对中国共产党的坚定信念和热爱中国的伟大情怀，是他对医学事业的不懈追求和全心全意为人民服务的高尚品德。

"文化大革命"中，一些人批斗马海德的妻子周苏菲，其主要目的是想整倒马海德。这帮家伙抄了马海德的家，企图找到他的"罪证"。1978年，卫生部党委以充分的证据，彻底否定了一切强加在他身上的不实之词，对马海德做出了"历史清白"的结论。马海德在得知冤案终于昭雪后，只是坚定地说了这么一句话："我一直就相信我们的党，迟早会把一切问题都搞清楚。"

1978年，在阔别故乡四十五年之后，马海德第一次回到美国，并详细告诉亲人和朋友自己在中国的一切。在他的影响下，他在美国的家族都充满了东方式的亲情。1979年，他的母校美国北卡罗来纳大学授予他突出服务奖。

1983年，在庆祝他来华工作五十周年之际，邓小平等党和国家领导人亲切会见了他，对他为中国革命和建设做出的突出贡献给予高度评价。邓小平亲切地握着马海德的手，一字一字地对他说："五十年，不容易呀！"1988年9月，卫生部授予他"新中国卫生事业的先驱"荣誉称号，并号召卫生战线的全体职工，学习马海德崇高的国际主义精神和全心全意为人民服务的高尚品德。

马海德晚年身患癌症，1988年10月3日在北京病逝，终年七十八岁。临终前，他满怀深情地对亲友们说："如果让我重新开始生活，我还是要选择这条道路，这是毫无疑问的。"

案例出处

刘金田、毛胜编著：《他们为什么选择中国共产党》第十编，贵州人民出版社2012年版，第553～557页。（有删减）

案例解析

1933年，美国医生马海德不远万里来到中国，在中国生活了55年，将毕生的精力献给中国人民。作为一名优秀的中国共产党员，马海德以自己的故事告诉大家，他不但是一位真正的国际主义战士，更是一位践行内心理想、为信念奋不顾身的伟大革命者。马海德决定留在中国的时候，他立下的一个梦想就是要取得世界反法西斯胜利，为中国的医疗卫生事业奉献自己的力量。在延安期间，仅在1944年到1947年，他就诊治伤病员4万余次，参与筹建多个医院，被延安人民亲切地誉为又一个"白求恩"。中国的抗日战争是世界反法西斯战争的重要组成部分，在那场艰苦卓绝的抗日战争中，像马海德医生这样的国际主义战士给予了中国人民最无私的帮助和支援。海纳百川，中国共产党之所以成为抗日战争的中流砥柱，正是因为有了许许多多马海德和白求恩式英雄人物。

第六章 中华民族的抗日战争

🧠 案例启思

在延安,马海德为什么选择了中国共产党?

🎤 教学建议

本案例生动地展现了马海德从一个外国人转变为中国人、加入中国共产党的历史转变,从一个侧面展现了中国共产党取得抗日战争胜利的原因。适合第六章中"中国共产党成为抗日战争的中流砥柱"相关内容的讲解。

▶ 案例七 中医抗战纾国难

 案例

抗战全面爆发后,由于医护人员严重不足,政府大力吸收中医参加救护工作。在国民政府首都南京,中央国医馆应抗战需要,很快组织了中医救护医院与中医救护大队。中医救护医院由赈济委员会与中央国医馆会同设立,收容治疗前线伤兵数千人,"举凡切伤、刺创、擦伤、裂创、搔创、枪创、弹片创等,经本院伤科医师治疗,获效既众且捷,尚有一部分负伤官兵,于秋阳烈日之中,或受湿热之郁蒸,兼发痈疽疔疮者,为数亦颇多,皆均应用中药而臻全治"。幸而,传统中医在救伤方面颇有绝活。以广东为例,广东中医公会组织的救护队曾在1930年陈济棠与桂军之战中,担任救伤工作。救护队在广州黄沙车站等前线伤兵一到,即为之敷药换药,为伤口消毒止痛,共救护600多人,"各伤兵无不赞服中医药救伤之超绝"。有鉴于此,焦易堂寄望中医界能发挥长处,做好救护准备。他指出:"国医之伤科,如跌打、接筋、驳骨等之功效,确胜西医,唯对于绷带、器械、消毒、清洁、整齐等,不及西医。宜采长补短……深望各国医学校,迅行设立伤科班,以专造此种人材,备国家之需要。"南京沦陷后,中医救护医院随政府西迁重庆,改名为中医救济医院,继续在大后方发挥作用。各地中医参加救护队也很踊跃。上海设立了中医救伤医院和国医药界救护队,湖北成立了"国医药界战地后方服务团",江苏计划"训练全省中医消毒、防毒、外伤、野战救护等技术,35岁以下之中医,均须受训"。在广州,广东中医药专门学校、光汉中医专门学校增设了战伤救护系列课程;广州卫生局公告"组织跌打医生北上救护团","由局征求市内对枪火伤救护功效素著之医生参加",准备北上前线服务。

  由于中医救护卓有成效,得到了抗战军民的肯定。中医全方位地参与了抗战前后方的工作。1939年国民政府军事委员会后勤部会议上,湖南伤兵管理处专门提议"请各机关采用中医中药治病"。国民党第二战区司令长官阎锡山在其部队中成立了"中医治疗所","不惜以高的薪水和待遇"招聘中医和针灸医生。在战时广东省会韶关,1941年省临时参议会第六次会议通过了四个关于中医药的议案:其一为"请省府举行本省中医考试,以扶植中医人才,而促进卫生要政案";其二为"提请筹设省立中医专门学校,以培养中医人才,而保民族健康案",提出"太平洋战争爆发,西药来源断绝,为适应当前急需,拟请筹办省立中医专门学校,作育中医人才以增进国民康健";其三为"加强本省中医审查委员会组织,严厉取缔庸医及神方,甄别中药配剂人员,以重卫生而保民命案";其四为"创设省立国产药物制炼厂,以增抗战力量,而利国民经济建设案"。

  1944年,重庆国民政府还出台了《中医师担任后方征属及患病官兵医疗服务办法》,要求各地中医师公会负责编组中医师服务队,对征属和官兵实行免费治疗。除了战伤治疗,中医药对防止传染病等也有积极作用。抗战期间,由于金鸡纳树的主产区东南亚被日军占领,治疗疟疾的特效药奎宁缺乏来源,1939年夏,中央药物研究所在昆明设立门诊,试用云南草药白枪杆根皮粉治疗疟疾,共治疗19人,为研究新的抗疟药物打下基础。1941年,四川省国医分馆编制"国医防治时疫宣传大纲",针对霍乱、痢疾拟定中医方药,广为印发,为防疫做出了贡献。

  中医药的救护实践,真正体现了中医药学的社会价值。当时报刊指出,战场受伤之将士,"倘以国医之具有根底者为之治理,则木屑竹头,亦可驳骨舒筋;青草树根,尽足还魂。堪以短促之时间,奏其神速之功效;轻微之药物,当乎宝贵之灵丹"。合理应用中医,可以避免不必要的截肢伤残,挽救生命;而且"兵燹疾疫,相因而生,前后方之困于病、死于病者,尤踵相接",许多疾病"若以国医之具有根底者以治疗之,则应手而愈"。因此,中医界呼吁,"为人道计,为国家计,为抗战前途计,为种族人格争生存计",政府应该真正重视中医的作用,对中医加以提倡和振兴。中医救护和治疗工作的成效为政府和社会正确认识中医赢得了转机。抗战期间,政府有关中医的政策在几个方面有了重大突破。首先,一直困扰中医的教育合法地位得到解决。1938年1月,支持中医的陈立夫出任重庆政府教育部部长,推动教育部承认中医。1938

年，教育部正式颁布《中医学校通则》，次年5月又公布了五年全日制《中医专科学校暂行课目时数分配表》，各科总共合计讲授1640小时，实习1932小时，临症1044小时，共计4616小时。1940年，在教育部医学教育委员会内还成立了一个中医教育专门委员会，负责制订中医教育的有关计划和方案。中医已正式列入教育系统。其次，中医"医院"名称合法化。中医医疗机构曾经被禁称"医院"，通过抗战时期的努力，卫生署承认："消毒方法及检验等知识，亦为中医应具有之技能……对各地中医医院，准其援用《管理医院规则》，予以同样之管理。至医院名称，应令冠以中医字样，以示区别。"1944年5月，在重庆成立了直属卫生署的陪都中医院，这是第一间国立中医院。最后，在法律上，争取到中西医的平等地位。1942年，政府通过《医师法》，取消了原来的《西医条例》和《中医条例》，将中西医合并称为"医师"，具有同等的地位。根据《医师法》，1945年，全国中医师公会在重庆成立。

案例出处

郑洪、陆金国：《中医抗战纾国难》，载《中国中医药报》2010年6月30日第8版。（有删减）

案例解析

全面抗战爆发后，国民党先后组织了几十次大会战，这些大会战在一定程度上阻止了日军的进攻势头，同时也给国民党军队带来了重大的伤亡。随着日本侵华战事的进一步深入，西药进入中国的原有通道逐渐被切断。国难当头，中医作为国医其作用与地位日显突出。

主要表现为三个方面：一是中医界主动担当，成立战时救护队和救护医院。二是正式纳入国家战时医疗卫生体制。抗战前，社会一直存在"中医是否科学"的争议，以接受西式教育为主的国民政府官员，一直拒绝将中医纳入教育和医疗系统，也禁止中央国医馆及各地分支馆涉足卫生行政事务；抗战后，国民政府陆续出台了有关中医和中医教育的政策法规，还中医药应有的合法地位。三是改进中医诊疗，服务战时救护。20世纪三四十年代，西医在中国得到进一步传播，中国的中医界也进行了反思，辩证分析和科学论证等思维方式也影响了战时的中医药界。中医医师开始注重单方验方、特效药及有关伤科救护等，特别是重视提高中医药临床疗效，以便能够更好地发挥救死扶伤的作用。总之，抗战时期，西医在贫穷落后的中国还很不发达，作为祖国传统医学的中医药承担起了重任，为抗战做出了重大的贡献。

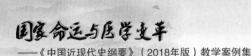

案例启思

1. 中医为全民族的抗战胜利起了怎样的作用？
2. 我们今天怎样把祖国的中医事业发扬光大？

教学建议

抗战时期，国难当头，前线战事吃紧，西医在战时的中国还未得到普及。在缺医少药的状况下，传统中医的地位得以改善，这虽然与国民党政府中支持中医的权威人士有关，但更重要的是中医药界中拥有"国家兴亡，匹夫有责"情怀的爱国人士在国难面前的担当。外敌入侵，"科学"之争被暂时搁置，中医药界爱国人士在抗战中救死扶伤，得到了社会各界的尊重。本案例可用于第六章中"抗日战争的胜利及其原因和意义"相关内容的讲解。

案例八　抗战时期敌后的中医及中医学校

 案例

日本在明治维新时废止了传统"汉医"，这种做法也被带到从1895年起就被日本占据的我国台湾。日本的做法是将"汉医"一次性登记为医士，然后任由其自然衰亡，台湾的情况与此类似。已经登记的中医相继成立了台湾皇汉医药学会、东洋医道会台湾支部等中医社团，还与日本国内一些要求恢复传统医学的声音相呼应，成立了"台湾汉方医术复活助成会"等，延续着中医药的命脉。在逐步侵占中国领土的过程中，日本对中医的价值有了新的认识，也意识到废止中医药不利于争取占领区的民心。据说在伪满洲国，日本统治者开始也要废除中医，后来决定实际考验一下中医的疗效。经调查，日方决定请东北著名中医马英麟到新京（长春），马老被逼前往，被安置在粹华医院。一次，有一名化脓性腹膜炎患者经日本博士外科医长确诊，准备开刀，称吉凶不能保。患者不同意，要求马老治疗。马老用中药治疗，一剂痛减，二剂痛止，三剂痊愈。日本医长检查属实后大为震惊，承认中医确有独特的疗效。此事对伪满民生部保健司决定保留中医起了一定的作用。1936年1月26日，伪满国

第六章 中华民族的抗日战争

务院公布了《汉医法》，规定"欲为汉医者，须实地学习汉医术五年以上，且经汉医考试及格，受主管部门大臣之认可"，方准许行医。1937年又公布了《汉医法施行规则》。伪满洲国的"汉医"人数达25000多人，比西医三倍有多，卫生官员承认"汉医药与吾国民保健上之紧要更不待言"。伪满民生部保健司提出了"实施西洋医学、汉法医学二体制"的政策，成立了满洲中央汉医会，还计划创立汉医学院，吸收中医参加医疗机关等。伪华北临时政权也采取了承认中医的做法，并且称之为"国医"。日伪组织"新民会"在各地组成国医职业分会，作为控制中医的机构。如北京新民会指示："为统治指导及教化起见，所有首都存在之北京国医公会、北京国医学会、北京中医学术研究社、北京国医研究会、北京医士学会、北京中医学会、北京博爱医学会、北京中医改进社、北京中西医药研究会等机关，自应一律停止工作。"将这些机构统一合并为北京国医分会，于1938年7月9日正式成立，著名中医汪逢春担任会长。国医分会要受新民会的领导，会员入会也必须经新民会审批。汪精卫在成立伪"国民政府"后，同样也给中医以合法地位。汪伪政权成立后，自视为中华民国之正统，继续实行南京国民政府的《中医条例》《中医审查规则》等法规。1940年又公布了《管理中医暂行规则》和《核发中医证书变通证明办法》，对中医进行考询注册，准许合法行医。

1937年，日军进攻上海，淞沪抗战爆发。英勇的中国军队抗击日军数月，后来不幸陷落。不过由于上海租界处于外国管治之下，暂时未受波及，成为避难之所，当时有"孤岛"之称。当时，不少中医学校迁入"孤岛"，坚持办学，继续培养医学人才。战乱初起，办学最久的上海中医学院即通知学生改到租界的珊家园开学；不久又搬到国医大厦，同时附设的华隆医院也位于法租界内，在战乱中，该校仍保持了200多人的规模。当时的办学条件艰难，全靠院长丁济万独力支撑，何时希回忆："尤可佩者为院长丁济万师，当日寇纵横之际，虽各地人口散沪，又值灾乱，疾病蜂起，丁师医务鼎盛，然中医学院先由老西门迁至天津路，又迁成都路，物价腾涨，教师俱是同学及弟子行，都不便为生活而启齿，然不能不为及时调整薪水……而求无不应，此诚作育人才之苦志，及体贴人情之慷慨，试思1938—1945年八年间，独立支撑，艰辛竭蹶，诸同事亦共济同舟，休戚与共，此种办学精神，值得大书一笔，以存历史。"

另一所中医学校上海中国医学院在原闸北的校舍失陷后，不久也在租界择地恢复办学，并且规模逐渐壮大；但学校也存在经费问题，合资主办者马问我、朱文明等人因经费不足，将学生们交纳的学费和食宿费分掉，院长秦伯未愤而辞职，学生频频集会抗议。1940年5月，由该校毕业生组成的中国医学院毕业同学会以吴克潜为首，组成"中国医学院护校委员会"，代理学院的各

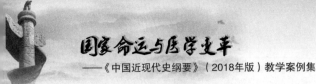

国家命运与医学变革
—— 《中国近现代史纲要》（2018年版）教学案例集

项行政工作，后朱鹤皋受邀出任院长，积极筹集经费，整顿院务。虽然条件简陋，有时甚至要在天井搭帐篷上课，但终究能维持办学。另一间上海新中国医学院在朱小南的主持下也在租界坚持了下来，朱小南在为毕业生致辞时说："吾人生不逢辰，罹兹多难。兴邦之责，所在攸归。……诸生研习医学，与其局促于孤岛，曷若效力于后方。盖值此大战孔殷之时，各地灾黎遍野，疾病尤多，医药救护，确实需人。诚能决心奔赴，定供不应求。"鼓励学生到后方效力。除了老校，孤岛时期还有时逸人先生新办的复兴中医专科学校、张赞臣创办的上海国医专修学校等。1938年10月广州沦陷，广州众多中医学校流散到香港，有部分继续办学，其中以广东中医药专门学校规模较大。该校本来就是香港与广州两地药商联合创办的，两地校董各占一半。尽管该校在广州的学校和医院所有设施均损失殆尽，但到港的教员和学生不少，港方校董认为学校就此中辍的话太过可惜，于是慨然负担经费，着手在港复校。当时租得跑马地礼顿道37号为校址，1939年3月开始复课。学校不但招回流散学生，允许已经毕业同学补考，还招收新生。学校并增设全免费、半免费学额数十名，学校指出："当此国难时期，莘莘学子，多从内地而来，而港币与国币之比率，相去甚远，以目前征费折合国币，殊令人咋舌，是以一般青年虽有向学之心，而无缴费之力，望门兴叹者比比者。我校此举，是不啻予贫苦学子以深造之良机也。"这全靠港方药商的经费支持。学校采取灵活办学机制，招收各类插班生，学制仍为五年。此外又特招旁听生，凡有医学常识者，不限年龄，不拘性别，均可投考，修业以一年为限。该校复课后，"新旧同学，负笈而来者，至为踊跃。人数虽稍逊于从前，而教授与同学间之感情，研究者与指导者之恳挚，实所罕觏。盖当此抗建时期，学者固欲学成致用，而教者亦欲为国育材也"。医学校须有实习场所，加上"难胞之来港，以地土关系，常易染病，求医购药，所费不赀，中下之家，张罗匪易"，于是港方药商出资设立赠医处，设内、外、伤科，由学校教师担任诊症，同学轮流到所实习，每日求诊者达百数十人，"如是则学生之获益固多，而造福难胞亦不浅也"。然而好景不长，1941年12月，日军攻陷香港，学校再度停办。但校董们矢志办学之心不渝，1944年计划到战时广东省会韶关复课。可惜6月日军发动"豫湘桂战役"，连克河南、湖南，韶关告急，政府部门及民众紧急疏散。复课之举告停，抗战胜利后才回广州复校。

案例出处

郑洪、陆金国：《沦陷区的中医生存和斗争》，载《中国中医药报》2010年7月7日第8版。（有删减）

第六章　中华民族的抗日战争

案例解析

日本明治维新后,一切向西方看齐学习,对本国的传统医学"汉方医"加以限制和禁止。出乎意料的是,日本发动侵华战争后,在中国的占领区,日本对中国的传统医学从默许转为扶持,其态度令人深思。总的来讲,抗战时期沦陷区的中医及中医教育具有以下特征:一是日伪政权在沦陷区支持中医的目的是笼络民心和维护日伪政权统治下的社会稳定。二是颁布中医方面的政策法规,如伪满政权的《汉医法》、汪伪政权的《中医条例》和《管理中医暂行规则》等。三是利用中医为日伪服务,以弥补其西医之不足,如伪满政权于1944年出台的《国民医疗法》就规定"使汉医不仅掌保健指导,然对于种痘、预防注射等之近代医术之一部亦拟于使其施行之"。四是对日本的奴化教育起到了抵制作用。一方面,作为特殊文化群体的中医通过在沦陷区开设中医诊所、创办中医学校,从人道主义出发,救死扶伤,拯救了沦陷区众多平民;另一方面,中国民众研学中医可以传承中华文化,这对日本殖民主义的文化奴役有抵制的作用。总的来说,我们要用历史唯物论的观点和方法来看待沦陷区的中医及中医教育。

案例启思

1. 抗战时期,沦陷区的中医及中医学校是什么情况?
2. 抗战时期,沦陷区中医及中医学校的状况能给我们什么启示?

教学建议

近代日本走上君主立宪的资本主义发展轨道后,主张"文明开化",学习欧美技术和提倡社会生活欧洲化。因而,日本侵略者在中国的沦陷区对中医采取支持的态度是出乎意料的。显然,日伪政权是出于维护日伪政权统治下沦陷区社会稳定的考量;同时,也表明了中医在诊治效果上具有不可否认的作用。然而,即使日伪政权在对待中医问题上采取拉拢扶持的政策,日伪政权的残暴统治与奴化教育也注定不可能真正赢得沦陷区的民心。本案例可用于第六章中"日本发动灭亡中国的侵略战争"相关内容的讲解。

案例九 中国红十字会对中共敌后抗战的救护行动

1937年,"七七事变"拉开了中国全面抗战的序幕。在中国共产党的不懈努力下,国共两党携手合作,共同抗日,中国红十字会抗战救护进入一个新阶段。在正面战场,中国红十字会不遗余力地提供战场救护。从全面抗战直至抗战胜利,中国红十字会先后派出20多支医疗队到八路军、新四军军中服务,抗日根据地飘扬的红十字旗帜向世人展示了人道的力量。

在敌后战场,中国红十字会对八路军、新四军伤员的医疗救护也给予高度重视。1937年底,中国红十字会首批派出第7、第23、第39三支医疗队奔赴西北,协助八路军开展医疗卫生救护工作。第23医疗队到距离前线最近的第二后方医院(后改为兵站医院)协助工作,负责该院手术治疗任务;妇产科医师金茂岳、内科医师谢景奎及第7和第39医疗队留在边区医院协助工作。第二后方医院位于延安东80里的甘谷驿,院部原是一个旧天主堂,依山穴洞而成,条件简陋。后方医院的医疗救护工作异常繁重,因当时八路军一二九师、一一五师、一二零师和薄一波领导的山西新军对同蒲路、正太路沿线日军形成大包围态势,扫荡与反扫荡持续不断,伤兵众多,院部原有的救护力量有限,队员几乎都处于超负荷工作状态。尽管如此,第23医疗队还先后抽调两个手术组,于1938年春、1939年春,分别由侯道之和谢景奎率领,到延长县交口镇第三医疗所和延川县禹居镇第二医疗所开展手术活动。第23医疗队的服务对象主要是八路军和山西新军伤病员,其中包括周恩来、林彪、王稼祥等部队首长。1940年5月,第23医疗队被抽调至第五战区的湖北老河口前线开展医疗工作。临别之时,中共中央副主席周恩来、八路军总司令朱德等各级领导以及后勤部卫生部、边区医院、第二兵站医院等有关团体赠送锦旗,召开隆重的欢送会,表达边区军民对医疗队衷心的谢意。第23医疗队在陕北的近800天中,完成各类大小手术3000余例,无一死亡病例,这在红十字会史上是不多见的。1938年初,中国红十字会救护总队林可胜总队长派齐清心大队

长率两个医疗队、一个医护队和一个 X 光队到延安八路军战区服务。两个医疗队分别安排在"中国最大的山洞医院"宝塔山边区医院、甘谷驿兵站医院工作。1939 年 1 月，中国红十字会救护总队部组织三个医疗队（第 61 医疗队、第 13 医疗队和"驴马队"）抵达太行山根据地，对八路军伤病员开展医疗救护工作。1939 年冬天，中国红十字会第 40 医疗队在八路军办事处刘民的帮助下，到达五台山根据地，在后方医院为重伤病员施行手术，还办了一个培训班为院方培训医务人员。中国红十字会除了对八路军抗日根据地提供人力支援外，也经常提供物资援助。如 1938 年 7 月，在巴黎召开反轰炸不设防城市恢复和平大会时，英援华会提议在中国设立国际和平医院，救济伤兵难民。次年，国际和平医院在晋南一所教会医院落定，中国红十字会承担每月经费中的 50 镑，这座医院也成为国际援华医疗队与红十字会医疗队的共建基地。1939 年冬，以英国牛津大学巴吉尔教授为首的英国援华团携带约 10 吨贵重医疗器械和药品，自贵阳图云关出发，由林可胜博士以救护总队长的名义，委派西北视导员郭绍兴在陕西汉中接待，转运西安，交第十八集团军办事处。几经周折后，这批物资运达延安。

对新四军的医疗援助也为中国红十字会所关注。1938 年春，由 100 余人、几十辆汽车组成的煤业救护队集体加入新四军，转战大江南北敌后，为新四军服务，被原新四军华中根据地苏中区党委书记陈丕显赞誉为"三十年代青年的光辉榜样"。1938 年，美国作家、民主人士史沫特莱女士以《曼彻斯特卫报》特约通讯员的身份深入新四军战地，每周向外邮寄两篇通讯，报道新四军医疗工作和红十字医疗队救护实况；向国际组织写报告呼吁医药、救护车辆等物资的援助。同时，她将战地调查随时寄送中国红十字会救护总队部，作为总队部了解敌后战场、调整救护力量的依据。1938 年，史沫特莱由陆路来到长沙，请求林可胜总队长拨发前线奇缺的医药，尤其是治疗"打摆子"（疟疾）的奎宁片和针剂。在她的建议下，林可胜派出两支医疗队前往新四军战区开展医疗救护工作。关于医疗队工作情形，作为战地记者的史沫特莱，多有报道。

🔑 案例出处

池子华：《红十字运动：历史审视与现实思考》，合肥工业大学出版社 2016 年版，第 195～200 页。（有删减）

✏ 案例解析

加强医疗卫生工作，减少伤病造成的人员损失是取得抗战胜利的重要保

国家命运与医学变革
——《中国近现代史纲要》（2018年版）教学案例集

证。中国红十字会的前身最早成立于 1904 年，1933 年更名为中国红十字会，以发扬人道、博爱、奉献精神，保护人的生命和健康，促进人类和平进步事业为宗旨，先后隶属于国民政府军委会。全面抗战到来后，中国红十字会的队员们不仅勇敢地在硝烟弥漫的正面战场进行战时救护，还积极投身于共产党领导的敌后抗日根据地，对八路军、新四军伤病员进行医疗救护。据统计，自全面抗战爆发直至抗战胜利，中国红十字会先后派出 20 多支医疗队到八路军、新四军敌后抗日根据地服务，对缺医少药的中共领导的八路军、新四军队伍来说，中国红十字会提供的医疗援助无疑是极其珍贵的。在中共领导的抗日武装处被敌伪军封锁包围的艰难时期，中国红十字会向敌后抗日根据地派出医疗队和赠送医药物品，对坚持抗战、夺取抗日战争的胜利无疑起到了重要作用。在中共领导的抗日根据地，飘扬的红十字旗帜向世人展示了爱国主义、英雄主义的伟大力量。

案例启思

1. 中国红十字会对中共敌后抗战采取了哪些救护行动？
2. 今天我们应该怎样更好地发挥红十字会的作用？

教学建议

全面抗战爆发后，中国红十字会立即投入到前线战地救护和后方的伤兵医护、难民救济等工作中，成为抗战时期中国反法西斯战场救护体系的中坚力量。抗战期间，中国红十字会在民族精神和爱国热情的激发下，快速有效地培训医护人员，得到很大发展。中国红十字会对中共及其领导的抗日武装给予了力所能及的帮助，不仅体现了其"发扬人道"的救护理念，也体现了中国人民以民族大义为重、众志成城、共御外侮的爱国主义民族精神。因而，在讲述第六章中"中国人民奋起抗击日本侵略者"有关全民族同仇敌忾，奋起抗战的故事时，可引入中国红十字会在中共敌后抗日根据地开展救护工作的事例，使同学们能更深刻地理解教材中提到的"在祖国存亡危急的关头，中华儿女表现了空前的民族觉醒和民族团结"。

第六章 中华民族的抗日战争

案例十 人民的医生要有一颗救死扶伤的心

案例

在全国抗战刚开始时,朱剑凡的女儿朱仲丽学医毕业了,特地从大城市来到延安,找毛泽东要参加革命。

朱剑凡是教育界的名流,1920年毛泽东在长沙时,与朱剑凡相识。朱仲丽要去延安参加革命,临行前,母亲托她给毛泽东带来了礼物——一包火焙鲫鱼和油茄子,并一再叮嘱她说:"毛润之可是个了不起的人。"

刚到延安的朱仲丽激动得难以入睡,这位革命领袖究竟是什么人呢?她反复琢磨着。

突然有一天,刚吃过早饭,便接到通知,说毛主席要见她。

她被人带进一座窑洞,只见头发浓黑、身材高大的毛泽东穿着一件灰色棉军装,正在批阅文件,看到朱仲丽来了,便站起来笑着说:"请坐,大城市来的客人。"朱仲丽被毛泽东风趣的招待弄得不知所措,很不熟练地向毛泽东敬了一个礼,毛泽东被逗乐了。

朱仲丽向毛泽东讲述了她学习的经过,然后毛泽东突然问:"你是想当一个卖狗皮膏药的医生,还是想当一个'蒙古大夫'呢?"

朱仲丽理了理头发说:"我不当卖狗皮膏药的医生,因为狗皮膏药百病都治,又什么都治不好;也不当'蒙古大夫',他对病人只是走马观花,敷衍了事。"

毛泽东开怀大笑起来:"还看不出你很会讲话哩,我也受到你这个新来的医生的启发啦。"他又接着说:"你说的那种医生,是专为老爷太太们服务的。你来边区要准备当一名人民的医生,要有一颗救死扶伤的心,还要以马列主义武装头脑。这样,才能受到同志们的欢迎。"

从此,朱仲丽便把毛泽东这些话当成座右铭,一生牢牢记住,并努力去实践。

151

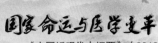

国家命运与医学变革
——《中国近现代史纲要》（2018年版）教学案例集

案例出处

刘学琦主编：《毛泽东佳话三百篇》，书目文献出版社1993年版，第147～149页。（有删减）

案例解析

这一案例准确地说明了医生不仅仅要有精湛的医疗技术，更重要的是要有"医者仁心"的情怀。毛泽东说的要将马列主义与具体工作相结合，本质上来说就是医生要真正做到以人民为本位，为人民服务。从这个意义上说，医生不仅仅要有精湛的医术，更重要的是有救死扶伤的意愿、有"大医精诚"的情怀，这样才可以让精湛的医术造福更多的社会大众。从另一方面来说，延安时期是中国共产党人在革命理论上日渐成熟的重要历史时期。在这一历史阶段，以毛泽东为代表的中国共产党人将马克思列宁主义与中国实践具体结合，初步进行了马克思主义中国化，因此毛泽东对朱仲丽的要求也是真正的共产党人所应具备的素养。

案例启思

毛泽东为什么说"要准备当一名人民的医生，要有一颗救死扶伤的心，还要以马列主义武装头脑"？

教学建议

本案例通过生动的故事，展现了毛泽东对医生的要求，尽管他所提的要求十分简单，却包含了极为深刻的内容，即医生要以马列主义为指导，真正做到为人民服务，这与"大医精诚"的意涵是相通的。延安时期是马克思主义中国化的重要阶段，而马克思主义中国化的过程也是中国共产党走向成熟的过程。毛泽东所提的要求，也是将马克思主义真正运用于具体的工作。案例可用于第六章中"中国共产党成为抗日战争的中流砥柱"相关内容的讲解。

第七章　为新中国而奋斗

▶ 案例一　解放战争时期军队医德规范的形成

 案例

解放战争初期，中国人民解放军共有 75 所医院，随着部队的发展和解放区的扩大，我军医院迅速发展壮大，到 1949 年已有 269 所医院，加上分院共有 452 所。解放战争时期，由于各解放区日益扩大、连成一片，有了敌人无法深达的大后方，我军组成了正规的野战军，进行大规模作战。每一次战斗、战役中，伤病员的数量比过去大大增加，后送路线延长，对医疗后送要求更高更迫切。随着兵站医院的建立，医疗后送得到了加强，卫生人员数量增多，医学技术特别是战伤救护水平有了提高，并建立新的野战医院。各救治机构纵深梯次配置，各有较明确的救治范围，开始实施较正规的分级救治（即阶梯治疗）。随着战争的发展、卫生队伍的壮大、组织的健全，救治机构的展开、编组、分工逐渐科学具体，尤其是 1948 年前后，各野战军制定了有关的规章制度，如陕甘宁晋绥联防军的《战时卫生勤务条例》、东北军区的《暂行卫生法规》、晋察冀军区的《卫生勤务暂行条例（草案）》等。这些法规性文件对各级救治机构的组织与任务、工作原则与要求都做了较明确的规定，使伤病员的救治从火线到后方形成了统一的既有分工又有连续性的阶梯治疗体系。阶梯治疗体系的建立，促进了我军战时伤病员救治和转运工作中医德规范的微观构建。一是战时医院医务人员道德评价标准的设定，是我军医德规范微观构成的重要体现。解放战争时期，我各野战军卫生部门为了激励医院和各级医务人员的工作积极性，开展了革命英雄主义的竞赛活动。在每次战役结束和年终都及时进行评功授奖,总结战争卫生工作经验,制定符合新形势需要的卫生工作条例。西北军区卫生部1948年1月14日制定了《战时医药卫生人员奖励条例》,其主要内容包含了丰富的道德内涵,可以看作是我军各类卫生人员职业道德规范微观构建的重要体现,为我军医德理论的构建做出了贡献。二是构建了具体的分级治疗的医德规范。如在分类中,必须做到认真、迅速、细致;在阶梯检查中,要有高度的工作责任心和对伤病员的负责精神;在伤票填写过程中,应规范、具体,尽量减少失误;在各种伤病不明确的情况下,不推脱责任,要力争减少伤病员的痛苦和保证伤病员生命安全;在阶梯后送中,要做到密切合作、任劳任怨,不能置伤病员痛苦与生命安全不顾。三是迅速及时,力争早日治愈。及时合理地实施救治,不仅能有效地防止伤病发展恶化,促进伤病好转,提高治愈归队率,还能保证救治机构的机动性。伤病救治是否及时合理,要从伤病病理过程的发展来看:大出血、窒息可因迟延数分钟而死亡,因提早数分钟而得救,其及时性表现在几分钟之间,这就要求分秒必争,不失时机地组织抢救;对大多数伤员来说,及时性的标准是要求伤后12小时内得到清创处理。为此,我军医务人员发扬了快抢、快救、快送的"三快"传统作风,采取各种措施,简化救治操作程序,提高工作效率,缩短了伤病员在各级停留的时间。四是前后继承,确保救治质量。为了保证分级救治的质量,除了要有良好的技术和药材条件保障外,各级救治工作还要具有前后继承性,做到整个救治工作不中断,各级救治不重复。

案例出处

段晓宏:《关于我军医德形成与发展的研究》,硕士学位论文,第四军医大学,2002年,第28～35页。(有删减)

案例解析

解放战争时期,人民军队在人员和规模上得到空前发展,到1948年秋三大战役发起前,人民解放军发展到近300万人。随着人民军队的壮大和大规模的城市攻坚战的展开,人民军队的野战医院和医务人员也大幅增多;与此同时,医务人员诊疗不规范、医疗制度不健全、责任心不强等问题也暴露出来,人民军队医院正规化建设成为紧迫任务。我军医院正规化建设的首要任务是加强医德建设。解放战争时期,我军医德建设首先是确立全心全意为军民服务和救死扶伤实行革命的人道主义的基本医德原则;其次是建章立制,建立健全与医德相关的各项条例法规。到了解放战争时期后期,我军的医德思想体系基本构建完成,人民军队医德思想基本成熟,这也为新中国成立后党和军队医德思

第七章 为新中国而奋斗

想的进一步完善打下了坚实的基础。

🧠 案例启思

1. 解放战争时期我军医德的主要内容是什么？
2. 我军医德建设对解放战争胜利所起的作用是什么？

🎤 教学建议

解放战争时期，人民军队得到空前大发展，军队各方面开始走向正规化建设的道路。没有规矩，不成方圆。经过我党的努力和卓有成效的工作，我军医德规范在解放战争的炮火中形成。这一时期，我军的医德规范不是只停留在几句政治口号上，而是用条例和法规的形式固定下来，应该讲，这是我军医德建设法制化的重要一步，对我军医疗保障事业意义重大，也为解放战争胜利做出重要贡献。本案例可用于第七章中"创建人民民主专政的新中国"相关内容的讲解。

▶ 案例二 解放战争时期解放区的医学教育

 案例

解放区的医学教育在解放战争时期得到进一步扩充，形成了一定的教育体系。伴随部队规模壮大和战争实际需求，军事医学教育对教育理念、教育目标、教育条件、教育方法等都提出新的要求，需要根据实际需要扩大学校规模，并采取专业性和倾向性的教育培训方式。解放战争时期，军事医学教育培养人才的目标是改变部队医务人员紧缺的现状。培养专门服务于战争的医护人员，面向部队，符合战争要求、时代要求，这就是军事医学教育的办学原则。把保证部队战争需求作为教育的根本任务，采取各种教育手段，加速培养部队需求的医药技术人才，为部队打赢战争做好卫勤保障工作。在教学上坚持重点教育，坚持政治与技术、理论与实践相结合的教学原则。教育不能盲目，尤其是战时军事医学教育不能通抓，但也不能偏抓，要采取抓住重点、全面培养的方式达到教育目的。让学生树立良好的思想政治品德和正确的价值观，衷心于

155

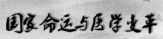

革命事业建设，做到技术、政治一手抓，培养德才兼备的革命好战士。让教育形式灵活起来，把理论知识贯彻到战伤救治的实践中，让医疗卫生人员尽快应用其所学加入战斗的行列中。战争环境下，医务工作者首要掌握的是战伤的救治技术。在教学内容上，内外科教学、急诊学、各种救护常识均被作为前期的教学重点，老师详细讲授战伤和常见疾病，让学生深刻理解、熟练掌握，做到学以致用。根据战争形势的变化需要，爆破、生化类战伤的救治知识以及药剂的研制也被作为军事医学教育的主要内容。基于战争形势日趋复杂化、多样化，战争中士兵的流动性变大，部队行军增多，地区增广等一系列现实情况，解放区在军事医学教育中更加注重防治防疫的教学内容。战争常年持续，流行病、传染病、地区病不但会危害部队作战行军，削弱部队的战斗力，为革命战争事业带来不可估量的损失，更会危害各地区的老百姓，让整个国家在不战中自败。为避免危害的扩散，加强医疗预防救治的教学显得尤为重要。

战时师资力量的主要来源是各部队的优秀医务工作者，"能者为师"，他们组建各种训练班，去院校为学生上课教学，或在本部队帮带教学，传授医疗技术知识，成为最基础的师资力量。此外，还将各地方院校自愿来部队做贡献的教员、教授、专家补充到其中，为军队医疗教育带来更为先进的医学知识，并结合实战需求制订军事医学教育计划。解放战争时期的教育内容依然是遵循教育方针和原则而确定的。从部队的战争需要出发，把教育内容和部队现状相结合，以"少而精"的教学重点，培养能尽快在部队开展医疗救助工作的医务人员。教学用的书籍资料，有承用先前的部分资料，也有借助地方医学院校的资料，还有把国际友人为我们编写的医学书籍作为先进医学知识引用到教学中的。上课的讲义都由教员编写、油印。军事医学教育的发展不畏资源的缺乏，不畏苛刻的战争条件，从红军时期发展到解放战争时期，军事医学教育更具规模化也更成体系化地不断前进发展。解放战争时期，军事医学教育的组织形式多采用在职教育及学校教育。在职教育方针明确，目标鲜明，针对性强，以学以致用为主要目的，能够快速把所学应用到实际工作中，解决战争实际环境中医疗救助工作存在的问题和困难。让在职卫生干部通过边工作、边学习的方式运用医学刊物补充医学理论知识，通过临床工作实践提升实际工作能力，做到工作学习两不误。在职教育主要是以战伤救治，部队常见病、多发病的防治救治为主要学习内容。学习方法主要是以自学为主，讲授为辅。

1946年5月，由军委卫生部及联防军卫生部合办公共卫生班，招收各卫生队长、护士长60人，主要教授他们预防医学及公共卫生技能，以提高在职军医的技术能力。一是工作中传帮带。在职教育的传帮带主要有上级带下级、老带新、强带弱、师傅带徒弟等形式。资历老的可以带临床经验不够丰富的医

生、护士,互相交流,彼此提高,把"能者为师"作为在职教育的根本手段。二是在职轮训。轮训班针对性较强,坚持"做什么、学什么"的原则,区分不同专业、不同工作性质,有针对性地提高在职干部的医疗技术水平。还有一种轮训是让基础较好的技术干部分别到学校或者条件较好的医院进行轮训,培养理论基础扎实、技术操作正规的各类专业技术人员。1948 年 1 月起,东北军区卫生部利用战斗间隙,分别由团卫生队,东、西线卫生部,师卫生部以及军区卫生部开展轮训计划,组织轮训人员接受轮训任务,每期集中轮训时间为三个月。1948—1949 年,西北军区共轮训医疗卫生人员 2627 名,分别占从事卫生工作人数的 40.3% 和 27.8%。

案例出处

张睿:《革命战争时期我军医学教育研究》,硕士学位论文,第四军医大学,2014 年,第 31 ~ 36 页。(有删减)

案例解析

人民军队自创建以来,为了适应战场救护的需要,高度重视医务人员的培养,历经土地革命、抗日战争时期医学教育的发展,解放战争时期我军的军事医学教育得到更大发展。一是办学规模增大,解放战争后期,各大野战军建立了各自的医护教育培训系统,开始了较大规模的招生来培养医护人员;二是教育培训体系更加完善,教育培养目标、教育教学方法、师资队伍建设和教学保障更加规范化;三是服务战伤救护的导向更加明晰,创伤教学、外科教学、各种战场救护技能成为教学的重点;四是适应战场需要,加大医护人员的在职培训。主要是依托野战医院技术和人才优势,大规模地对基层部队的医护人员集中轮训 3 个月,提高他们的医护技术水平,更好地为我军指战员提高卫勤保障。解放战争时期,我军的医学教育保障了部队战斗力,基本满足了战场救护的需要,为推翻国民党反动统治和建立新中国发挥了重要作用。

案例启思

1. 解放战争时期,军事医学教育的重要作用和地位是什么?
2. 作为医科大学的大学生怎样珍惜当前的教育?

教学建议

解放战争时期,我军医学教育水平已经得到明显提高,并形成较为完整的教育教学体系。在革命战争时期,在党的领导下,大批军事医学教育工作者勤

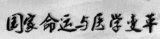

勤恳恳，发扬我军的"手把手"的传帮带精神，用忠实行动大力推进了我军医学教育事业的发展。本案例可用于第七章"创建人民民主专政的新中国"中的中国革命胜利原因的教学，在教学时以本案例补充说明解放战争的胜利是共产党加强各方面建设的必然结果。

案例三　解放战争时期人民军队及根据地的护理工作

案例

解放战争时期，人民军队医院的护理组织随着医院类型的增多和工作正规化而有所发展。一是综合性医院的护理组织。综合性医院隶属于总部或野战军领导，医院护理组织比较正规。如中共中央医院、延安白求恩国际和平医院设护士主任，护士部设秘书及助理员，护士长受科主任及护士主任双重领导，护士学员队队长也在护士主任的领导下负责行政管理。二是后方医院的护理组织。后方医院系军区所属医院，负责收治伤员及战伤的后期治疗。后方医院一般编3个所，所长领导办公室及数个护理班，办公室设室长、统计登记员等，如无室长则设正、副护士长。解放战争后，有的后方医院护理组织更趋完善，如胶东后方医院北海分区1所，在1948年曾设护士办公室，由护士长担任室长，领导5个护士班及1个手术室，每个护士班有正、副班长，约有4至6名护士，10至15名护理员，手术室有1至2名护士和2至3名敷料员。又如延安第一后方医院的每个所下分4个连队，每个连队设1个护士办公室，负责几个病房的护理工作。每个病房有40个床位，编有8至9名护士。三是野战医院的护理组织。野战医院归属纵队领导，负责突击治疗轻伤及抢救重伤员的工作。野战医院一般分2至3个所，每个所设1名护士长或护士班长。有的野战医院不设分所，如胶东军区野战医院是在院长、政委领导下，设办公室长。办公室长下辖8个护理班，分头部伤护理班、胸部伤护理班、腹部伤护理班、四肢伤护理班、转运班、治疗班、护运及检伤班。1947年以后，有的军区统一了野战医院的医疗组织，如华东军区每个医院一般设手术队、搬运队及2至3个医疗所。每个医疗所下设2至3个医疗室，其中包括重伤室。医疗室即为1

158

第七章 为新中国而奋斗

个护理单元，每个室设 1 名室长，领导 1 个护士班约 10 余人。手术队又分手术准备组、手术组、治疗组、护理组、供应组、营养组、运输组及事务组 8 个组，护理分工更加具体细致。

1948 年 1 月，东北军区卫生部召开会议，总结解放战争以来的卫勤经验，贺诚部长提出实施阶梯治疗的后送体系，做到以下三点：一是伤兵多而不死，二是后送线长而治疗不间断，三是能及时适当地治疗。阶梯治疗的医疗护理组织分三个阶段。

第一阶段是连营团。连营一般不编护士，连队只编 1 名卫生员，营一般设包扎所，有医生、司药和 1 个卫生班（班长 1 名、卫生员 3 至 4 名）。各军区的团卫生队（救护所、绑扎所）的护士编制差别较大。如西北军区团卫生队编有护士长 1 名、护士班长 1 名、护士 10 名左右。华北军区团绑扎所下分四个组：转运组设看护长 1 名，看护 2 名及担架负责干部、指导员等；慰问事务组设看护 2 名，司药 1 名及供给干部、政工干部等；补充绑扎组设看护 6 名、医生 2 名；登记检查组设看护 4 名、医生 1 名、文书 1 名。华东军区的护士都称见习医务员，编制及医护分工不太明确。

第二阶段是师卫生部（休养所、医疗队、救护所）。一般师休养所设医疗组、材料供应组及管理组。在医疗组中有护士长和一定数量的护士分别参加手术组、休克处理组、固定组、交换绷带组和检查分类组的工作。东北军区师休养所在所长及教导员的领导下，设护士、看护及伙食 3 个排，人数不定，一般护士约 50 人，看护排 30 人左右。西北军区师卫生部在战时组成休养所及手术队，休养所设 1 名护士长、2 个护士班，每班 10 名护理人员，其中护士 2 至 3 名，其他是卫生员。手术队有护士长 1 名、护士 10 至 12 名。华东军区旅中设 1 个野战医疗队，下设 2 个室，共有医务员及见习医务员 30 至 50 名。此外，华东军区 4 旅还建立了疗伤站，下分数个组。护士在手术组、换药组及病房组有固定编制，并在换药组、病房组中任组长。

第三阶段是纵队（军）卫生部野战医院或野战医疗所。野战医院或手术队也可派人到师救护组协助救治工作，其中包括很多护理人员。1949 年 5 月，第四野战军后勤部在郑州召开第一届护士代表大会，第一次明确提出"护士工作要专门化、系统化"的观点，促进了护士工作专业化的进程。解放战争规模宏大，参战兵力多，伤亡和疾病减员率高。护理人员在战争实践中积累了较丰富的大兵团运动战和城市攻坚战的护理经验，奋战在医院及各级医疗机构中，积极为伤病员服务。

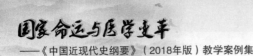

案例出处

佚名：《解放战争时期人民解放军及民主根据地的护理工作》，见豆瓣网（https://www.douban.com/group/topic/30160577/）最后访问日期：2019 年 6 月 4 日。（有删减）

案例解析

解放战争时期，人民军队医疗卫生工作有了极大的发展，这也促进了我军护理工作的全面提高。在战伤救护、阶梯治疗、组织管理、规章制度、教育训练、卫生防疫等方面都有了很大程度的提高，我军护理工作走上了制度化、规范化的轨道。这一时期，我军医院的护理工作呈现以下几个特征：一是护理机构制度化，我军各大医院普遍设立了护理领导机构，领导护士长和护理班的工作；二是实行分级护理，主要是建立起同野战阶梯治疗相适应的分级护理制度，即把护理分级为团卫生队、师卫生部、纵队（军）野战医院，各级别配置不同数量的护理人员；三是护理管理规范化，各野战医院都制订了护士管理制度，包括护士的工作职责和注意事项等。在三年多的解放战争中，我军医院共医治和护理 128 万余名伤病员（其中含有少部分国民党军伤病员），治愈归队率为 76%。经过广大医护人员的精心医治和护理，解放战争中治愈归队的伤病员总数达到 80 万名至 90 万名那么多。可见，我军医护人员为解放战争的胜利做出了不可低估的贡献。

案例启思

1. 解放战争时期，人民军队医院建立了怎样的护理组织机构？
2. 我们怎样弘扬战争年代人民军队的护理工作精神？

教学建议

常言道："三分治疗，七分护理。"解放战争时期，随着我军医院类型的增多和工作正规化的发展，人民军队和解放区的护理工作也迈上了新的台阶。通过本案例中对我军和解放区医院护理管理制度化、规范化的描述，可以看出，我们党在各方面的管理能力已极大提高和大为成熟。窥一斑而知全豹，本案例可用于第七章"创建人民民主专政的新中国"中的解放战争的胜利原因的教学。

第七章 为新中国而奋斗

案例四 "中国的南丁格尔"——李兰丁

李兰丁出生在海宁郭店一个破落的地主家庭。她从小就喜欢读书,读小学时受到地下党的影响,开始追求进步。

1939年,李兰丁考入上海同德高级助产学校。1941年底,临近毕业,有两个女青年在学校寄宿,后来李兰丁知道,她们的任务是动员和组织毕业生参加新四军。这时候,同学们已经开始秘密串联起来。李兰丁虽然对新四军还没有太深的了解,但每次听到这个名字,她总是有一种冲动,想要加入这支队伍。终于,李兰丁做了一个令她自己都觉得惊讶的决定——参军。毕业典礼那天,李兰丁背着父母,离开了学校,秘密北上。

在地下党的帮助下,同年,李兰丁来到八江口参加了抗日游击队(后编为新四军十八旅),当时她只有17岁。从上海到偏僻的农村,李兰丁和同去的伙伴遇到了很多困难。一个星期后,两个伙伴因为受不了那份苦,决定回上海。临走前,她们劝李兰丁:"一道走吧!"李兰丁一扭头,说:"要革命就革命到底,我不走。"就这样,李兰丁留了下来。

在营地里,李兰丁换下旗袍和皮鞋,穿上当地劳动妇女的衣服,开始了游击队生活。半年多火热的革命军队生活,使李兰丁迅速成长为一个真正的新四军战士。

一天,李兰丁参加部队里的党团活动,卫生所的王所长在讲评工作时说:"李兰丁虽然是我们中间年龄最小的战士,但进步最快。"然后,她又转向李兰丁说:"希望你尽快向组织靠拢,争取早日加入中国共产党。"听到这里,李兰丁突然意识到:原来,我还不是党员!她心里难受极了,躲在一个角落伤心地哭了。会后,王所长问她为什么不高兴。李兰丁委屈地说:"我以为自己参加了新四军,就等于加入了共产党。今天听您这么一讲,我才知道自己还不是共产党员呢!不是党员,那不就是没有灵魂的人吗?"王所长瞧着李兰丁严肃又天真的样子,忍不住笑了,赶紧安慰她:"只要你积极工作,努力进步,党组织的大门会向你敞开的。"回去后,李兰丁立即写

国家命运与医学变革
——《中国近现代史纲要》（2018年版）教学案例集

了入党申请书。

一、我有责任把伤员一个不少地带出死亡区

战争年代，由于敌人的封锁和扫荡，我军的药品器材来源十分困难。作为医务人员，李兰丁不能眼看着伤员因为缺医少药而忍受痛苦。她自己试验，甚至亲身试药，发明了用荸荠、大蒜头治疗外伤，用桑叶退烧，用土石膏、树枝固定骨折的办法，以此减轻伤员的病痛。她对战友的照顾无微不至，挽救了许多伤员的生命，为革命保存了宝贵的有生力量。

解放战争时期，我军主力七战七捷后主动北撤，向鲁南转移。国民党军队凭借暂时的优势步步紧逼。医疗队接收了300多名伤员，没有部队掩护，李兰丁就带着伤员部队开始了艰难的大转移。

随着医疗队的行进，沿途不断有伤员加入，总人数达到了500多人。在如此危险的环境下，不让一个伤员掉队，谈何容易！可身为医疗队长的李兰丁只重复一句话："我是党员，有责任把伤员一个不少地带出死亡区。"

一天，部队经过一个叫汪圩子的地方，一条河挡住了去路。后面敌人的枪炮声一阵紧似一阵。紧要关头，李兰丁抬着担架，带头跳进齐胸深的水里抢运伤员。她个子小，必须举起双臂，把担架擎到高处，才能使担架不被河水浸没。她用尽全身的力气坚持着，突然觉得一阵钻心的疼痛，差点儿摔倒。原来，因为用力过猛，她右胸的一根肋骨折断了。李兰丁硬是没吭一声，稍稍镇定了一下，举着担架继续往前走。

从第二天起，李兰丁的右臂就抬不起来了。但她不想因为自己影响整个队伍的情绪，没有告诉任何人，强忍着疼痛，像往常一样坚持战斗。坚强的信念终于使奇迹发生。在李兰丁的带领下，经过全体医务人员的精心护理，医疗队转战一个多月，跋涉500多千米，摆脱了敌人的追击和轰炸，500多名伤病员走出死亡线，被安全转移到了鲁南地区。

二、毛主席说："你是中国的'南丁格尔'！"

1948年春天，李兰丁突然接到上级通知，让她火速赶往西柏坡，在那里会合其他人赴东欧参加第二届世界妇女代表大会。

来到了西柏坡，接待她的人是邓颖超大姐。邓大姐见李兰丁一身灰土，就亲切地帮她拍拍土，又抻抻她的衣襟，微笑着说："走，我带你去见毛主席！"

李兰丁又兴奋又紧张，跟着邓大姐来到那个农家小院。一进院子，邓大姐就喊道："主席，华东的妇女代表来了，你见见她吧。""好咧！"毛泽东应声而出，三两步走下台阶，微笑着向李兰丁伸出手。李兰丁一时愣在那

第七章 为新中国而奋斗

里,直到邓大姐推推她说:"主席在跟你握手呢!"李兰丁才如梦方醒地伸出了双手。

随后,她与毛主席一起走进农舍,房间里还有一位外国人,那是一位苏联客人。"坐啊!"毛主席微笑着问,"你叫什么名字?干什么工作?""她叫李兰丁,医疗队长,是一位'白衣天使'。"邓大姐代为回答。"噢,那就巧喽。国外有一个南丁,你又叫兰丁,你是中国的'南丁格尔'喽!"毛主席打趣地说。他的话一下子逗得李兰丁笑了起来,也赶走了李兰丁紧张的情绪。于是她和主席交谈起来。

"哪一年参加部队的啊?"

"1941 年。"

"怎么参加革命的?"

"逃出来的,是从上海逃出来的。"

"噢?逃出来的?"

"对,1941 年底,我从家乡跑到了上海。父亲也追到上海,并且抓住了我。大街上人多,押着我不好看,于是他雇了两辆黄包车。他在前,我在后,上海的路我比他熟,于是我很快摆脱了他,在同志们的帮助下参加了新四军。师长是谭震林。"

"了不起!你是'谭老板'的代表。看来'谭老板'还是蛮有眼力的嘛!"

邓大姐怕李兰丁听不懂,轻轻地解释说:"'谭老板'就是谭震林。"

随后,毛主席又询问了许多前线伤员的情况。李兰丁一一做了汇报。毛主席不时地点头或简短插话,不知不觉半个小时过去了。

谈话时,那位苏联客人也饶有兴趣地听着。李兰丁不知他能不能听懂,但在李兰丁汇报完后他却插话说:"这个姑娘应该得到奖章!"李兰丁刚想谦虚地婉拒,毛主席看着她说:"我知道,你想说的是,有没有奖章,都一样是为人民服务!"

李兰丁光荣地参加了开国大典,而在 1950 年国庆节前夕召开的全国战斗英模代表大会上,她再次受到了毛主席的接见。当毛主席与李兰丁握手祝贺的时候,李兰丁热泪盈眶。在李兰丁的一生中,她一共 10 次受到了毛主席接见。

案例出处

《海宁日报》编辑部:《中国的南丁格尔——李兰丁》,载《海宁日报》2011 年 5 月 21 日第 03 版。(有删减)

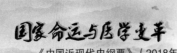

国家命运与医学变革
——《中国近现代史纲要》（2018年版）教学案例集

案例解析

李兰丁（1924—2007），女，浙江海宁人。1941年参加新四军，次年加入中国共产党。曾任新四军第六师团休养所医务员室长、苏中军区后方医院医疗队队长、华东野战军第三野战医院医疗队队长、华东军区人民医学院附属医院护理部副主任。先后参加了车桥战斗和涟水、莱芜、孟良崮等战役。李兰丁通过医务护理工作，为解放战争的胜利做出了自己的贡献。作为医疗护理人员，她展现了无私、忘我、救死扶伤、服务人民的大无畏精神。通过李兰丁的个人经历，我们也能看出中国共产党人的优秀品质，他们为新民主主义革命取得胜利做出了很大的贡献。中国共产党领导的新民主主义革命之所以能取得胜利，就在于能团结广大民众，将兵民结合起来，构成了强大的革命力量，加上我们党的正确领导和外部的援助，革命最终取得了成功。

案例启思

从李兰丁的事例中，认识中国共产党领导新民主主义革命取得胜利的原因。

教学建议

李兰丁作为医护工作者，在解放战争中做出了自己的贡献，正是千千万万这样的人，支持着前线的战斗。从更大的层面上讲，中国新民主主义革命能取得成功，就在于广大人民和各界人士的广泛参加和大力支持。因此本案例可用于第七章中"中国革命胜利的原因和基本经验"相关内容的讲解。

案例五　解放战争时期的日籍医护人员

案例

抗战胜利后，在东北的日本侨民大部分被遣送回国，但还有部分日本人留在东北解放区。解放战争时期，东北解放区卫生部门留用的日籍医护专业技术人员有7200人。我军挺进东北后发现，在东北地区，医生、护士属于高等职

业，绝大多数都是日本人，中国医生很少。东北民主联军政委罗荣桓得知这些情况，非常重视。战争需要医生、护士，必须制定政策，让他们安心工作。卫生部部长贺诚以东北民主联军卫生部的名义，于1946年9月9日发布了《关于目前紧急工作任务的指示》，简称"九九指示"。这个指示强调要团结关心日本医生、护士，并规定了具体政策。"九九指示"指出：对日本医务人员的政策，首先是纠正"左"的偏向，"认为这些日本医务人员是战败的俘虏兵，于是常以错误的态度去对待他们，要他们工作时则一味地用强迫的办法，有的不要他们工作（如病人反对日本人给他们看病），对于他们的生活不给予照顾，人格不予以尊重，技术不给以重视，结果使得日籍医务人员离开"。为了让日籍医务人员在工作中比较安心，认真负责并长期地工作下去，最低限度要求他们做一个守本分的工作者，东北民主联军政治部规定以下政策：第一，要照顾他们的生活。日籍医务人员来到我军工作后，有的医院对他们的生活照顾得较好些，他们就会安心，否则便要求脱离。因此，在供给标准以内，应使日籍医生及家属的伙食与我军医生同等待遇，在同一灶上吃饭，在可能时使得他们能吃日本菜。津贴要按月发，欠薪单位要从速补发。对家庭困难多的技术人员要注意照顾，如有的医生的家眷需要来，则尽可能接她们来院同住。日本人之间的婚姻，在不妨碍工作的原则下一般是允许的。第二，尊重他们的人格。允许他们保持某些民族习惯，以和蔼诚恳的态度对待他们，反对打骂日本人。第三，重视并提高他们的技术。日本医务人员的技术好，应当重视他们，虚心向他们学习。这些政策体现了共产党和人民军队对日本医务人员的关心和照顾。解放军干部艰苦奋斗、处处模范带头的作风，对日本人的耐心教育、充分信任，部队里的民主作风，批评与自我批评的精神，都使日本人感到新奇，与日本军阀的残暴专横有天壤之别。他们渐渐与中国战友融为一体。在三年解放战争期间，这些医务人员跟随第四野战军，从东北一直打到海南岛、广西，做出了重大贡献。

在解放战争中，许多日本医生、护士以勤奋的工作立功和获得了上级的表彰。他们在战斗中救死扶伤，多次为解放军伤员输血，精心护理，将大量伤员从死亡线上挽救回来。他们的功绩赢得了中国战友的尊敬。1950年3月，四野十三兵团后勤部举行庆功大会，百余名在兵团各医院工作的日本医生、护士榜上有名，被记大功的今川博士、中岛护士的事迹作为典型被刊登在《功臣专刊》上。第四野战军中的日本医护人员与中国战友一样，参加解放东北的干部战士荣获一枚"解放东北纪念章"；参加解放平津、华北的同志荣获一枚"解放华北纪念章"；参加解放华中、华南的同志荣获一枚"解放中南纪念章"；参加解放海南岛和西南的同志荣获"解放海南岛纪念章"。在中华人民

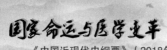

国家命运与医学变革
——《中国近现代史纲要》（2018年版）教学案例集

共和国成立前一年参军的同志还荣获"胜利奖章"一枚。《中国人民解放军第四野战军卫生工作史》记载说，当时卫生部门表彰的立功者有四分之一是日本人。1956年6月27日，周恩来在接见日本代表团时说："我们很感激一部分日本人，他们在解放战争时期，作为医生、护士、技术员参加了解放战争，这些更增强了我们与日本人民缔结友好关系的信心。日本的军国主义确实是残酷的，但协助我们的日本人民有很多。"

案例出处

刘统：《历史的真面目》，华夏出版社2016年版，第53～85页。（有删减）

案例解析

1945年8月日本无条件投降后，中国共产党领导人民武装迅速挺进东北。我军在东北战场的发展，使得野战医院规模扩大，1946年中共领导的东北民主联军在不到四个月的时间里，组建了9所整建制的野战医院。日本投降后，大批原日军医院的医务人员滞留在我国东北地区，这些日籍医务人员被我党的政策和中国人民的解放事业所感召，大多数加入我军医院，利用自己的医护技术之长在我军医院兢兢业业地从事救死扶伤的医护工作。在对待日籍医务人员的问题上，我党专门制定了政策，政策的核心内容是爱护、尊重和信任。在硝烟弥漫的战场上，这些日籍医护人员也从解放军战士那里得到平等对待和无微不至的关怀。由于粮食紧缺，战士们即使自己不吃东西，也要把馒头分给日籍医护人员。当战事紧张，前线送下来的伤员多，血浆紧缺的时候，很多日籍医护人员也毫不迟疑地挽起衣袖，把自己的热血奉献给受伤的解放军战士。1948年底东北全境解放后，仍有1400多名日籍医护人员随第四野战军入关，同解放军战友一起浴血奋战、出生入死，这些"日籍解放军"为中国人民的解放事业做出了巨大贡献。

案例启思

1. 解放战争中日籍医护人员做出了怎样的贡献？
2. 如何理解中国革命的胜利同国际无产阶级和人民群众的支持是分不开的？

教学建议

解放战争进程中，日本籍医护人员为中国革命和中华民族解放事业做出了

第七章　为新中国而奋斗

特殊的贡献。对此，中国政府和中国人民将永远铭记于心。"得道多助，失道寡助"，中国革命经过二十八年浴血奋战取得了胜利，正是由千千万万人民群众通过奋斗换来的。在第七章"创建人民民主专政的新中国"的教学中，要把中国革命的胜利同国际无产阶级和人民群众的支持是分不开的这一知识点讲生动，可结合"日籍解放军"在解放战争时医护战线上的重大贡献来讲解。

下编 建设新时期（1949—2018）从新中国成立到社会主义现代化

第八章　社会主义基本制度在中国的确立

▶ 案例一　中国人民解放军东北军区军医学校的建立

案例

1951年6月下旬，东北军区后勤卫生部根据全军第二届卫生教育会议决议精神，为适应我军现代化、正规化建设的要求，为部队培养急需的中级医务干部，并为中级军医学校培养部分师资，初定在黑龙江省齐齐哈尔市组建一所军医学校。8月上旬，东北军区正式做出决定，"在齐齐哈尔市，以中国人民解放军第二陆军医院的人力、物力为基础，组建军医学校"，指令第二陆军医院立即着手建校工作，并拨款16亿元（旧币）作为修建校舍和教学开办费用。第二陆军医院接到指示后，把建校工作作为当时的首要任务，迅速调集全院力量，全面投入筹建学校工作。

9月1日，东北军区后勤卫生部副部长李资平及上海"抗美援朝医疗队"沈克菲团长到达齐齐哈尔市，对建校工作做了进一步指示，随即组成了以第二陆军医院院长陆训为主任委员、包括医疗队专家在内的40余人的建校筹备委员会，加强了建校的组织领导，加快了建校各项工作的落实。第二陆军医院将原有的1500张床压缩到500张，腾出了共5209平方米的宿舍，将原护士宿舍楼改建成为2个大教室和4个实验室，同时搭建了一些简易平房作为校舍。上海医疗队的沈克菲教授亲自主持编制教学计划、教学大纲和编写教材工作。到10月中旬，他已编写了一年制的基础讲义，采购了急需的仪器设备。开学前的10月20日，突然接到东北军区后勤卫生部通知，军医学校学制由1年改为

2年（后在执行中进行了2年理论学习，1年临床实习），于是立即改写讲义，充实教材内容，加快采购仪器设备，10月底，开学前的准备工作基本就绪。1951年10月30日下午，东北军区军医学校隆重举行了成立暨开学典礼（东北军区关于成立东北军区军医学校的命令于1951年12月14日公布下达），东北军区后勤卫生部戴正华部长、黑龙江省政府王副主席、省委陈秘书长、齐齐哈尔市王市长、市委李书记及上海抗美援朝医疗总队沈克菲团长，以及黄家驷、钱惪、林兆耆教授等出席了大会。戴部长宣读了上级命令和决定，学校由东北军区后勤卫生部直接领导，校长由东北军区后勤卫生部副部长李资平兼任。学校机关设有校部、教学委员会、教务处、政治处及总务科。教学委员会由第二陆军医院院长陆训等7人组成，陆训任教学委员会主任委员，上海医疗队顾问林兆耆教授任副主任委员，委员有南荫堂（第二陆军医院政委）、李桥（第二陆军医院医务科副科长）、陈化东（上海医疗队顾问）、熊汝成（上海医疗队七大队队长）、陶寿琪（上海医疗队七大队副队长）等。教务处由李桥负责，政治处由第二陆军医院政治处主任王维扬负责。学校还下设7个学系和1个学生队，分别负责具体的教学工作和学生管理工作。

1951年10月31日，学员正式开课。

案例出处

南方医院院史馆：《适应国防建设需要，组建东北军区军医学校》，见南方医科大学南方医院网站（http://www.nfyy.com/ysg/zxys/a_102615.html）最后访问日期：2019年12月13日。（有删减）

案例解析

新中国成立之初，我国医疗卫生事业十分落后，连军队中级医疗干部都匮乏，东北军区决定建立专业的军医学校。在时任东北军区后勤卫生部副部长李资平及上海"抗美援朝医疗队"沈克菲团长的指导和支持下，齐齐哈尔军医学校成立。该校属于新中国的军医学校，几经发展，现为南方医科大学，为新中国培养了大量的专业医疗人才。

案例启思

1. 中国人民解放军东北军区军医学校建立的背景是什么？
2. 抗美援朝胜利对中国的意义是什么？

第八章　社会主义基本制度在中国的确立

教学建议

本案例简要介绍了中国人民解放军东北军区军医学校的成立概况，从中我们可以了解到新中国建立初期对医学的需求以及保家卫国的行动，对巩固新生的人民共和国意义深远。本案例适用于第八章"从新民主主义向社会主义过渡的开始"相关内容的讲解。

▶ 案例二　新中国成立初期的爱国卫生运动

新中国成立之初，卫生工作面临着人民疾病频生、缺医少药的困难局面。由于我国长期遭受帝国主义、封建主义和官僚资本主义的压迫，劳动人民根本享受不到基本的卫生保障，急、慢性传染病，寄生虫病和地方病严重威胁着人民群众的生命和健康，人口的平均寿命只有35岁。

中国共产党历来重视人民群众的健康，早在革命战争年代，卫生工作就被放到重要的地位。新中国成立后，1950年8月7日—19日，第一届全国卫生会议在北京召开，在总结革命战争时期的军民医疗卫生工作经验的基础上，提出了"面向工农兵""预防为主""团结中西医"的卫生工作防疫战方针，把对国防和经济建设威胁最大的天花、鼠疫、霍乱这些烈性传染病作为防治重点。1949年到1951年，"全国人口的百分之四十五以上接种了牛痘"，这就相当于国民党统治时期最高接种记录的29倍，其他传染病如疟疾、黑热病等的防治也取得了一定的成效。

朝鲜战争爆发后的1952年，美国多次在朝鲜和中国东北等地投放细菌毒虫，严重影响了当地军队与民众的健康。同时，美军投放的细菌毒虫使得中国的一些农作物难以继续生长，部分牲畜也受到严重伤害。

毛泽东发布号召，要求广大人民群众"动员起来，讲究卫生，减少疾病，提高健康水平，粉碎敌人的细菌战争"。在这样的背景下，中国开展爱国卫生运动。1952年3月13日，中央人民政府政务院和人民革命军事委员会联合发出指示："要求全国人民大力进行防疫工作，开展广泛的卫生清洁运动，实行

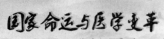

国家命运与医学变革
——《中国近现代史纲要》（2018年版）教学案例集

灭蝇、灭蚊、灭虱、灭蚤、清秽等工作，并以城市及交通要道为重点。"为了更好地领导全国的防疫工作，在中央防疫委员会建立以后，全国各大行政区及沿海省市也先后成立了防疫委员会。同年12月8日，第二届全国卫生会议总结了一年来爱国卫生运动的成绩和经验，并根据政务院的决定，提出了1953年继续开展爱国卫生运动。

为了将1953年的爱国卫生运动落到实处，这年年初，政务院发布了《关于一九五三年继续开展爱国卫生运动的指示》。该指示要求："无论在城市、农村、工厂、矿山、交通线、部队、机关、学校，应更加普遍深入地发动群众，进行清除垃圾、疏通沟渠、填平洼地、改善饮水、合理处理粪便、捕鼠、灭蝇、灭蚊、灭蚤、灭虱、灭臭虫等工作。"指示还规定了在这一年的春季，全国应当结合春耕工作进行一次短期的爱国卫生突击运动。春季卫生突击运动的任务是："发动群众，对于病媒昆虫滋生繁殖场所进行及早清除，对于幼小病媒动物进行及早扑灭，对于今年全年经常性爱国卫生运动的各项组织与措施进行深入检查、整理和布置。"同时，指示限定春季爱国卫生突击运动的时间为两到三个星期，明确了这次突击运动所要集中解决的问题和运动进行过程中所要注意的问题。

为了贯彻党中央关于开展爱国卫生运动的指示精神，各地将爱国卫生防疫运动纳入工作计划之中，这样，旨在应对美国的细菌战，消除传播鼠疫、霍乱等传染病媒介物的爱国卫生运动轰轰烈烈地开展起来。

爱国卫生运动开展后，美国细菌战的威胁日益消退，但国内各种疫病的防治形势依然严峻，众多省份都遭到了流行病的影响。据《人民日报》报道，血吸虫病的患病人数约有一千多万，受到感染威胁的人数多达一亿。1953年12月，毛泽东指出，"在七年内，基本消灭若干种危害人民和牲畜最严重的疾病"，并且号召"全党动员，全民动员，消灭血吸虫病"。由此，爱国卫生运动就由反对细菌战的紧急防疫阶段进入到消灭疫病的群众性运动阶段。在政府的卫生教育与卫生宣传下，民众广泛地参与到爱国卫生运动之中，不断学习基本的卫生知识，养成良好的卫生习惯。通过制度化、经常化的爱国卫生运动，新中国的卫生环境得到了较大的改善。1956年，社会主义改造提前完成以后，党和政府又发出"除四害、讲卫生"运动的号召，将新中国成立以来的爱国卫生运动推向了最高潮。

案例出处

石超：《国家-社会视角下建国初期的爱国卫生运动探析》，载《世纪桥》2017年第12期。（有删减）

第八章 社会主义基本制度在中国的确立

金媛媛:《建国初期的爱国卫生运动（1949—1959）》，硕士学位论文，安徽大学，2010年，第9～15页。(有删减)

案例解析

新中国成立初期开展爱国卫生运动的直接目的是反对美帝国主义的细菌战。其次是防止疫病肆行，改善卫生状况，提高全体人民群众的健康水平。这场运动由一场临时性的战时防疫转变成为全民性的群众运动，最终初步建立起了卫生防疫体系，极大改善了国内的公共卫生环境，使得人民群众有了正确的卫生观念和认知，扭转了民众谈疫色变的心理，从而维护了社会稳定；同时，也使得"讲卫生"的观念进一步深入人心。

案例启思

1. 结合案例，请简述新中国成立初期爱国卫生运动的历史缘由和历史意义。
2. 这一运动有什么历史特点？

教学建议

新中国成立后，爱国卫生运动在中国共产党和各级人民政府的领导下积极开展。爱国卫生运动是中国人民卫生事业的一个重要组成部分，它的开展是为了应对美国细菌战以及尽快解决国内现实问题；同时，对改善城乡卫生环境、保护群众健康、增强民众的爱国认同、巩固新生的人民政权等都具有重要意义，也体现了中国共产党执政为民的宗旨。本案例可用于第八章"从新民主主义向社会主义过渡的开始"相关内容的讲解。

案例三　同仁堂的社会主义改造

1953年至1956年，新中国用四年时间完成了三大改造。这是国家工业化战略的一个重要步骤。与农业改造、手工业改造一起，资本主义工商业改造的

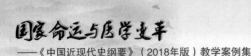

完成标志着高度集中的计划经济体制的完成。从特定的历史条件和经济环境看，虽然资本主义工商业改造运动中存在过急过快的问题，但具有一定的历史必然性。

正当上海资本主义工业的公私合营搞得如火如荼时，北京也在加紧推进资本主义工商业的公私合营。1954年，北京选择大有粮店、稻香村食品店、同仁堂国药店、六必居酱园等10家较大的、具有传统特色的资本主义零售商店进行公私合营试点，同仁堂走在了前面。

一、静观其变

我是在同仁堂公私合营之前的1953年来到同仁堂的。1948年解放军围城打仗，当时的同仁堂虽然名气大，但是因为战争，所以销售量并不高。我记得当时的统计显示，1948年同仁堂的年生产量为16万元（旧币），销售额只有30万元（旧币），销售情况并不太好。

众所周知，同仁堂是闻名全国的中药店，总店设在北京，创建于清朝康熙八年（1669年）。乾隆十八年（1753年），一场大火将同仁堂毁于一旦，又逢掌门人谢世，在清廷主持下，开始招募股本，此后，乐家药铺便成了外姓多股经营。道光二十三年（1843年），乐氏十世乐平泉光复祖业，重现同仁堂盛世。1948年底时，京城同仁堂乐氏第十三世乐松生主事。此时，同仁堂资产约有80万元（旧币），职工190余人。

实际上，早在新中国成立前夕，中国共产党的地下组织就把未来共产党对民族工商业的保护政策送到乐家了，但是乐家人对政策将信将疑，乐松生为此还去了天津他自己名下的达仁堂当了副职，以静观北京的变化。

当时同仁堂由四大房（即乐平泉的四个儿子）共管，每房轮流管理。当时的同仁堂很混乱，无论轮到哪房"当家"，都会偷偷中饱私囊，然后在外面开设属于自己的药店。各房之间，龃龉不断。

1948年就已经是同仁堂经理的乐松生能回到同仁堂主事，则缘于1950年同仁堂发生的一起劳资纠纷。当时工人们要求把工资涨到销售额的32%，而资方只同意给销售额的28%，几次谈判均没有结果。那时我还在其他药店做工，我听说工人们都希望乐松生回来主持谈判，因为工人们觉得乐松生很开明。果不其然，请回乐松生以后，谈判获得了成功，劳资双方达成了30%的协议。后来同仁堂的工人们还跟我提起乐松生当时说过的一句话，他说："大家不管伙计还是东家都是同仁堂人，买卖好了，我们吃肉，大家喝点肥汤。"工人们一直记在了心里，感到很温暖。

新中国成立初期，随着农业合作化高潮的来临，城市资本主义同农村的联

第八章　社会主义基本制度在中国的确立

系被割断，资本主义独立生存的条件已经失去，资本家第一次发现自己真正处于孤立无援的境地，他们开始意识到，工商业改造已是大势所趋。于是，他们当中的一些人开始对前途感到茫然，终日惶惶不安，甚至对生产已经无心过问了。在公私合营之前的同仁堂也曾经是这样的状态，乐氏企业有好几家，谁也不好好经营企业，也不肯带头申请公私合营，同仁堂的发展一度停滞不前。

那时，同仁堂虽然有 190 余名职工，但是做药的工人也就 40 多个，新中国成立以后，尤其是 1950 年、1951 年，政府不仅没有没收同仁堂的财产，反而加大了对民族资本家的扶持，帮助同仁堂和全国合作总社等签订了销售合同，40 多个工人一下子就忙不过来了。

二、率先合营

1952 年，北京市市长彭真来到同仁堂视察，由于中药原来只有丸、散、膏、丹四种形式，彭真希望国药也能搞搞创新，他建议同仁堂能够把中药片剂也研制出来。

为了避免损害同仁堂的利益，乐松生先以天津达仁堂的名义成立了国药研究所，并聘请了北京大学医学院教授郑启栋从事中药剂研究。1953 年，郑启栋带领学生们成功研制出了银翘解毒片、香连片、女金丹片和黄连上清片四种片剂，开启了中药片剂的历史；后来又相继制成舒肝片、藿香正气片、祛暑片等，大大方便了顾客。

那几年，在政府的扶植下，同仁堂的生产逐步发展起来，这可比同仁堂自己经营强多了。原来同仁堂经营讲究只此一家，别无分号，乐家的子女们所开的店都不能用同仁堂的名字。因此原来只有一个店的时候，工人们还能忙得过来，可是大量的合同签下来以后，工人们就不够用了。1953 年，北京市工会组织就在北京市的其他药店里抽调了 100 余名表现积极的青年充实到同仁堂，这才让同仁堂的职工人数一下子增加到了 280 多人。我那时在另一家药店工作，因为我是共青团的积极分子，也一起来到了同仁堂。开始我做"给药丸制造蜡皮"的工作，一年后调到了同仁堂的门市药店做保管员。

乐松生亲眼看到了共产党对民族资产阶级的保护，他对公私合营的事也积极起来了，于是他响应中国共产党的号召走社会主义道路。他也开始慢慢地说服自己的家里人接受公私合营。1954 年，乐松生带头向国家递交了公私合营申请。1954 年 7 月 28 日，由 11 人组成的工作组入驻同仁堂。

那时，同仁堂成立了清产核资领导小组，起草公私合营协议书。搞清产核资时我是青年组长，参与清产核资。我清楚地记得工人们在清产核资上和乐家人有分歧，比如桌子坏了，工人们不想算作资产，可是乐松生却说修修还能

177

用，哪能不算，等等。

1954年8月27日，同仁堂公私合营大会召开，公私双方在协议书上签字。

同仁堂的工人们对公私合营感到非常高兴，因为他们感觉一下子解放了。原来同仁堂有一个规矩，就是招来的工人都要改名字，工人们虽然感觉受到了侮辱，但是也没有办法。合营后，工人们原来的名字恢复了，大家也都更积极地去做工了。

同仁堂是提前一年多合营的，同仁堂合营后，推动了北京市其他私营工商业的合营。1955年初，彭真到同仁堂检查工作并会见了乐松生，肯定了他在公私合营中的表现。不久，毛泽东、周恩来在中南海接见了乐松生，毛泽东亲切地询问了乐松生的生活、工作和同仁堂的生产情况，勉励他为国家医药事业多做贡献。周恩来转达了他的妻子邓颖超对乐松生的问候。邓颖超早年曾在天津达仁女子学校任教，而这所学校的创始人是乐松生的伯父乐达仁。

三、四马分肥

公私合营后的同仁堂，企业的性质发生了根本性的改变。同仁堂内部建立健全了党、政、工、团的领导组织，增建了企业各项的管理制度。国家还投资扩建厂房，增添生产设备，促进生产迅速发展。在管理上，破除了不适应当时生产力发展的经营方式，原来同仁堂是一厂一店，自己生产自己销售，生产面比较小。公私合营后，企业在国家统一安排下，北同仁堂也可以生产销售京市别家店的药；同时在销售面上，也由一家一店自己销售，扩大到全国销售。

同时，在国家的扶持下，同仁堂像中国其他中药企业一样，彻底摆脱了手工作坊式的生产模式，简单的手工操作逐渐被机械化、半机械化的设备所替代，比如说球磨粉碎机；再比如混合，原来是手工套研，现在变为机器混合；熬膏药原来是两个小锅，前锅后锅，一天就这么熬，后来就变成大锅，像井似的，直径有1米多，深3米，熬膏药也变成机械化了，跟过去相比，规模也大了。结果是素以"质高价昂"知名于世的北京同仁堂成药，在公私合营后连续几次降价，成为质高价廉的产品，受到了广大人民群众的热烈欢迎。

1956年，同仁堂建立了工厂管理委员会，简称工管会，目的是对同仁堂实现企业民主管理。工管会只承担决策，而不是一个生产管理的执行机构。工管会的建立进一步完善了同仁堂的管理体制。

实行公私合营后，企业利润被分成国家所得税、企业公积金、工人福利费、资方红利四个部分，即所谓"四马分肥"，国家和工人所得占了大头。作为中国民族资本家的代表，同仁堂的乐氏家族经历过从彷徨不安到主动接受的

第八章　社会主义基本制度在中国的确立

过程，后来发现，"四马分肥"不但没有减少他们的收入，反而给他们带来了更高的红利，工人的收入亦因此翻了番。比如新中国成立前，四大房每年在铺面上提取银子 4 万两，新中国成立后四大房每年提取 5 万～6 万两。按照"四马分肥"原则，四大房共分得红利 171561 元，超过原来所得的两倍多。仍任经理的乐松生乐不可支：

"原来担心合营会影响生产，没想到合营后业务发展这样好。

"好产品不愁没有销路，那时候，门市部抓药从每天几十服，增加到每天 200 多服。邮寄部表现得最明显，原来只有几个人，后来邮寄部增加到 40 多人还忙不过来，我们经常要过去帮忙。

"公司效益好了，工人的收入亦翻了番。同仁堂的待遇本来就比别的药店丰厚。我在其他药店工作时，一个月的收入能买 120 斤小米。1953 年 1 月，我在同仁堂工作，月收入能买 180 斤小米。而"四马分肥"后，我的工资开到了每月 62.5 元，而当时的小米是每斤一毛三，我的工资合 480 斤小米。收入只是一方面，公私合营后的工人们有了"主人公"的感觉，干劲十足。以前再怎么样也是给东家干活儿，公私合营后，我们就是给自己干活儿了。"

有一组数据最能说明同仁堂公私合营以后的效果，1949 年到 1959 年十年间，同仁堂的职工从 194 人增加到 540 人，其中 460 多人是纯工人，生产总值也从 1948 年的 16 万元增加到了 1959 年的 1251 万元。

公私合营以后，乐松生的社会工作也多了起来，自己忙不过来，就聘请了乐益卿和同济堂的刘景玉做副经理，自己则抽出时间来做其他社会工作。

1955 年，乐松生当选为北京市人大代表、市政协委员，后又出任北京市副市长。1956 年 1 月 15 日，那可是同仁堂发展史上一个辉煌和光荣的时刻。这一天，北京市各界举行庆祝社会主义改造胜利大会，乐松生代表北京市工商界同业登上了天安门城楼，向毛泽东、刘少奇、周恩来等党和国家领导人报喜。

案例出处

《中国经济周刊》编辑部：《亲历者李建勋：民族工商业改造，老店同仁堂新生》，载《中国经济周刊》2019 年第 18 期。（有删减）

案例解析

新中国成立以后，为了将整个社会的经济转化为社会主义经济，针对民族资本，中国共产党采用和平赎买的方式，走公私合营的道路，对其进行改造。民族资本家在改造中切实感受到社会主义经济的发展壮大，并且自己的工作也得到落实。时任北京同仁堂总经理的乐松生就是典型代表。同仁堂公私合营前后的变化，事实胜于雄辩，比政策更具说服力。同仁堂的社会主义改造不仅是我党对民族资本主义工商业改造的成功典范，也为社会主义经济发展添砖加瓦。

案例启思

从同仁堂合营前后的发展变化，谈谈资本主义工商业改造的重大历史意义。

教学建议

本案例讲述了久负盛名的中国老字号同仁堂药店公私合营的过程，通过走典型的民族工商业的公私合营道路，展示了社会主义改造的伟大成就。本案例以翔实的数字对比，生动地表现了同仁堂公私合营前后的巨大变化。学生通过案例可以看到，对资本主义工商业的改造是适时的和成功的，从而彻底否定了那些对改造持怀疑态度的认识。本案例可用于第八章中"有中国特点的向社会主义过渡的道路"内容的辅助教学。

案例四　一代名医——施今墨

案例

施今墨（1881—1969），原名毓黔，字奖生，祖籍浙江省杭州市萧山区，中国近代中医临床家、教育家、改革家，"北京四大名医"之一。施今墨毕生致力于中医事业的发展，提倡中西医结合，培养了许多中医人才。他长期从事中医临床，治愈了许多疑难重症，创制了许多新成药，献出700个验方，为中医事业做出突出贡献，是新中国成立初期享誉全国的四位著名中医临床学家之一，在国内外享有很高的声望。

施今墨遣方用药自成一格，其处方配伍精当，药品繁多，前后搭配无不相合，博得了"雍容华贵"的美誉。他擅用大方，药品的搭配极有法度，与一般医生之随意堆砌药物，不可相提并论。中医遣方用药，每药的使用都必须与

第八章 社会主义基本制度在中国的确立

其他药物相互为用,七情和合。因此,药味越多,就越容易出现不和、不当的搭配,影响全方的整体性和治疗效果。然而施老用药,常见二三十味之多,但即使药味再多,也配合得体,法度严谨,毫无繁琐冗赘之感,反倒彰显其华贵大方,非常人能及之气度,其处方之华美常令中医药界的行家矢口赞叹。他还十分善于将《伤寒》《金匮》的方剂参合应用,可以说对经方的使用已然达到了收放自如的境界,这也是他学识渊博、辨证翔实的见证。

施老十分擅用"对药"。所谓对药,就是在两三味药组合使用时,有些药物搭配起来使用,可以发挥出意想不到的功效。他创制了许多对药的使用方法,对中药的药性、药理极有研究。大量对药的使用更加凸显了其方的华贵之气,是医学殿堂中难得一见的艺术珍品。他不仅善用大方,其使用单方、小方也得心应手,效如桴鼓。他在治学方面极为严谨,认为:"不可执一药以论方,不可执一方以论病,不可循一家之好而有失,不可肆一派之专以致误。"另外,施今墨在处方上的风格,后人十分难以模仿,"其有厌学而图其便者,略习其大方以求相似,鲜有成功者"。因其方大而不乱,繁而不杂,因此,没有足够的理论储备和深厚的医学功底,徒然模仿他的处方风格,必不得其要领,漏洞百出,不仅令人耻笑,疗效上亦无建树,绝难成功。在学术上,他也有独到的见解,他认为气血为人身的物质基础,实属重要,因此,提出了"以阴阳为总纲,表、里、虚、实、寒、热、气、血为八纲"的理论,这是对八纲辩证法的又一发展。在治疗外感温热病上,他提出凡内有蕴热,便易招致外邪,表证不可只知发汗,还应注意"清里热",在"解"与"清"二字上仔细推敲,创立了"七解三清""五解五清""三解七清"等法,使用得当,便效果极佳。

施老在中医学上取得了极高的成就,但他为人严谨、谦恭,授徒严格、认真,为中医事业的发展和人才培养做出了不可磨灭的贡献。他尊重西医,接纳新知,是近代中医的领袖人物之一。为继承其宝贵经验,经门人整理,已出版《施今墨临床经验集》《施今墨对药临床经验集》等书。

为了振兴中医,施今墨开过医院,办过药厂,但都失败了。最终施今墨认识到:振兴中医在于人,要有高质量的中医人才,必须办学,使自己的学术思想最终为更多的中医所掌握,中医事业才会有长足的发展。1931年,施今墨筹办了华北国医学院。他热爱祖国医学,但不讳中医之短,不嫉西医之长,大力提倡革新中医。他明确指出:"吾以为中医之改进方法,舍借用西医之生理、病理以互相佐证,实无别途。"他把这一思想也贯彻到办学方针之中。在华北国医学院的课程设置上,以中医理论为主,设立《内经》《伤寒论》《金匮要略》《难经》《温病条辨》等课程;以西医理论为辅,设立了生理、病理、

解剖、药理等课程。施今墨注重实践，在带学生实习时，吸收了西医的检查和化验手段。还经常和西医专家姜泗长等人共磋医疗方法，不断探索中西医结合的治疗新途径。他善采百家之长，总结经验，不断充实自己。他听说上海名医丁甘仁的医学造诣很深，曾乔装病人，多次前往求医，仔细观察丁甘仁的诊病过程，很得启发，认为丁甘仁的理、法、方、药运用规范，临床医案经过整理后颇有参考价值。为利于学生学习，他在华北国医学院以丁甘仁医案为教材，亲自讲授。施今墨在临床上，不分中医、西医，不分经方、时方，只要利于治病，均随手拈来。他曾对学生说："全面精查、苦心探索、灵活运用、谨密掌握，选方准病，选药准方，不可执一方以论病，不可执一药以论方，不可循一家之好而有失，不可肆一派之专而致误，其有厌学图便者，只敢用少数之成方、单方以统治万病，非吾之徒也。"在他的影响下，学生对经方、时方无门户之见，能灵活运用，临床上都有较好的疗效。华北国医学院学生的毕业论文也具有较高水平，获得中医界赞许。在施今墨办学的十几年中，共办 16 期，毕业学生 600 余人，现分布在全国，都是中医的骨干。

新中国成立之初，施今墨开始担任中央首长的保健工作。1953 年春，施今墨应邀赴西花厅谈中医的发展问题。他建议用现代科学方法研究中医，成立中医科学研究院、中医学院、中医医院，要开展中西医结合，要提高中医的社会地位。总理听完后说："在新中国，中医一定会有一个新的发展，新的变化，我们不但要让中医在国内占有重要的地位，而且要把它介绍到国外去，让西方懂得，中医是人类医学宝库中的重要财富。"1954 年，他为中医的发展提出具体可行的方案。1959 年，施今墨于国庆 10 周年之际将制定的五个抗老方剂献给国家。1969 年春，施今墨病危，口述关于中医工作的建议，呈送毛泽东主席和周恩来总理。同年 8 月 22 日，施今墨病逝于北京，已立遗嘱，捐献遗体作医学解剖。

🔍 案例出处

陆翔主编：《名人名医与中医》，中国中医药出版社 2016 年版，第 120～122 页。（有删减）

✏️ 案例解析

施今墨一生倡导中医革新，首次开辟了"中西医结合"的新思路，他主张中西医团结合作，共同为人民健康服务。而在当时，听说利用"中西医结合"治病，很多固守传统的人被吓坏了，他们认为犯了祖宗的大忌，这种思路极不可取。施今墨从标准化、规范化入手，进行中医改革。中医病名繁杂难

第八章 社会主义基本制度在中国的确立

懂，他率先打破条条框框，把西医的疾病名称引入中医诊疗之中，统一病名，还把自己研制的中药命名为气管炎丸、高血压速降丸、神经衰弱丸，开创了用西医病名来命名中成药的先河。在当时的医学刊物上，就多次刊载"中西病名对照表""西医的仪器设备有助于明确诊断病情，但西医在治疗方法上不如中医多样有效。治疗疑难大症，必须集中优势兵力，一鼓作气，才能见效，如果因为喜欢哪种医而选择哪种医，这不是一个医生应该具备的医德"。

案例启思

1. 新中国成立初期，中国共产党是怎样凝聚和调集全国力量造福人民的？
2. 新中国成立初期，中国共产党是怎样改造中西医的？

教学建议

施今墨在少年学习之余兼习医药，曾担任政府之公职，并在业余时间为人诊治疾病，后来辞去公职，开业行医，医疗事业取得成功后，自费创办了医学教育学校。其成长历程对现代中医师的成长有一定的启示意义。从医学生成长至一代有贡献的名医大家，专业知识和技能是必备的基础，而自身的文化素养、胸怀和眼界、社会担当和历史使命感，也是缺一不可的，所谓"功夫在医外，诚属见道之言"。"一个好医生，不仅能看好病，还要有很强的社会责任感和使命感——通过大家共同努力，创造出中国医药学特有的科学系统，那就是随着社会进步不断把新的知识丰富到中医理论系统之中，做到这一点首先是中医内部要精诚团结，然后是你们年轻人还要多学习西医的基础知识，使中西医两种方法在临床中自然地融会贯通，这才是社会发展需要的医学全才。"施今墨曾被毛泽东主席称为"南北驰名的名医"。治病救人，有"医"无类，才是其以身相许的事业。本案例可用于第八章中"社会主义道路：历史和人民的选择"相关内容的辅助教学。

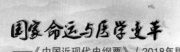

案例五 国之大医——吴阶平

 案例

吴阶平（1917—2011），江苏常州人，良相良医的杰出代表。1937 年毕业于北平燕京大学，获理学士学位。1942 年毕业于北平协和医学院，获医学博士学位。1952 年加入九三学社，1956 年 1 月加入中国共产党。1980 年当选为中国科学院院士，1992 年当选为第三世界科学院院士，1995 年选聘为中国工程院院士。2001 年，获香港大学荣誉科学博士。他是著名的医学家，医学教育家，泌尿外科专家，中国科学院、中国工程院院士，曾任第八、九届全国人民代表大会常务委员会副委员长。

1942 年，吴阶平从北平协和医学院毕业后，来到中央医院（又称中和医院，即后来的人民医院）工作。1944 年，吴阶平在中央医院担任住院总医师，随后赴美进修。吴阶平的导师哈金斯是现代肿瘤内分泌治疗的奠基人，曾获得诺贝尔奖。他很赏识吴阶平，很想把这位高徒留在身边当助手，但吴阶平还是希望回国发展自己国家的泌尿外科。

吴阶平回国的时候，正是新旧政权交替前夕的 1948 年。作为新中国成立前夕第一批归国的知识分子，吴阶平受到新政权的极大重视。北京市政府刚成立，市长彭真邀请了一批知名科学家、教师和社会贤达参加招待会，吴阶平是其中一员。1951 年，吴阶平参加了北京市第二批抗美援朝志愿手术队并任队长，回国后，他递交了入党申请书，成了那一代知识分子中"先专后红"的代表人物。

20 世纪 50 年代是吴阶平医学事业的巅峰期。吴阶平在肾结核对侧肾积水、男性绝育和肾上腺髓质增生三个方面的成就，奠定了他在中国泌尿外科界的地位。20 世纪 50 年代，北京医学院在吴阶平教授的领导下，最先在诊断中广泛应用经皮肾穿刺造影，并有应用经皮肾穿刺造口术的治疗病例，比当今国际上时兴的经皮肾手术还要早。当时肾上腺外科在国际上尚未普及，吴阶平在中国率先进入该领域，此项工作曾在日本医学界引起很大轰动。1957 年，吴阶平首创输精管结扎并用精囊灌注术，增强了避孕效果，是中国男性节育技术

第八章 社会主义基本制度在中国的确立

的奠基人；60年代，他明确提出了肾上腺髓质增生的新概念，并确立为独立的临床疾病。他发表在英文版中华医学杂志的论文被收进1979年《美国泌尿外科年鉴》。70年代，他还设计了特殊的导管改进前列腺增生的手术，使经膀胱的前列腺切除术的出血量大为减少，手术时间缩短，被称为"吴氏导管"，已在国内推广。他对肾切除后留存肾代偿性增长的研究，纠正了长期存在的一种不全面的认识；与同道合作把输精管结扎术发展为输精管绝育法，在国际上受到重视。

吴阶平长期从事泌尿外科的临床治疗和科研工作，是中国泌尿外科的先驱者之一，在肾结核对侧肾积水和肾上腺髓质增生研究中有独创性的见解，并率先成功利用回盲肠行膀胱扩大术治疗膀胱挛缩，直到70至80年代，国外才将其作为最新方法介绍给公众。

新中国成立后，为了打破外界封锁，政府也积极开展外交活动，应邀为友好国家领导人治病也是其中一项重要内容。这方面工作由周恩来总理直接负责。吴阶平作为中国医术最好的医生之一，先后为4个国家的元首治过病，其中最有代表性的就是为印尼总统苏加诺治病。苏加诺患肾结石和高血压很多年了，但他拒绝手术。他的前任私人华裔医生胡永良也是他早年游击队里的老战友。胡永良向苏加诺提议，肾脏的问题西医没有什么好办法，是不是要请中医来治疗，中医的话就要请中国的医生。于是，苏加诺向周恩来提出了请求。吴阶平先后5次率医疗组赴印尼为苏加诺治病，取得了完满的结果。

2011年3月2日21时18分，吴阶平在北京逝世，享年94岁。

案例出处

邓立：《吴阶平传》，浙江人民出版社1999年版。（节选）

案例解析

吴阶平的生命历程远远超出了中国传统知识分子所追求的独善其身的范畴，与党的事业、国家的事业、社会和科学的进步紧密相连。他的人生轨迹始终贯穿着热爱祖国、追求真理、服务人民的这一红线，吴老的一生都在书写6个大字：爱国、民主、科学，他是中国知识分子心中的一面旗帜，也是12万多名九三学社社员心中的一面旗帜。吴老是深受大家爱戴的著名医学家，很多疑难病人因他的精湛医术挽回了生命。他的一生都在奉行"一切为了病人，为了病人一切，为了一切病人"。

案例启思

1. 新中国成立初期,我们是如何巩固民族独立,维护国家主权和安全的?
2. 新中国成立初期,中国共产党如何加强自身建设,让曾经持观望态度的人跟着党走?

教学建议

吴阶平经历了新旧政权的时代变迁,他把个人的理想、追求和成败得失同祖国的命运和最高利益拴在一起,把自己的一切融于党和人民的事业之中。他参加抗美援朝志愿手术队,成为新中国泌尿外科学的奠基人,实施了第一例肾移植手术,第一个确立"肾上腺髓质增生"疾病。他还是中国性教育的开拓者,被国外媒体称为"中国医学界第一位的人物",成为新中国"医疗外交"中特殊的"大使"。本案例适用于第八章中"从新民主主义向社会主义过渡的开始"相关内容的辅助教学。

案例六 治医一生——何世英

案例

何世英(1912—1990),中国近代著名老中医,中医临床家,中医理论教育家,中医脑病学科创始人,中国新医药学理论奠基人之一。1936年毕业于华北国医学院。1935年在天津市国民政府中医师千人会考中获第一名。后悬壶津门、志做良医,始终恪守医德、治医为民、贫贱不分、童叟无欺。成名于20世纪30、40年代,擅长内科、小儿、妇科、流行病、多发病和疑难杂症,自创多种中成药。新中国成立后,历任天津市儿童医院中医科主任、天津市中医医院总顾问兼脑病内科主任、中华全国中医学会脑病学组组长、天津市中医学会会长、《天津中医》杂志主编、天津中医学院和天津职工医学院客座教授、天津市卫生局顾问等。相关著作有《何世英医学荟萃》《中医脑病学》《何世英儿科医案》《儿科疾病》《增订幼科类萃》《历代儿科医案集成》等。

何老认为,西医擅长定性、定位诊断疾病,而中医则重视整体反应和动态

变化。只有把中医的辨证与西医的辨病相结合,才能克服不打开"黑箱"的中医学术的局限性,加深对疾病的微观认识,同时弥补西医在疾病过程中对人体的整体反应及动态变化不够重视的缺陷。辨证与辨病相辅相成,前者是基础,后者是前者认识上的提高。对某些疾病,可采用辨证、辨病相结合的方法。何老治疗疑难杂证的验案很多,都是结合现代医学,辨西医病而辨中医证,屡奏奇效。何老曾举例说:"如急性肾炎患者临床症状刚刚消失,过去中医常认为病愈,但部分患者即使症状已经消除,而尿化验仍不正常,存在着临床症状再度出现,甚至发展成为'慢性肾炎'的可能。这不仅是治疗,而且是关系到防病的重大问题。"他认为自己既不是经方派也不是时方派,而是综合派。

20世纪50年代初,瘟疫流行,在天津市卫生局组织的数次知名中西医专家会诊中,何世英在发言中引经据典,旁征博引,同时依据当时的疾患特点加减变通,其确定的治法方药很快见效,随后被局里指派在市传染病院兼职工作3年,救人无数。直至今日,天津市传染病院内的中药制剂很多还是何世英发明或是其徒弟阮建德主任在何世英的指导下发明的。

何世英是施今墨先生的学生,他既继承师学,而又能独立思考。他多年来秉承师(施今墨)法,均获良效,但有时也会跳出老师的框子。施师慎用葛根,而他经常应用,并无不良反应发生。施师对某些药的使用剂量甚微,而他根据病情需要,往往超量应用始能奏效。例如施师用葶苈子经常不超过五分,而他则用至三钱。又如麻黄定喘,对急性呼吸道疾患,虽小量亦效;但对慢性患者,墨守微量,往往无济于事。施师治疗头风证中的神经性头痛,喜用虫类平肝熄风药,一般用地龙、僵蚕,稍重用全蝎,特重用蜈蚣。施师用蜈蚣,每剂从未超过一条,他则根据病情需要,每剂最多用至十六条,并未发生中毒反应。

当然,在临床方面,每人经历不同,故有不同的经验积累。但是新的经验积累,必然是在前人的基础上建立起来的。如他喜用葛根,系其启蒙老师——天津市已故名医陈泽东亲传。陈老以善用温燥药而闻名,里证动辄姜、附、桂,表证常用苏(苏叶代替麻黄)、葛、柴。他虽然投入施门,但对陈派用药已先入为主,故对施师深恶葛根,反滋疑窦,而他以后在长期临床体验中发现,葛根用之得法,其妙无穷。因此,他认为既要兼采各家之长,又要独立思考、推陈出新,才是治学治医的必由之路。

同时,何世英注重扬长避短与发挥优势。诊断明确,应急措施多,是西医之长;辨证施治,灵活性强,是中医的特点。两者结合起来,扬长避短,发挥优势,才能提高临床疗效。以收治乙脑为例,从1973年至1978年,何世英所在单位共收治乙脑 362 例,通过中西医结合,以中药治疗为主,平均病死率仅 2.8%。

中医中药单独治疗急性传染病,疗效还是令人比较满意的。1959 年,天津市白喉流行,何世英所在单位接受临时收治任务。因白喉类毒素供应不足,除开两个西医病房外,又开了一个中医病房,专以中药治疗。当时合并症(主要是心肌炎)很多,症势险恶。他在临床观察中,发现这年白喉病儿有如下特征:发热不高,日暮较甚,既不恶寒,也不恶热,身软无力,口干不喜饮水,咳嗽无痰,咽痛不重,舌质光红微干,脉弦细而数等,无一不切合阴虚证。前人认为阴虚肺燥是白喉发病的病理基础,是完全符合实际的。于是,他在治疗上便确定以"养阴救燥"为准则,并以吹喉药配合汤剂治疗。对合并心肌炎,则按病情轻重,辨证论治处理。这个病房共收治白喉病儿 107 例,仅一例死于合并心肌炎,临床呈现阴分已竭、阳气虚脱的严重败象。另外,有两例病儿合并皮肤白喉(疮面培养证实),以吹喉药外用,迅速取得脓消疮愈的意外效果。这里附带说明,在治疗白喉的西医病房中,不少患儿对白喉类毒素过敏,改用中药治疗,无一例失败。

中医儿科在临床上有很多经验可以补充现代西医儿科之不足。例如肠麻痹症,西医常需肛管排气,但效果有时并不理想。中医辨证有属肺气不宣、大肠壅滞的实证,也有脾阳虚衰、运化失调的虚证。他对前者常用"小儿一捻金"或"牛黄夺病散"收效,后者则以温脾消胀之剂取胜。清热利湿治疗新生儿高胆脂血症,凉血散瘀加镇摄治疗过敏性紫癜,清热解毒、逐瘀化浊之治疗肺脓疡,淡渗去湿、祛风止痒治顽固性皮肤过敏性疾患等,疗效均比较突出。

又如脑症昏迷病人的尿闭,不论程度轻重,只要指压利尿点(病儿仰卧取平,从脐眼至耻骨联合上缘,连一直线,在二分之一交点处),立即排尿,而且通畅彻底。自从他在《天津医药杂志》1965 年 7 期发表《指压利尿法治疗昏迷病儿伴发尿潴留八十例临床观察》一文后,何世英所在单位迅速推广,医护均能掌握,至今仍重复可靠,效果显著。

何老一生忙于诊务,亲临一线,深知临床实践的需要就是最大的需要,他对中医的研究和运用并未固守前人之说,同时广泛地汲取西医的经验和成果。其审证遣药既严绳墨,又富心裁,一向以辨证精确、药味简廉、疗效显著为世人所称道,成为学验俱丰、享誉津门的中医学家。

🔍 案例出处

周凤梧、张奇文、丛林主编:《名老中医之路》,山东科学技术出版社 2005 年版,第 462～473 页。(有删减)

第八章　社会主义基本制度在中国的确立

📝 案例解析

西医传入中国不过一百年，在此之前，中华民族繁衍数千年，始终是世界人口第一大群体，很大程度上得益于中医。中医世代相传、千锤百炼、不断丰富，已经形成独具特色、博大精深的医学脉络，有太多西医不具备的长处。西医具备现代医学的理论体系、科学态度、先进的诊断方法和制药技术，有许多长处值得中医学习。中医要率先向西医学习，不能一成不变；落后就要被排挤、被淘汰。中医要学习走向现代化，未来世界最新、最受欢迎的医学体系将首先在中国诞生。

💡 案例启思

1. 新中国成立初期，医疗卫生领域是如何改造和整顿的？
2. 新中国成立初期，党和政府是如何预防传染病的？

🎤 教学建议

何世英是天津现代中医大师，他师承北京四大名医之一施今墨；在继承施老的学术特点后又有所创新，在20世纪60年代前医术就闻名全市，其后因在中医儿科学上的卓越成就而闻名全国。在晚年，他更没有固步自封、停滞不前，而是开创了现代中医脑病学派，达到了其医术的辉煌顶点。他将毕生精力和心血倾注于中医临床实践、理论研究和教书育人工作，为弘扬中国的国粹奋斗到生命的最后一刻。他将生命的分分秒秒都专注于发展国家新医药学事业，他的探索和忘我精神值得我们学习。本案例适用于第八章中"有中国特点的向社会主义过渡的道路"相关内容的辅助教学。

第九章 社会主义建设在探索中曲折发展

案例一 毛泽东与中医

案例

持续了半个世纪的中西医论争，中医界虽争得一席之地，却一息尚存。西方医学挟其方盛之势，已占据了中国医药卫生事业的主要地盘，它已不必也不屑参与论争了。从本质上看，西医一方是争行政权、控制权；中医一方是争生存、求发展。在这个意义上，西医是胜利的，于是让中医自生自灭。

但中医学毕竟有几千年的实践积累，有丰富的科学内涵，有强劲而韧性的生命力。在农村，在穷乡僻壤，甚至在城市的一隅，中医师仍然大受欢迎。在西医鞭长莫及之处，特别是当西医面对其束手无策的疾病之时，中医学的治疗还时有夺目的光彩放射出来。这些事实促使人们思考：中医治病有效的原因是什么？今后中医学发展的道路是什么？中西两种不同医学究竟有没有共通之处，能不能共存共荣？

1949年以后，政府的卫生工作方针是延安时代卫生方针的延续，提出中西医团结，实际上是将全国中医师的地位提升起来。这是旧时代、旧政府从未有过的，从而形成了西医传入中国以后中西医关系史上第一次重大转折。

1950年8月，毛泽东主席为第一届全国卫生会议题词："团结新老中西各部分医药卫生工作人员，组成巩固的统一战线，为开展伟大的人民卫生工作而奋斗。"1954年2月25日，政务院第二百零六次政务会议批准的《第三届全国卫生行政会议决议》提出了卫生工作的四大方针：面向工农兵；预防为主；团结中西医；卫生工作与群众运动相结合。

第九章　社会主义建设在探索中曲折发展

由上可见，当时中西医之间的关系在全国范围内尚颇显紧张。首要的问题还是要提倡团结合作。当时许多西医还认为中医不科学；一些卫生行政领导部门也轻视中医，甚至排斥中医、否定中医。在一些城市的大医院里，中医没有方寸立锥之地。个别地方行政领导发表了倾向于废止中医的言论。

这些情况被及时反映到毛泽东主席那里。在1953年的一次政治局会议上，毛泽东主席对中医的历史贡献和中国医药的现状做了深刻的分析。他认为，中国对世界有大贡献的，其中中医应是一项。而当时全国的局面，作为新医的西医师数量不多，广大人民尤其农民主要仍依靠中医治病，因此必须团结和争取中医师做好工作。他指出，对中医必须有全面、正确的认识，要批判地接受这份遗产，保存和发挥一切积极因素。毛泽东特别高瞻远瞩地强调：将来只有一个医，即唯物辩证法做指导的一个医，而不是两个医。这样，中西医将来融合而成为一个医的初步思想已经提出。

会上毛泽东还指出，看不起中医是不对的，把中医说得都好、太好也是错误的，西医也有唯心论。他强调中西医一定要团结，西医一定要打破宗派主义，并认为中医实验医院可在各地试办。

毛泽东的这一席话一反中西医论争时期扬西贬中的思潮，对中西医的长短优劣重新做了评价，并为今后的发展指出了方向，意义十分重大。

1954年7月，毛泽东再次论述了中西医问题，指出了中西医在我国的历史发展过程中的贡献和前途，破天荒提出了"首先要西医学中医，而不是中医学西医"。事实上，从历史和当时状况分析，中医对我国人民的贡献是很大的。

毛泽东一向主张检验真理的标准是实践。中医尽管有些道理说得不明白、欠妥当，但行之有效，这就是真理。重视中医、学习中医，对中医加以研究整理并发扬光大，这将是我们祖国对全人类做贡献的伟大事业之一。祖国医学遗产若干年来不仅未被发扬，反而受到轻视和排斥，如对中医举行考试，内容有生理、病理等课程，考不及格就不发给证书。另外，还有中医条例、中医进不了医院等。对中央关于团结中西医的指示未贯彻，中西医的真正团结也还未解决，这是错误的。这个问题一定要解决，错误一定要纠正，首先各级卫生行政部门思想上就要改变。

毛泽东特别指出，今后最重要的是首先要西医学中医，而不是中医学西医。要抽调一百至二百名医科大学或医学院校毕业生交给有名的中医，去学他们的临床经验，而且学习时应当抱着很虚心的态度。为了学习中医，较高级的中医机构应成立起来，除应号召有名的中医参加外，有基础的西医也应吸收参加进去。西医学习中医是光荣的，因为经过学习与提高，就可把中西医界限取

国家命运与医学变革
——《中国近现代史纲要》（2018年版）教学案例集

消，成为中国统一的医学，以贡献于全世界。各医院要有计划地请中医来院看病和会诊，允许住院病人用中药，并订出尊重中医的各种制度，从制度上加以保证，使中医在医院里做诊疗工作不会感到困难与顾虑。同时，也应当很好地保护与发展中药。我国的中药有几千年的历史，是祖国极宝贵的遗产。对各省生产药材应加以调查保护，鼓励生产，便利运输，促进推销。对中药研究光做化学分析是不够的，应进而做药理实验和临床实验，对中药的配合作用更应注意。中医书籍应进行整理。过去由于难懂，再加上不重视，无人整理。中医之书如不整理，就将绝版。应组织有学问的中医，有计划、有重点地先将某些有用的内容从古文译成现代文。时机成熟时，还应组织他们把自己的经验编出一套系统的中医医书来。为了实现以上各种工作，首先在于纠正那种资产阶级个人主义、宗派主义思想。只有思想上有了转变，上述各种工作才能贯彻。今后哪一级卫生行政部门如做不好这个工作，就将被撤职。

1954年，毛泽东做出重要批示："中药应当很好地保护与发展。我国的中药有几千年历史，是祖国极宝贵的财产，如果任其衰落下去，将是我们的罪过；中医书籍应进行整理……如不整理，就会绝版。"同年，他又指示："即时成立中医研究院。"于是，在全国范围内调集名医，于1955年12月成立了中国中医研究院，毛泽东还接见了第一任院长鲁之俊。在中医研究院成立的同时，全国第一届西医离职学习中医研究班开学，从全国调来76名有经验的西医，脱产两年半学习中医。从1955年底到1956年初，卫生部又在北京、上海、广州、武汉、成都、天津等地举办了6期西医离职学习中医班，从全国范围内抽调部分医学院校毕业生及有一定临床经验的西医参加，系统学习中医理论和治疗技术两年半，参加学习的共有300多人。1955年9月间，北京、上海、广州和成都等地的中医学院相继成立。1956年起，各省市相继各有一所中医学院建立。这些院校研究和教学机构的建立不仅标志着中医的地位得到肯定，而且也为中西医结合事业开辟了道路。

1958年10月11日，毛泽东在对卫生部党组《关于西医学中医离职学习班的总结报告》的批示中指出："中国医药学是一个伟大的宝库，应当努力发掘，加以提高。"毛泽东的一系列讲话和批示，为中医药学的发展指明了方向。在这一批示中，毛泽东还指出："我看如能在1958年每个省、市、自治区各办一个70人至80人的西医离职学习班，以两年为期，则在1960年冬或1961年春，我们就有大约2000名这样的中西医结合的高级医生，其中可能出几个高明的理论家。"毛泽东的批示极大地鼓舞了西医学习中医的积极性。据1960年全国西学中经验交流会统计的资料，全国西医离职学习中医班有37个，学员2300余人，在职学习中医的有36000余人。高、中级医药院校也大

第九章 社会主义建设在探索中曲折发展

多开设了中医学课程，培养了一大批西学中人员。其中，大多数成为以后中医或中西医结合研究的技术骨干和学术带头人，为今天中医药能够走出国门、走向世界做出了杰出的贡献。

中医药学是中华民族优秀文化之瑰宝，是我国劳动人民在长期与自然灾害和疾病作斗争中反复实践、总结而逐步形成的一套理论体系和方法。毛泽东历来十分重视民族文化遗产，无论是在革命战争年代还是在和平建设时期，相信和重视发展中医药都是他的一贯主张。没有专门学过医的毛泽东在学习历史和社会经验的过程中，学到了许多中医药学的辩证思想和思维方式，他倡导的中医药发展思想对中国医药学的发展发挥了巨大的作用。

案例出处

马伯英：《中国医学文化史》下卷，上海人民出版社2010年版，第618～621页。（有删减）

案例解析

中西医之争持续了半个世纪，尽管中医一息尚存，但实际上占主导地位的仍是西医。北洋政府时期，中医药学被排斥于正规教育体系之外。国民政府时期，重视西医，废止中医，不许执业。我国传统的中医药学面临严峻的挑战和考验。如何认识中医药学，如何利用中医药学，成为摆在中国共产党人面前的现实问题。新中国成立之初，居然也存在着两种截然对立的观点："不科学""不卫生"与"百病皆治""完美无缺"，抛弃还是用现代科学研究利用？这种争论导致团结中西医的方针一直没有认真执行。毛泽东曾严肃地指出：几年来，都解放了，唱戏的也得到了解放，但是中医还没得到解放。毛泽东倡导中医药学的发展，为中医在新中国的发展奠定了坚实的基础。

案例启思

1. 结合案例，说明毛泽东是怎样探索中医发展道路的。
2. 社会主义建设在探索中曲折发展时，医疗事业取得了哪些成就？

教学建议

毛泽东运用辩证思维认识中医，充分肯定中医的优点，同时指出其历史局限性。针对其不足之处，他希望批判地继承，扬长避短，既发展延续了中国的传统医学，又弥补了其缺乏科学阐释的不足。他倡导中西医结合发展，促使了医疗事业蓬勃发展，全国人口的死亡率下降，人均预期寿命从1949年的35岁

提高到 1975 年的 68.8 岁。本案例可用于第九章中"人民生活水平的提高与文化、教育、医疗、科技事业的发展"相关内容的辅助教学。

案例二 悬壶济世的温暖记忆

"赤脚医生向阳花,贫下中农人人夸,一根银针治百病,一颗红心暖千家,出诊愿翻千层岭,采药敢登万丈崖。"20 世纪 60 年代到 80 年代,在中国广大农村的田埂上,有着一群挽着裤腿、背着药箱的人,他们"随喊随到,有求必应",被称为"向阳花",他们就是"赤脚医生"。

新中国成立后,"缺医少药"是一个显著的问题,有限的医疗资源大部分被分配在城市。1965 年 6 月 26 日,关注农村工作的毛泽东主席怒称当时的卫生部变成了"城市卫生部",并发出指示:"将医疗卫生工作的重点放到农村去。"此后,一些稍有文化的农民被培训起来,担负起农村卫生工作,当时的农民戏称这些"放下锄头拿针头"的人为"赤脚医生"。

1968 年夏天,上海《文汇报》刊发了一篇题为《从"赤脚医生"的成长看医学教育革命的方向》的文章,同年第 3 期的《红旗》杂志和 9 月 14 日的《人民日报》对其进行了全文转载。毛泽东主席给当天的《人民日报》做批示:"赤脚医生就是好。"从此,"赤脚医生"的称谓得到官方肯定,赤脚医生在农村如雨后春笋般成长起来。

一根银针治百病。也就是在那个时候,现居湖南省株洲市天元区马家河镇高塘村的李翠娥被选中,她回忆道:"当时派我到群丰卫生院去学了两个月,就回来当赤脚医生了。"

"一根银针、一把草药、红药水、蓝药水外加阿司匹林,就是赤脚医生的全部装备,"李翠娥回忆道,"因为培训的时间短,很多东西还不会。"当时赤脚医生就靠一个法宝——《赤脚医生手册》来行医。《赤脚医生手册》简直就是一个"全科医疗医药宝典",从常见的咳嗽、呕吐到复杂的心脏血管疾病和癌症;从灭蚊、灭蝇的防病知识到核武、生化武器的防护;从针灸、草药到常用西药,无所不有。根据相关统计,《赤脚医生手册》是那个年代除《毛主席

第九章 社会主义建设在探索中曲折发展

语录》等红宝书之外全国发行量最大的书。

除了治病之外,赤脚医生最大的工作就是"防病"。"到双抢的时候,我们就到田间送草药熬制的凉茶,16个生产队就要送16担凉茶,用来防暑。"同样在这一时期成为赤脚医生的郭向珍回忆说。

平时,赤脚医生还要定期挨家挨户地上门检查,了解村民的健康情况,及时发现疫情。"每个月的16号要到卫生院开会,通报卫生情况,最主要的是妇幼的保健工作,每一个怀孕的妇女都要建立档案,高危孕妇还要单独列成一栏。小孩子要打疫苗和定期检查,学校要开设急救课和妇幼保健课。"

在当时缺医少药的情况下,赤脚医生大都要自己采药、制药,各种土方子更是他们的法宝。这种"一根银针治百病"的方法甚至到现在还管用。20世纪90年代,村里一位妇女因腹部肿胀,在株洲市一家医院治疗几天后,效果仍不明显,医院建议其转往长沙治疗,但高昂的医疗费用根本不是普通农家所能负担的,于是那家人又想到了李翠娥。

李翠娥一番诊断后,断定患者的病痛为虫痛,她用银针刺患者"足三里"止痛,并开了6粒"打虫丸",患者第二天就排出蛔虫,肿胀消失。"本来的医药费是个天文数字,但最后只花了6元钱就治好了,这也是赤脚医生的妙处了。"李翠娥笑着说。

出诊愿翻千层岭。1978年12月,天降大雪,地上结冰两寸厚。马家河镇月塘村俺子组郭仕明高热抽搐,李翠娥接到消息后,立即背着药箱出发。但是山坡已经被冰冻得无法行走,李翠娥就用锄头挖,挖一块走一脚,两里路硬是走了一个多小时。一到病人家,她立即施治,直到两个小时后病人的体温终于降下来,李翠娥才放心地回家。不料在治病的这段时间里,大雪把她原先挖好的路又填满了,在一个山坡,她脚下一滑,连人带药箱滚了下来,药品撒了一地……这样的经历在赤脚医生们的记忆中数不胜数。"随叫随到,有时候一晚都要出两三次诊。"郭自珍回忆说。有一个夜晚,她才刚刚睡下又接到太高村的出诊通知,"路好远,且一路上没有人家,当时山上的树林子又大,一个人好害怕。"郭自珍就拿着"红薯片子",隔不远就丢一块给路上的野狗吃,好让狗一直跟着她,给她壮胆。"又怕狗咬,又怕狗不跟上来。"回忆起那时候的情景,郭自珍哈哈大笑。

赤脚医生出诊并没有任何费用,当时的中国农村已普遍实行合作医疗制度,村民交一块钱,生产队交一块钱,大队再交一块钱作为医疗保障基金,村民看病不用再交钱。赤脚医生的劳动跟村里人的劳动一样,按工分计算。"每个月男的计300分,女的计200多分。"

这种几乎免费的医疗方式加上赤脚医生的平民形象,使得中国传统悬壶济

世的理想在赤脚医生身上得到体现。赤脚医生与患者的关系更像是乡间淳朴的亲戚宗族关系,他们在村里都极受尊重和信任。

"村里男女老少、大大小小可能不认识干部们,没有不认得赤脚医生的。那时候谁家来了人,都要去请赤脚医生去作陪。"株洲市卫生局农卫科的李跃荣科长笑着说:"我那时候可比现在'风光'多了。"1971年,13岁的李跃荣初中一毕业,就被选送到卫生院举办的"红医班"学习,两个月之后,他就成了生产队的赤脚医生。

20世纪80年代初,农村土地承包到户,集体经济随之瓦解,农村合作医疗迅速走向衰退,全国近150万赤脚医生也从此淡出历史舞台。"田分了,再也不用计工分了,自然就要重新找活干了",当时很多赤脚医生放下药箱,再度拿起了锄头。

1985年初,卫生部做出停止使用赤脚医生这一称呼的决定,原来的赤脚医生要进行考核,合格的将被认定为乡村医生,取得从医资格后,可以继续行医。1月25日,《人民日报》发表《不再使用"赤脚医生"名称,巩固发展乡村医生队伍》一文,至此,"赤脚医生"的历史结束了。

但是赤脚医生的功绩不应被埋没。据相关资料统计,在20世纪60年代到80年代,中国人的平均寿命大幅增长,远远超过了其他发展中国家。同时,疟疾、血吸虫等传染病得到了有效控制,流脑、白喉、天花等流行病几乎被消灭。

中国以赤脚医生和合作医疗为主体的农村医疗保障体系得到了国际社会的认可。在1980年的一份考察报告中,世界卫生组织和世界银行赞誉中国"以最少的投入获得最大的健康收益",并将这一模式称为"中国模式",认为这一模式"是发展中国家群体解决卫生保障的唯一范例"。"事实上,送医送药上门的赤脚医生制度正是一种主动防疫的医疗保障方式,以防为主、以治为辅,这是真正符合医疗保障规律的。"做过赤脚医生对农村医疗保健有着深刻体会的李跃荣科长说。

这一制度至今仍有借鉴意义。赤脚医生制度和农村合作医疗制度的废止使绝大多数中国农民失去了曾经拥有的基本医疗保障。高昂的医疗费用使得许多农民家庭"小病扛着,大病没钱治",直至因病返贫。赤脚医生出身的卫生部部长陈竺在接受采访时就说:"公共卫生问题已成为中国经济的软肋。据统计数据表明,中国农村一半人口是因病致贫,一些人脱贫又返贫绝大部分原因是因病所致。"

在这种背景下,赤脚医生时常被人怀念。70多岁的李翠娥做了一辈子医生,只是在20世纪80年代中期之前,她有一个合法并且广受尊敬的称号——

赤脚医生，而现在，她已经不知道自己该怎样定位。她依然开了一个十几平方米的小诊所，依然给村里人看病，但是她并没有任何行医执照。"他们（药监部门）说我这是'黑医'，我看了一辈子的病，救过的人数都数不过来，我怎么还是黑医？"李翠娥稍微有些激动地说。好在村民并不在乎，他们依旧信任李翠娥，依旧叫她赤脚医生，依旧来看病。

农村初级防疫体系的缺失在2003年"非典"之后再次引起政府的重视，而医患的紧张关系则在2005年达到顶峰。这一年，国务院发展研究中心课题组发布了《对中国医改的评价与述议》，揭示"医改基本不成功"。此后，新一轮的医改被迅速提上日程。2005年，新农村合作医疗制度开始试点。

过去的合作医疗和赤脚医生制度依然有借鉴意义，事实上，现在的新农村合作医疗制度，就在重建一个一级医疗（县、乡、村）防护网。这一切任重而道远。

案例出处

匡志毅：《赤脚医生：悬壶济世的温暖记忆》，载《农村·农业·农民》（A版）2014年第7期。（有删减）

案例解析

20世纪60年代至80年代，在中国有一群特殊的医生，没有接受正规的医学教育；没有编制，医药设备简陋，却走家串户治病，担负着新中国数亿农民的基本医疗和卫生保健工作，他们被称为"赤脚医生"。他们的生活保障来自工分，出诊看病则是免费的。在药品匮乏的特殊年代，赤脚医生仅使用一般的止疼药、消炎针剂、红汞、碘酒和阿司匹林等。为了减少农民的医药负担，他们经常上山采集中草药。他们生活、工作在农村，为广大农民治病，真正践行了"为人民服务"的号召。

案例启思

1. 全面建设社会主义时期，中国是如何探索农村医疗事业的？
2. 20世纪60—80年代，中国农村的医疗保障体系有哪些借鉴意义？

教学建议

新中国成立后，针对"缺医少药"的社会现实，中国农村的医疗保障体系亟须探索。毛泽东依据当时的实际情况，提出把医疗卫生工作的重点放到农村去的政策，一是解决广大农村农民的健康预防问题，二是解决医生自身的生活问题。"赤脚医生"成为农村初级防疫体系的重要一环,使得20世纪60年代到80年代中国人的寿命大大延长,这一探索的经验值得我们借鉴。本案例适用于第九章中"良好开局"相关内容的辅助教学。

案例三 中国科学家人工合成牛胰岛素

案例

  1956年,周恩来总理在政协二届二次会议上明确提出发展科学事业的口号:"我国人民正在社会主义道路上大踏步前进,在社会主义旗帜下,我国人民已经开始向科学进军。"同年,中央政府还明确地制定了1956—1967年的十二年科技发展远景规划。当时社会各界人民以极大的热情投入到了社会主义建设中,各条战线上捷报频传,科学家们也摩拳擦掌,鼓足干劲,要在科学领域为建设祖国做出贡献,向全世界显示我们中国是有人才的。

  20世纪50年代,蛋白质是世界生物化学领域研究的热点。1955年,英国科学家桑格率先测定了牛胰岛素的全部氨基酸序列,开辟了人类认识蛋白质分子化学结构的道路,也因此获得了1958年诺贝尔化学奖。虽然牛胰岛素的结构清楚了,但受限于当时的条件,要想人工合成是非常困难的事情。

  1958年8月,中国科学院上海生物化学研究所的科研人员提出研究"人工合成牛胰岛素",1959年,该项目获得了国家重大科学技术项目立项。这一意义重大、难度奇高、国际上还从未有人开始研究的基础科学项目,起初设定的完成期限为20年。然而在那个急需证明中国实力的特殊年代,20年太久,参与项目的科学家决定把时间缩短为5年。这个看似有一点违背科学研究发展规律的计划,对当时满腔热血的青年科学家而言,却是那样的理所当然,他们要为祖国攻下这个科学高峰。

  当时确定采用"大兵团作战"的研究方式,由中国科学院上海生物化学研究所、中国科学院上海有机化学研究所、北京大学生物系三个单位联合进行研究。参与研究的人员知道这场战斗异常艰难,只是当真正投入到研究工作中时才发现,困难远比想象的大得多。

  那个时候中国没有任何蛋白质合成方面的经验,除了制造味精之外,甚至

第九章 社会主义建设在探索中曲折发展

没有制造过任何形式的氨基酸，更不用说比氨基酸更加复杂的多肽合成，一切都是从零开始，摸着石头过河。

胰岛素配套的 17 种氨基酸都需要进口。然而就在项目开始的前一年，苏联援华专家被撤走，中苏关系走向冰点，而当时欧美国家正全力想把新中国扼杀在摇篮里，因此绝不可能从这些国家进口到合成牛胰岛素所需要的氨基酸。

年轻的科学家们用几个月的时间亲手建立起了专门合成氨基酸的厂房，保证研究过程中氨基酸的供应。因陋就简，在一座老的大楼屋顶上搭起一个棚，科学家们自己戴防毒面具去生产，一不怕苦，二不怕死，用大无畏精神实现跳跃采摘挂在树梢上科学胜利的果实。

然而尽管克服了重重困难，但是真正进入实际操作研究之后，科学家们才发现，科学研究是非常现实的。刚开始的几个月，似乎没有任何进展，悲观的情绪渐渐地在研究人员中萌生，然而就在这个时候，一个振奋人心的消息来了。

1959 年，项目开始了几个月之后，邹承鲁领导的小组首先实现了天然胰岛素的拆合，为人工合成牛胰岛素的研究解决了第一个关键问题。1960 年 1 月，在全国第一次生化学术会议上，邹承鲁小组的年轻科学家杜雨苍代表全组发表了天然牛胰岛素拆合研究的研究成果，震惊了参会的所有人，但由于当时保密需要，这个重大研究成果并没有在国际上发表，也使之与诺贝尔奖擦肩而过。后来在 1961 年，美国科学家安芬森完成了即核糖核酸酶的二硫键的拆开和重建连接的工作，因此获得了 1972 年诺贝尔化学奖。

初战告捷，证明设定的研究方向是正确的，参与的每个人都异常振奋。为了充实研究队伍，相关部门又从当年的毕业生里面挑选了三百多名从生物或者是化学专业毕业的大学生参加牛胰岛素的合成研究工作。同时因为三年自然灾害的影响，新中国人工合成牛胰岛素的研究工作从 1960 年开始陷入到困顿之中。

1964 年，中国科学院经过一段时间的深入调研后，决定改革。《国家科学技术委员会党组、中国科学院党组关于自然科学研究机构当前工作的十四条意见（草案）》发布，其中很重要的一条建议就是精简机构，集中优势力量和资源，进行重点攻关。这样，开端良好的人工合成牛胰岛素的研究工作又可以继续进行了。

最后，合成 A 链和 B 链的重担压到了杜雨苍的肩上。经过不分昼夜地实验工作，几次的模拟操作后，1965 年 9 月 3 日，杜雨苍完成了 A 链与 B 链的人工全合成实验。合成物冷藏 14 天后，1965 年 9 月 17 日清晨，杜雨苍小心翼翼地采集了一份样品，采用高倍显微镜检验合成结果，项目组所有人都在翘首

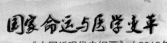

等待奋斗了六年多的结果揭晓。

显微镜下，一个个完美的六面体结晶体晶莹透明，像宝石一样在透明的溶液当中闪闪发光。"我看到了，完美的结晶，我成功了。"当杜雨苍抑制不住内心的喜悦喊出看到结晶时，整个实验室沸腾了，每个人的脸上都洋溢着幸福。距离成功仅剩下最后一步，还需要将结晶配成剂量后在小白鼠身上检验活性。

与杜雨苍合作的龚岳亭先生回忆说："当小白鼠开始抽筋乱跳的时候，整个实验室在场的人们都开始欢呼起来，情不自禁地拥抱庆祝，那实在是一个无法用语言来形容的激动时刻。"自此，人工合成牛胰岛素研究圆满完成。

1965年11月，这一重要研究成果首先以简报形式在《科学通报》发表，并于1966年4月全文发表。

1966年4月，国际生化学会邀请王应睐、邹承鲁、龚岳亭作为华沙欧洲生化联合会议的演讲者，向全世界宣读这一伟大的胜利成果，轰动了全世界。

中国科学院生物化学研究所等单位经过6年多的艰苦工作，第一次用人工方法合成了一种具有生物活力的蛋白质——结晶牛胰岛素。实现了一个生物到非生物的转变和飞跃，填补了生物进化的空白，向世界证明了中国也有先进的生化技术。这是中国科学家与诺贝尔奖几乎零距离的接触。

案例出处

《创新科技》编辑部：《1965年中国首次人工合成结晶牛胰岛素蛋白》，载《创新科技》2009年第10期。（有删减）

案例解析

蛋白质研究一直被喻为破解生命之谜的关键点。"向科学进军"是周恩来总理在新中国成立后向全党全国发出的号召。1956—1966年是新中国科技发展的关键时期，也是中国科学院快速发展、创造辉煌的十年，那是一段不能忘怀的历史。科学家们凭借着一腔热血，克服重重困难，下定决心，自己动手，在科学领域内努力探索，最终攻克科学难题。科学家们有不怕吃苦、艰苦奋斗的精神，有团结合作、力争上游的拼搏精神，有严谨、大无畏的科学探索精神，一步一个脚印，扎扎实实地在艰苦的环境中攀上了科学高峰。实现了生物到非生物的转变和飞跃，填补了生物进化的空白，向世界证明了中国也有先进的生化技术。

第九章 社会主义建设在探索中曲折发展

🔍 案例启思

1. 1956—1967 年，中国科技发展取得了哪些突破？
2. 我国早期社会主义探索取得了哪些成就？

🎤 教学建议

在新中国现代科学技术发展史上，具有里程碑的年份是 1956 年。该年初，我国提出了"向科学进军"的口号。在《1956—1967 年科学技术发展远景规划》指引下，掀起了向科学进军的热潮。1962 年，我国又制定了《1963—1972 年十年科学规划》（简称《十年规划》）。科学家们迸发出极大的热情，百折不挠地探索研究，在 1965 年终于完成了结晶牛胰岛素的合成，这是世界上第一次人工合成多肽类生物活性物质，突破了一般有机化合物领域与信息量集中的生物高分子领域之间的界限，在人类认识生命现象的漫长过程中迈出了重要的一步。它被认为是继"两弹一星"之后，我国的又一重大科研成果。本案例适用于第九章中"建设的成就 探索的成果"相关内容的辅助教学。

▶ 案例四 卓越的人民医学家——林巧稚

案例

林巧稚（1901—1983），福建厦门人。中国现代妇产科学的主要开拓者和奠基人，1955 年被推选为中国科学院学部委员，北京协和医院第一位中国籍妇产科主任，一级教授。

1921 年夏天，林巧稚参加协和医学院预科的入学考试，当年，协和只招收 25 名学生，但在英语考试中，一位女生突然因为中暑而被抬出考场。林巧稚当即放下试卷进行急救，导致英语试卷未答完，她认为自己必定要落榜；但监考老师给协和医学院写了一份报告，称其沉着冷静、乐于助人、品行优良。随后，协和认真研究了她的成绩，认为其他科的成绩较优秀，最后录取了她。他们认定：对一个未来的医生来说，林巧稚把乐于助人、救死扶伤置于自己考试成绩之上的精神与协和的育人宗旨是完全一致的。于是，林巧稚如愿以偿。

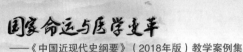

国家命运与医学变革
——《中国近现代史纲要》（2018年版）教学案例集

经过八年的潜心苦读，1929年6月12日，林巧稚以优异的学习成绩毕业。这天，包括林巧稚在内的16名毕业生从院长手中接过了协和医学院的毕业证书和美国纽约州立大学的博士学位证书。她被留在北京协和医院，当上一名妇产科医生。

一、"炮声愈响，我把窗户关得愈紧"

从走上工作岗位一直到临终前，林巧稚心中始终装着妇女、儿童的安危。她把自己的一切都奉献给了妇产科事业。

全面抗日战争爆发后，一些人纷纷远避他乡，林巧稚却毅然选择了坚守在北平。1941年12月7日，日军偷袭珍珠港。紧接着，美国对日宣战，太平洋战争爆发。随即，北平的协和医院也被日本人占领，林巧稚和她的同事全部被遣散。

不久，东堂子胡同10号的门口挂出了一块牌子，牌子上刻着"医学博士林巧稚医师妇产科"。林巧稚生性沉静倔强，自幼抱的是"不为良相，当为良医"的信念，即使在国破山河碎的时候，她也要在破碎的山河中寻找其立锥之地，在苦难中，她要为她的同胞解除疾病和痛苦。

在硝烟弥漫的岁月里，林巧稚提着一只出诊箱，乘着北平昔日的人力车，穿行于北平的大小胡同，出入于贫苦人家的低矮房屋，为自己的同胞姐妹治病，把爱和仁慈广施于苦难人间，用她那敏捷的双手，接生了成千上万名中华民族的孩童。

抗战胜利后，时任协和医院妇产科主任的林巧稚应邀兼任北京大学医学院教授。那时，她决心"对政治不闻不问，一心一意从医、教书"，用她自己的话说是："炮声愈响，我把窗户关得愈紧。"

此时，中华民族正在进行一场历史大决战，新中国即将迎着朝阳诞生。

二、"共产党是信得过的，中国以后会有希望的"

1949年10月1日，中华人民共和国宣告成立。林巧稚最初对新生的人民政权抱着审慎观望的态度。新中国成立那天，她接到一份珍贵的请柬，请她到天安门观看开国大典的盛况，但她最终没有去。

然而，林巧稚很快被新中国崭新的气象感染了。她目睹了共产党的军队讲纪律，对老百姓秋毫无犯，进城后物价稳定，社会安定。她认识了端庄稳重、脸上总带着真诚微笑，跟普通百姓一样到协和医院让她看病的邓颖超，她受邀到中南海怀仁堂参加了周恩来总理亲自召开的会议，她从北京紧急防鼠灭疫的战斗中感受到人民政府的新风貌，以后她又多次聆听周总理、彭真等革命家的

第九章　社会主义建设在探索中曲折发展

报告……她产生了一些新的感触，心中的疑虑逐渐烟消云散。她认识到："共产党是信得过的，可以和他们一道走，中国以后会有希望的。"

1952年9月27日，林巧稚在《人民日报》发表了那篇在知识界引起强烈反响的《打开协和窗户看祖国》。她在文中写道："我打开了三十多年关紧的窗户，伸出头去唱歌——'我们亲爱的祖国，从今走向繁荣富强'。协和的窗户打开了，竖起了五星红旗，我们为祖国伟大的进步感到光荣、骄傲。"

这是一位与中华民族一起饱经沧桑的知识分子的心声。那时，她年已半百，但她的生命却进入了又一个青春期。

在党的教育下，林巧稚在政治上成长很快。20世纪50年代，党对旧知识分子进行团结、教育、改造，她带了好头；50年代末60年代初，国家处于暂时经济困难时期，她不仅毫无怨言，还为党分忧，她说："中国不能没有共产党的领导，大家不要为暂时的困难而愁眉苦脸，熬过困难，光明就在前头。"

林巧稚直接受到周恩来总理的关心并被委以使命，她经常参与国家大事的讨论、协商，有时还出现在国际舞台上；她在妇科癌症、新生儿溶血症、妇女不孕症等领域的研究治疗中，取得了瞩目的成就……她的生命就这样不休止地运转着，日夜操劳。

1965年11月1日，林巧稚刚刚从湖南巡回医疗回来，就主持召开了我国第一届妇产科学术讨论会。周恩来出席了这次会议。这次会上，周恩来在讲话中充分肯定了林巧稚提出的"把计划生育的科研与临床密切结合的整体规划方案"，并对出席会议的代表们提出殷切的期望，他意味深长地说："我们要像春蚕一样，把自己最后一根丝都吐出来献给国家，献给社会！"这句闪光的名言，从此深深地印在了林巧稚的心田里。她时时用周总理的这句话鼓励自己，鞭策自己。

三、"科学家不能没有祖国"

林巧稚自幼从父亲的教育中明白了刻苦学习是为了做一个不受欺辱的中国强者的道理。从协和医学院毕业分配后，她更深刻地体会到自己必须做个强者。由于勤于钻研业务，工作成绩卓著，林巧稚多次被单位选送出国深造、考察、讲学，多次受到英国、美国等专家、学者和科研机构的好评和挽留。但是，她心系中华，矢志报效祖国，矢志不渝。

1949年10月1日，新中国成立。经过一段时间的观察，林巧稚深感："云雾散了，雨过天晴了，我受阳光的沐浴，呼吸到了新鲜的空气。"1951年，中国政府从美国人手里接管了北京协和医院，林巧稚继续留在协和医院任妇产科主任。她以满腔的热忱和勤奋的劳动投入到共和国火热的建设当中。她于

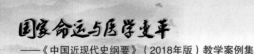

1955年成为中国科学院第一批也是唯一的女学部委员,并先后任全国人大代表、北京市妇联副主席、全国妇联执委、中国医学科学院副院长、中华医学会副主席、中华医学会主任、世界卫生组织医学研究顾问委员会顾问等职务。尽管她拥有许多耀眼的光环,但是她仍然一如既往地心系同胞姐妹,意气风发地将自己全部的感情、力量倾注到祖国的妇产科事业中。

林巧稚曾经多次谢绝海外的重金约聘,毫不留恋地坚持回到中国这片如母亲般让她依恋的土地。她的思想很质朴,只是想为自己的姐妹同胞效力,为改变群众的迷信与落后尽责。"这大概是我的一种责任感,一种难以割舍的眷恋。"她曾这样深情地回答。

而当她代表新中国出访的时候,那种自豪与骄傲又是从未有过的。1953年,林巧稚赴维也纳参加世界卫生会议,访问苏联、捷克斯洛伐克;1972年出访美国、加拿大;1978年出访西欧四国。为此,林巧稚曾深有感慨地说:"解放前,我搭乘邮船,一叶孤舟飘洋,不胜凄凉。而今,前面是五星红旗引路,后有八亿人民相依……"

从1973年至1977年,林巧稚被世界卫生组织研究顾问委员会(这是世界范围内最高级的卫生顾问团)聘为顾问,出席此间一年一度的会议。她坚持医学发展和援助的正确方向,维护祖国与民族的尊严利益,表明了她伟大的爱国主义思想。

四、"我愿意做一辈子值班医生"

为了自己钟爱的妇产科事业,林巧稚终生未婚,漫漫人生,形单影只。但她又是一位精神上十分富足的"母亲",其人生是充实的,内心是幸福的,因为她把满腔的慈爱洒向了人间。"我愿意做一辈子值班医生。"这是林巧稚几十年如一日坚守的诺言。她无时无刻不坚持在临床第一线,直到自己病重住进医院。

1959年,由林巧稚受命筹建的北京历史上第一所妇产医院落成,林巧稚任院长。60年代,她又亲手切除了一名患者体内的两个大肿瘤,创当时医学之最。多少年来,她对接收救治的病患,特别是疑难病症,总是茶饭不思,反复分析患者的病因;不厌其烦地召集专家会诊,听取各方意见;查找资料,审慎研究病案。正是她高超的医学技能和极端负责的职业精神,特别是她始终恪守的人道主义精神,使得她在20世纪60年代竟先于外国医学专家查找并判断出特殊妊娠反应现象;在不具备医疗条件的情况下,解决了新生儿溶血症的难题。

都说妇产科是医院的"高风险"科室,但林巧稚领导下的协和医院妇产

科却从来没有和病人家属发生过医疗纠纷，其中的奥秘恐怕不仅在于林巧稚和同事们的高超医术，更在于他同事们一贯坚持的病人的生命和利益高于一切的革命的人道主义精神。

1980年12月2日，林巧稚被送进医院。她并不服老："我活着是为别人治病，为别人分担忧苦的，怎么能让别人为了自己增添麻烦呢？"因病卧床多年，但林巧稚心的却还在工作上，她还是和学生们通力合作，完成了50万字的巨著《妇科肿瘤》，为医学界留下了宝贵的财富……

1983年4月22日，林巧稚病逝于北京，享年82岁。临终，她的神情十分安详，仿佛值了一个长长的夜班后进入了梦乡。她留下了自己的遗嘱：三万元积蓄捐献给医院的托儿所，遗体供医院作医学解剖用，骨灰撒在故乡鼓浪屿的海上。

案例出处

孟红：《林巧稚：卓越的人民医学家》，载《党史文汇》2010年第7期。（有删减）

案例解析

林巧稚是著名的妇产科医生，有着精湛的医疗技术，起初她认为学技术的人离政治远一点好。但当她觉悟到共产党与人民政府是为人民服务的，以人民的利益作为执政的标准时，她的思想发生了根本蜕变——技术如果没有用武之地，所能拯救的可能只是一个、几个，最多几百个人的生命。她所取得巨大的成就，源于将技术与社会服务相联系，更加提升了技术的影响，有了更好的制度，才能为个人的发展提供更为广阔的社会舞台。

案例启思

1. 林巧稚大夫在新中国成立前后政治思想发生的变化给了我们什么启示？
2. 从林巧稚大夫对我党的认识中，如何评价新中国成立后到"文革"前中国共产党对国家各项工作的领导？

教学建议

本案例生动地展现了林巧稚医生的思想转变过程及在妇产科医学上所做出的突出贡献，呈现了社会探索时期社会变化的一个侧面。可用第九章中"建设的成就 探索的成果"相关内容的教学。

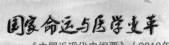

案例五 "中国脊髓灰质炎疫苗之父"
——顾方舟

案例

顾方舟（1926—2019），男，出生于上海市，中国科学院院士，医学科学家、病毒学专家，中国医学科学院北京协和医学院原院长、一级教授。1944年9月至1950年9月，顾方舟本科就读于北京大学医学院医学系；1951年8月至1955年9月，博士就读于苏联医学科学院病毒学研究所病毒学专业；1958年7月至1964年8月，任中国医学科学院病毒学研究所脊髓灰质炎研究室主任，副研究员；1964年9月至1971年10月，任中国医学科学院医学生物学研究所副所长，副研究员；1985年11月至1993年12月，任中国医学科学院院长，中国协和医科大学校长，研究员；2019年1月2日，因病在北京逝世，享年92岁。

1955年，一种从未大规模流行的疾病——脊髓灰质炎（简称"脊灰"），在国内爆发。脊髓灰质炎在预防疫苗问世之前，曾在全球许多国家爆发或流行，我国是高发地区之一。20世纪50年代，全国每年报告麻痹性脊髓灰质炎病例逾万例，甚至有许多病人死亡。

1955年，江苏南通发生了我国有史以来第一次脊髓灰质炎大流行，共发现麻痹型患者1680例，病死率27.75%，引起全世界的震惊。20世纪60年代，在我国大城市经常能看到这样的景象：家长背着患有小儿麻痹症的孩子，奔走在各大医院，想把孩子的病治好，尽管屡屡失败，却不愿意放弃。

顾方舟看到这样的情景，十分心痛。他明白，想要阻止这种令人恐惧的疾病，必须研制出疫苗。到了1959年3月，脊灰疫情已经蔓延到中西部地区，发病率更高。面对久久不散的危机，卫生部决定派顾方舟等4人到苏联学习脊灰疫苗的生产工艺。然而中苏关系恶化，苏联封锁了全部资料，在苏联进修的顾方舟，凭借着个人关系要到了一些对研究疫苗意义重大的脊灰病毒减毒毒株，在同学的帮助下辗转回国。1960年，顾方舟一行人来到了云南昆明，因为在这里，有一个猕猴养殖基地可供他们进行实验。

第九章 社会主义建设在探索中曲折发展

物资紧缺、苏联撤走专家、交通困难……在艰苦的环境下,他们住在滇池附近的山洞里或者临时搭建的窝棚里,条件极其恶劣。历尽千辛万苦,9个月后,昆明生物研究所终于建成。

1961年10月,周恩来总理视察了医学生物研究所,顾方舟及其团队大受鼓舞。科研人员们艰苦奋斗,不到两年就研制成功了三批脊灰减毒活疫苗。但研制成功只是第一步,在疫苗研发中最大的难题是,必须进行临床试验,才可以确定其安全性,确定能否推广。顾方舟和同事们在猕猴和自己身上试验,最终完成了安全性测试。

顾方舟和他的同事对脑内试验做了更多更详尽的研究,于1964年终于制定出活疫苗脑内试验判定标准。试验分初试和重试两种,用原倍及10倍稀释的疫苗做脑内注射,视丘两侧各注射0.5毫升,共20只猴,观察4周。初试时,如有1只猴出现特异性麻痹和另1只猴有"脊灰"病变,则判为不合格,如果初试未出现肢体麻痹症状亦无"脊灰"病理变化或只有1只猴有轻度病理变,则判为合格。有四种情况可允许重试,重试后仍出现四种情况之一者,判为不合格。重试后未发现肢体麻痹或病理变化者,判为合格。顾方舟等在自己的活疫苗生产、检定以及人群中试用的基础上,制定了我国脊灰活疫苗制造及检定规程。

可是这还不够,要证明疫苗阻断疾病传播的能力,就需要在孩子身上进行试验!可谁愿意让孩子承担风险呢?时间紧迫,顾方舟做出了一个大胆的决定:让自己的孩子上"前线"!做出这样的决定,顾方舟也是备受煎熬,一边是自己捧在手心的亲生儿子,一边是国家千千万万处于未知危险中的孩子,手心手背,亲情和国家,两端都是千斤沉重。

但是,"谁都不敢吃,但总得有人吃"。这个父亲为了国家,为了这个国家的孩子,做出了可能是一生最残忍的决定。日子一天天过去,顾方舟表示自己心里也没底:"这东西说是没问题,但万一有问题,不好交代。"说不害怕吗?不可能的,作为父亲,他每天都观察着孩子的状况,生怕他出问题。幸运的是,测试期过去,孩子们都平安无事。顾方舟和同事们喜极而泣,中国自己的脊灰疫苗诞生了。

1960—1961年,全国11座城市的450万儿童服用了疫苗;1964年,上报卫生部并获批准执行。从此脊灰活疫苗正式在昆明医学生物研究所投入生产。这是我国根据自己的研究成果制定的脊灰活疫苗制造和检定规程。它指导了后来20多年数十亿人份疫苗的生产与检定。

为了让孩子更愿意吃,他们把脊髓灰质炎疫苗改良成糖丸,让所有小孩都争着抢着要吃,甚至恨不得多要几颗。多少人长大后,仍然记得儿时那一口甜，殊不知，那是天底下最宝贵的糖啊！自 1964 年脊灰糖丸疫苗在全国推广以来，脊灰的年平均发病率从 1949 年的十万分之四点零六，下降到 1993 年的十万分之零点零四六，使数十万儿童免于致残。脊灰带来的阴霾终于逐渐在中国上空散开。2000 年，世界卫生组织宣布中国处于"无灰"状态。那一天，已经 74 岁高龄、满头白发的顾方舟激动得又是一夜未眠。

案例出处

慕景强：《新中国医学档案》，浙江工商大学出版社 2012 年版，第 23 页。（有删减）

案例解析

顾方舟对脊髓灰质炎预防及控制的研究长达 42 年，是中国组织培养的口服活疫苗开拓者之一，被称为"中国脊髓灰质炎疫苗之父"。他将毕生心血化作一颗糖丸，让无数孩子免受残疾和死亡的威胁。"择一事，终一生"是他人生的写照。他为科研奉献的精神以及用自己的孩子试验疫苗的无私精神值得我们敬佩。他不仅拯救了万千中国儿童，还使中国处于"无灰"状态。

案例启思

1. 新中国成立初期，我国在预防医学领域内是如何探索的？
2. 如何理解社会主义改造完成后，中国社会的主要矛盾？

教学建议

新中国成立初期，中国的预防医学发展薄弱，顾方舟的一生是中国预防医学事业发展的缩影。从卫生领域的决策者到普通民众，往往更多地关注新颖的治疗方法，而大大低估了预防医学的重要性。脊髓灰质炎疫苗是我国的预防医学从无到有的标志之一，体现出预防医学的重要性。社会主义改造完成之后，我国社会的主要矛盾是人民对经济文化迅速发展的需要同当前经济文化不能满足人民需要之间的矛盾，预防医学领域深刻地凸显出这一矛盾。顾方舟主持制定了我国第一部脊灰活疫苗制造及检定规程，指导了我国后来 20 多年数十亿份疫苗的生产与检定，对预防医学的发展做出了卓越贡献。随着中国老龄化的加剧，今后预防医学的巨大意义将进一步凸显。本案例适用于第九章中"建设的成就 探索的成果"相关内容的辅助教学。

第九章 社会主义建设在探索中曲折发展

案例六 "中国解剖学之父"——钟世镇

案例

钟世镇（1925—），男，广东五华人，临床解剖学专家，中国现代临床解剖学奠基人，中国工程院院士，原第一军医大学（现为南方医科大学）解剖学学科带头人，军队杰出高级专家，一级教授。现任广东省和中国人民解放军医学生物力学重点实验室主任，南方医科大学临床解剖学研究所所长，中国解剖学会名誉理事长，第六届全国人大代表，全国优秀教师，全国高校先进科技工作者，全军优秀共产党员，解放军原总后勤部"科学技术一代名师"。他建立了以解决临床外科发展需要的解剖学研究体系，创办了《中国临床解剖学》杂志，主编出版了"临床解剖学丛书"和"现代临床解剖学丛书"等。

1943年，在抗日战争的关键时期，18岁的钟世镇尚未高中毕业，即响应"一寸山河一寸血，十万青年十万军"的号召，毅然弃学从戎，参加了抗日救国的青年军。1945年，抗战胜利后，钟世镇退伍，考入中山大学医学院六年制本科。广州解放前夕，他坚决拥护中国共产党。1950年，他成为中山大学首批共青团团员。1952年，大学毕业后的钟世镇被分配到军医大学执教。他先后在南昌、重庆、广州等地从事人体解剖学的教学工作。六年制老牌大学本科毕业生2010年担任助教，2017年担任讲师，不是他的水平问题、表现问题，而仅仅是因为他的"家庭出身"。

在军医大学，钟世镇兢兢业业，尽职尽责，立过三次三等军功。但是，每次政治运动一来，他都在劫难逃，无一例外地被扣上"国民党残渣余孽""历史反革命分子""现行反革命分子"等大帽子。在"文化大革命"期间，他更是灾难重重，险象环生，整日被抓去游街"戴高帽""挨批斗"，被关进"牛棚"，接受劳动改造。

钟世镇向来爱好体育运动，中学时是校足球队的候补队员，大学时是校篮球队队员，在四川工作时是原成都军区羽毛球队队长兼教练，还曾经被评为国家二级运动员。他被笑称为"双料运动员"——"政治运动员""体育运动员";"政治运动"锻炼了他从事科研的坚强意志,"体育运动"培养了他从事科研的全局意识和良好体魄。

1977年,钟世镇被调入广州第一军医大学（2004年改名为南方医科大学），时隔两年,眼光独到的时任校长赵云宏将他提升为副教授,并任命他为解剖学教研室主任。钟世镇认为,这是一个"出人意料""敢吃螃蟹"的决定,因为在军医院校里,让一个有过"政治历史问题"且不是共产党员的人担任教研室主任这一要职,领导者要担巨大的风险。正是这个教研室主任职务,让钟世镇有权力为学科选定与时俱进的研究方向,带出一支活跃的学术队伍,也让钟世镇成长为中国现代临床解剖学专家、医用生物力学专家、数字化人体和中国数字医学的倡导者。

钟世镇在解剖学领域中,开拓了理工医相结合的生物力学研究工作,创建了中国人民解放军和广东省医学生物力学重点实验室,在战创伤、撞击伤和脊柱稳定性方面的研究取得了有价值的机理性成果。利用这一技术平台,开展了创伤救治的基础理论及防护方法的研究,并进行"神六"航天员安全性相关的生物力学研究,保障了"神六"的安全发射及返回；为创伤救治器材研制开发及疗效评估提供生物力学的科学依据,加快国产医疗器械的自主创新性研发；将基础理论研究紧密结合临床,开展外科术式创新的应用解剖学研究；利用该平台数字化人体数据集构建和虚拟现实仿真研究,获得了8套具有自主知识产权的"虚拟中国人"数据集。2001年,钟世镇建立了广东省创伤救治科研中心,并担任主任。他为广大基层医院的创伤救治提供解剖学和生物力学的基础研究技术平台和学术指导；为创伤外科术式更新、医疗器材研制和评估提供生物力学的科学依据,进一步提高广东省医疗器材研制的自主创新能力,并逐步建立适合中国人的创伤救治器械的力学技术标准,从根本上保证国产医疗器械的质量。

针对广东省将成为汽车工业制造大省的远景,钟世镇还领导实验室计划开展汽车碰撞安全实验的数字化人体仿真模拟研究,提升中国汽车的自主创新研发能力。实验室曾参加"神六"航天员安全着陆的生物力学跌落实验研究。在此基础上,他们计划进一步为"神七"航天员空间行走安全保障提供虚拟仿真模拟研究。

在人体管道铸型方法和设计研究上,他带领出一支优秀的技术队伍,制作了一千多件精美的人体标本,建立了内行外行都看得懂、融科学性和艺术性为一体的具有国际先进水平的南方医科大学人体博物馆。

在显微外科应用解剖学领域,他有一系列研究成果,为中国显微外科长期跻身于国际先进学术行列提供了基础理论依据。他的应用解剖学设计为临床术式创新提供了形态学依据。

在 2001 年的第 174 次香山科学会议上,他担任执行主席,召开了主题为"中国数字化虚拟人体科技问题"的研讨会,揭开了中国数字人与数字医学研究的序幕。2003 年,中国课题组已经构建了数据库,使中国成为继美国、韩国之后,世界上第三个拥有数字人的国家。但中国与美国、韩国一样,都面临着瓶颈:可以做成很优秀的医学教育片,但对临床实用意义不大。2005 年,他又将这一技术推向了高峰:成功制作了"中国数字人男 1 号",并且用血管灌注技术处理标本,这是世界上数据量最大、分辨率最高的"数字人"。以前的人体数据集都是西方的技术,白种人的模型。

2007 年,由钟世镇担任会议主席,在重庆召开首届中国数字医学研讨会。这个阶段,他已转向数字医学的研究,利用先进的影像学设备,采集病人的数据,构建三维立体模型。就是说在临床外科学领域,医生可以运用数字仿真技术,先在电脑上进行模拟手术,研究术中遇到的问题,然后才真正开刀做手术,提高手术的精确度和安全性。凭借上述外科解剖学和数字医学等成就,钟世镇在 2009 广东省科技奖励大会上荣获最高奖励"广东省科学技术突出贡献奖"。

案例出处

李勇、赵凡:《中国外科解剖学的奠基人和开拓者——中国工程院院士、南方医科大学教授钟世镇》,载《科技成果管理与研究》2011 年第 1 期。(有删减)

案例解析

钟老命运多舛,但意志弥坚。他在逆境中善于运用辩证法,既不保守,也不冒进,锻炼出坚强的意志;同时热爱运动,为科研工作奠定良好的体魄。他认为:"我们选择科研的方向也充满风险,所以要有大局观念,不能患得患失,也不能孤注一掷。"在这种思维的指引下,钟世镇不仅在现代临床解剖学领域有所建树,并且交叉学科创新,成为医用生物力学专家;同时制作出了"中国数字人男 1 号",成为中国数字医学的倡导者,不仅极大地提高临床手术的精准度和安全性,而且对中国的航天技术做出了重要贡献。

案例启思

1. 社会主义改造完成以后,我们在探索中遇到了哪些曲折?
2. 我们早期探索中,对社会主义建设有哪些理论建树?

国家命运与医学变革
——《中国近现代史纲要》（2018年版）教学案例集

🎙 教学建议

钟世镇院士一生勤奋实践、善于探索、兢兢业业、尽职尽责、敢为人先、执着追求，同时又低调谦和。因其在解剖学、航天医学、数字人研究等多个领域的重要成就，被授予广东省科学技术突出贡献奖。2003年初，我国首例女性数字人数据集在南方医科大学构建成功，中国成为继美国、韩国后世界上第三个拥有本国数字人数据库的国家，中国数字人和数字医学的研究工作是在钟世镇院士的一手倡导下开展起来的。他在我国数字人领域的地位毋庸置疑。钟老经历了时代大潮的变迁，人生虽有低谷，但始终能够把握正确的方向。本案例适用于第九章中"探索中的严重曲折"相关内容的辅助教学。

第十章　中国特色社会主义的开创与接续发展

▶ 案例一　抗击非典

案例

非典型病原体肺炎，简称"非典"，专业术语称作"严重急性呼吸系统综合征"。非典曾经像一位不速之客，于2002年的冬季悄然降临于我国南方，在2003年的春夏之交迅速蔓延至全国大多数地方，并造成世界范围的流行。其来势之猛、危害之烈，至今想来仍令人心悸！非典是一次重大的突发性公共卫生事件，它为我国在医疗卫生事业改革与社会发展中存在的问题敲响了警钟。非典为什么会发生？为什么会大面积流行？我们靠什么最终战胜了它？抗击非典的胜利给了我们哪些经验与启示？

2002年11月16日晚，一位家住广东省佛山市禅城区张槎街道弼唐村的中年男性无明显诱因而出现发热、头痛和周身不适。起初他以为自己患了感冒，服了些感冒药，但未见效果，体温上升为39℃且持续不退。几天后，他在家人陪同下在当地医院住院治疗。医院把他当作伤寒病和由消化道感染引起的恙虫病疑似患者，给他服用了一些常规感冒药和抗生素。三四天后，这位病人的肺炎表现加重，有明显罗音，气促，拍胸片后发现阴影扩大。25日，他被紧急转送佛山市第一人民医院。几天后，一直近距离照顾他的四位亲友相继出现类似症状。

这是一种新的传染病将要爆发的最初信号。虽然带有某些不确定性，但至少有两点值得警惕：第一，这是一种新型疾病；第二，这种病具有很强的传染性。但在当时，这种信号并未引起医疗卫生部门应有的警觉，更未采取相应措施。随后，广东省的江门、广州、中山等地也相继出现类似病例，接诊的医务人员不断有被感染者，家庭集聚性特点也一次次惊心再现，社会上各种各样的传言渐渐多了起来。

2003年1月22日，广东省首次用"非典型肺炎"命名这种新型疾病，世界卫生组织予以认可。2003年2月6日，农历正月初六，广东的非典进入发病高峰期。这一天全省共发现218个非典病例，比前一天增加了45例，大大超过此前单日新增病例数。这些病例主要集中在广州，相当一部分是医务人员和病人亲属。迅速增多的非典病例引发了公众的恐慌情绪。消息先是由医院内部员工发给亲友的提醒短信，然后又由这些亲友传递给更多的人。据广东移动通信的短信流量统计，2月8日至10日的短信流量与腊月三十到正月初一期间的拜年短信流量相差无几。借助于这些短信，小道消息已经是铺天盖地，人们对这个来路不明的怪异"幽灵"做出种种恐怖性的猜想。

2003年2月10日，《羊城晚报》首次发表广东已发现非典病例的新闻。此后，又有少量此类文章见诸报端。但由于文章的用意主要是稳定人心，所以对人们的安慰多于提醒。有关专业领域的权威人士还安慰人们说，冬春季呼吸系统疾病增加是正常现象，不必惊慌。

这种现象令许多人事后想来叹息不已！已经出现了几百个同类病例，这种疾病对于密切接触者有着很强的"飞沫性传播"特点。但是，我们的公共卫生体系在这种传染性疾病而前表现得近乎麻木。病人及与病人密切接触者没有被隔离；传染病的特点没有向公众通报；有关地区与部门的协查、协防工作没有人去做；对医护人员没有进行必要的培训与提示；疑似病人没有被记录、留观；大量的病源携带者在公众不知情的情况下，随意迁移、走动；由于没有相关的告诫、提醒和防范措施，疫区的人们照常外出，其他地方的人也照常出入疫区。所有这些都为疫情在更大范围的传播打开了方便之门。

截至3月底，北京市公布的确诊非典病例共有22个。人们普遍认为实际的数字要大得多。在对非典疫情的信息公开与有效防治方面，政府的威信受到了公众质疑。4月3日下午，国务院新闻办举行记者招待会，卫生部部长张文康介绍防治非典型肺炎的有关情况。不知是出于什么考虑，张文康在回答有关记者提问时竟说了这样的话："在中国工作、生活、旅游都是安全的！"针对北京大街小巷满眼都是戴口罩的人，这位部长的表态是："戴不戴口罩都是安全的！"时任中共北京市委副书记、市长孟学农也到会与记者见面，他的说法也很轻松："对于1300多万人口的北京市，22个病例所占比例并不大，而且已得到有效控制，完全没有担心的必要！"

第十章 中国特色社会主义的开创与接续发展

肆虐的非典惊动了中国的最高领导层。中共中央政治局常委会和中共中央政治局专门召开会议，做出一系列防治非典工作的重大部署：一是明确要求北京市建立防疫工作统一领导机制，统一收集、汇总、报告疫情；二是要严格疫情报告制度，所有医疗机构都要加强疫情的监测，及时准确地核实疫情，如实上报政府有关部门，绝不允许缓报、瞒报和漏报；三是对因工作不力、不能准确掌握疫情或有意隐瞒疫情的，要严肃追究地方和部门负责人的责任；四是所有发生疫情的地区，当务之急、重中之重是采取果断措施防止疫情扩散；五是要对医疗机构采取严密的防护措施，防止医务人员被感染；六是对发病和可疑的患者以及同患者密切接触者要采取严密的隔离措施；七是取消当年的五一长假，避免疫情扩散。

2003年4月20日，是一个注定要写入史册的日子。这一天下午，卫生部常务副部长高强、卫生部副部长朱庆生主持召开了新闻发布会，如实介绍了非典疫情的最新动态，宣布了国务院为控制疫情扩散做出的一系列决策，并就相关问题回答了记者提问。在回答有关记者的提问时，高强坦率地承认，卫生部应对突发公共卫生事件准备不足，防疫体系比较薄弱，疫情出现后没有采取得力的措施。他还宣布：从次日（即21日）开始，由原来五天公布一次疫情改为一天公布一次，公布的内容既包括确诊病人的数字，也包括疑似病例的数字。

从此，抗击非典的斗争出现了重大转折。经历了几个月的麻木与慌乱，我们终于夺回了抗击非典的主动权。紧接着，一系列大刀阔斧的举措纷纷出台。在新闻发布会的两个小时之后，新华社授权发布消息，免去卫生部部长张文康和北京市市长孟学农的党内职务，随后，其行政职务也被免去。

4月23日，温家宝总理主持召开国务院常务会议。会议决定，成立由吴仪副总理任总指挥的国务院防治非典型肺炎指挥部，统一指挥、协调全国非典型肺炎的防治工作；中央财政设立总额为20亿元的非典型肺炎防治基金，主要用于农民和城镇困难群众中非典型肺炎患者的救治工作、中西部困难地区县级医院的应急改造和购置治疗非典型肺炎的医疗设备、支持非典型肺炎防治的科技攻关等。会议要求各级党委和政府要高度重视非典型肺炎的防治工作，切实做到早发现、早报告、早隔离、早治疗，千方百计控制疫情扩散蔓延。

从4月21日开始，全国实施每天一次非典新增病例与疑似病例的报告与公布制度。5月29日，北京首次迎来非典病例"零"纪录——没有新收治的非典确诊病例。这表明北京市防治非典的五月攻坚战已经取得了阶段性成果。

按照医学界的解释，导致非典的SARS病毒喜低温，怕热。果然，进入6月份，随着天气一天天热起来，非典也基本得到了有效控制。胜利来之不易。

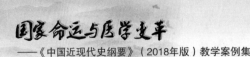

据统计，截至6月24日，中国内地累计报告非典型肺炎患者5327名，死亡348名。

2003年7月28日，全国防治非典工作会议在北京举行。中共中央总书记、国家主席胡锦涛在会上发表重要讲话。他从八个方面深刻总结了抗击非典斗争积累的经验、获得的启示。其中很重要的一条是：我们实行全民动员、群防群控，紧紧依靠广大人民群众，充分发挥了人民群众的伟大力量。关于这一点，他还特别强调，必须牢固树立马克思主义的群众观点，自觉坚持党的群众路线，坚定地相信群众，紧紧地依靠群众，在各项工作中充分发挥人民群众的历史主动精神。

案例出处

宋连生：《群众路线的变奏曲——2003年抗击非典回眸》，载《党史文汇》2008年第12期。（有删减）

案例解析

公共卫生关系到人的生命安全，因此，新中国成立后，党和政府高度重视公共卫生工作。在艰苦探索的头30年里，虽然中国经济极端困难，但党团结和带领全国各族人民，坚持"中西医结合""土洋结合"、专业人员与群众运动相结合等方针，逐步建立起覆盖全国城乡的公共卫生体系，形成了受到世界称赞的"中国模式"。低投入，广覆盖；防为主，群防群治。然而随着改革开放的发展，社会发展的天平倾向于追求经济高增长，少数管理部门在不同程度上存在着轻视公共卫生的问题。结果公共卫生体系逐步成为我国整个社会体系中最为薄弱的环节之一，非典就是在此种情况下发生的。它是当代中国的公共卫生的一次重大危机，也正因其发生，中国政府才重新审视公共卫生制度。

案例启思

1. 新中国的公共卫生体系是如何建立的？
2. 改革开放以来中国的公共卫生体系是如何完善的？

教学建议

2003年上半年，中国经受了一场非典疫情的严峻考验。同年7月，国家主席胡锦涛在全国防治非典工作会议上指出，在经济高速发展的同时，应该更加注重公共卫生领域的建设，以人为本，坚持科学发展、全面发展。非典疫情的有效控制，正是相信和依靠全民族的力量，共同筑起抗击非典的铜墙铁壁。

第十章 中国特色社会主义的开创与接续发展

全民动员,群防群控,紧紧地依靠群众,预防为主,仍是中国公共卫生事业发展的基本方针。危机亦是转机,经历非典,我国形成了人人讲卫生,人人重预防的群众性公共卫生格局。中国更加注重全面科学发展。本案例适用于第十章中"在新的历史起点上推进中国特色社会主义"相关内容的辅助教学。

▶ 案例二 医者仁心——钟南山

 案例

钟南山,1936年10月生,福建厦门人。中共党员,中国工程院院士,著名呼吸病学专家,中国抗击非典型肺炎的领军人物。曾任广州医学院院长、党委书记,现任广州市呼吸疾病研究所所长、广州呼吸疾病国家重点实验室主任、广东省老科学技术工作者协会会长。钟南山生于医学世家,1960年毕业于北京医学院(今北京大学医学部),2007年获英国爱丁堡大学荣誉博士;2007年10月任呼吸疾病国家重点实验室主任;2014年获香港中文大学荣誉理学博士。1997年,钟南山当选为中共十五大代表。连任第八、九届全国政协委员。2008年,钟南山当选第十一届全国人大代表。

钟南山长期从事呼吸内科的医疗、教学、科研工作,重点开展哮喘、慢阻肺疾病,呼吸衰竭和呼吸系统常见疾病的规范化诊疗,疑难病、少见病和呼吸危重症监护与救治等方面的研究,并首次证实了隐匿型哮喘的存在。他所领导的研究所对慢性不明原因咳嗽诊断成功率达85%,重症监护室抢救成功率达91%。

当非典恶魔开始肆虐中国大地时,基础科学工作者和临床医学工作者就立即积极开展了对非典的探究,力图尽快认识并战胜它。其中,探究病原和治病救人是首要的两大重要课题。由于最早的非典病患者出现在广东,作为在广东工作的呼吸病学专家,钟南山立刻被推向一场大战的最前沿。

非典是人类未曾接触过的、有着致命性和高传染性的新疾病。如何治病救人,他们没有任何现成的救治方案和成熟的救治经验可以借鉴,一切全凭医护人员在实践中摸索和研究。抢救工作也非常艰辛、危险,通常抢救一个病人,就会传染两三个医护工作者。眼见身边不断倒下的同事,耳听死神不断临近的

脚步，负责抢救工作的医护人员每天都如同生活在炼狱之中。人们急切盼望正确的治疗方案早日诞生。

一直奋战在抗非典第一线的钟南山根据临床观察和医疗实践的第一手资料，认识到这种疾患的主要致病机理是"肺硬"，是一种急性肺损伤。他确定，治疗方案应以解决"肺硬"问题为基础。

钟南山广博的医学知识和丰富的临床经验在此时发挥了作用，他迅速拿出了一套较为完整的综合治疗方案：当病人感染非典出现轻度低氧血症和呼吸困难时，尽早运用无创通氧疗法；当病人出现高热、干咳、肺组织纤维化症状时，应根据病情轻重缓急，适量使用皮质激素；如果病人因抵抗力降低感染了其他疾病，要注意配合进行抗生素治疗；与此同时，也可进行中西医结合的治疗。

这是一套行之有效的治疗方案，经过反复推敲、完善，得到广东省卫生厅的认可，下达至各省直、市、区、县和驻穗部队医院，成为抗非典过程中在广东省境内起到重要作用的治疗方案。它实现了高治愈率、低死亡率，经统计，广东的死亡率不到5%，成为世界上治疗非典成绩最好的地区。

但是，这种根据实践进行的正确探索遇到了阻力。2003年2月中旬，某基础科学工作者、中国科学院院士、病毒学专家通过对广东的两例尸体标本的电镜观察后，认定"引起广东省部分地区非典型肺炎的病原基本可确定为衣原体"，而衣原体引起的肺炎应采用抗生素治疗。这个结论和相应的治疗方案由权威机构和权威媒体向全国广为传播，显然，钟南山的治疗方案得不到认同。

钟南山坚信他根据临床第一线观察和实验制定出来的治疗方案是符合实际的，是行之有效的，有什么理由要去采用另一种实践证明是错误的治疗方案呢？他铿锵有力地说："这不是一般的学术讨论，是救命问题，假如我们采取错误的治疗方法，我们死的人会更多，这种情况下我们是没有什么选择的。"没有丝毫的犹豫和怯懦，他勇敢地站出来，有理有据地论证不能采用衣原体方案而应沿用既定方案的理由，使广东省卫生厅采纳他的意见。

有朋友悄悄地问他："你就不怕判断失误吗？"钟南山平静地说："科学只能实事求是，不能明哲保身，否则受害的将是患者。"

非典过后，许多人感谢钟南山拯救了他们的生命。广东省卫生厅副厅长黄智琼在接受记者采访时说，广东抗非典能取得阶段性成果，很大程度上得益于钟南山在医疗技术方面独到而正确的见解，他的医疗观点为广东卫生厅行政部门提供了决策依据。

钟南山自始至终保持着一种科学求实的态度。当非典病原体尚未确定时，

第十章 中国特色社会主义的开创与接续发展

他说:"我不知道是什么,但我知道它不是什么。"这恰恰表现出一种知之为知之,不知为不知,决不夸大,也不说过头话的求实精神。其后,他率领广州呼吸疾病研究所攻关,经艰苦探索,在2003年3月18日分离出了冠状病毒,比世界上首次提出非典病原为冠状病毒假说的美国和香港大学早了1个星期,也比世界卫生组织公布冠状病毒为非典病原体的结论早了1个月。事后,当记者问他如何看待事实与权威结论相冲突时,他说了一句足以传世的话:"如果我们看到的这个事实跟权威是不一样的话,我们当然首先尊重事实,而不是尊重权威。"

面对非典疫情突如其来的凶猛袭击,在短时间内探索出致病元凶和有效的治病方案已属不易,在任何情况和压力下都能坚守科学精神和科学立场,就更难能可贵了。钟南山曾向媒体谈过他父亲对他的影响,他说:"爸爸对我治学最大的影响是他搞科研不吹牛,讲话有根据,做到哪步讲哪步,绝不夸大。"家庭影响是重要的,但更重要的是钟南山将这种精神化为了自己的信念和意志,变成了实际行动,他也因此无争议地成为真正具有科学精神的科学家的典范和楷模!

案例出处

吴学东、梁国钊、严建新:《论钟南山精神》,载《自然辩证法通讯》2004年第1期。(有删减)

案例解析

改革开放正在阔步行进的2003年,广东最先出现非典患者,该病致命并且高度传染。探究病原和治病救人是广东亟待解决的两大问题。钟南山作为呼吸病学专家,临危受命,挺身而出,奋战在非典第一线。他迅速拿出一套治疗方案,包括无创通氧、皮质激素、中西医结合等方法。实践是检验真理的唯一标准,事实证明钟南山的判断是准确有效的。实事求是、治病救人是钟南山坚持的信条。在他的方法指引下,群防共治,我们及时解除了非典危机,社会主义现代化建设的步伐稳步发展,并且科学发展。

案例启思

1. 改革开放和现代化建设初期经受了哪些风险和考验?
2. 中国特色社会主义是怎样接续发展的?

219

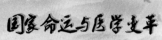

教学建议

在抗击非典的日子里，钟南山成了一名骁勇的战士。他以精湛的医术和坚强的斗志，成了"非典"战场不倒的红旗。他实事求是、勇敢无畏、冒死犯险、力挽狂澜，为抗击非典做出了杰出的贡献。在抗击非典的危急时刻，他能以人民为中心，坚持尊重事实高于尊重权威的求实精神，他勇于直言、敢于坚持真理的胆略和献身精神将永远教育和激励当代人和后来人。本案例适用于第十章中"在新的历史起点上推进中国特色社会主义"相关内容的辅助教学。

案例三　外科之父——裘法祖

 案例

裘法祖（1914—2008），浙江杭州人，中共党员。中国科学院院士、著名外科学家、教授、博士生导师，第三届全国政协委员，第四、五、六、七届全国人大代表。其刀法以精准见长，被医学界称为"裘氏刀法"。2004年，裘法祖院士从医65周年暨90寿辰之际，湖北省政府授予裘老"人民医学家"荣誉称号。

裘法祖是我国器官移植事业的开拓者和奠基人之一。在器官移植领域，1954年，美国波士顿医生默里成功做了第一例同卵双胞胎的肾移植手术，接受者活了8年。1967年12月4日，南非开普敦的巴拿德医师首次成功完成了人类异体心脏移植手术，开辟了器官移植的新纪元。而在中国，迈出器官移植第一步的就是裘法祖。他早在1950年就开始了探索，1958年之后，开始在狗的身上实验。20世纪80年代，他创建了我国第一所器官移植研究所——同济医科大学器官移植研究所，创办了我国第一本器官移植杂志。直到现在，裘法祖主持的肝移植仍然保持着两项全国纪录：例数最多，存活时间最长。

20世纪50年代，裘法祖开创了中国晚期血吸虫病外科治疗，为上百万患者开辟生命之路；70年代，他主持门静脉高压外科治疗，使手术时间缩短3小时，治愈率提高到80%以上，这一成果获首届全国科学大会奖；80年代，他改进的胃大部切除手术，胃肠吻合前先缝扎胃黏膜下层血管，使手术后吻合

第十章 中国特色社会主义的开创与接续发展

口出血大为减少，改变国外切除胃体积75%以上的老规则，切除部分仅稍稍超过50%，术后病人不会发生小胃症状，溃疡又不会复发，远期效果令人满意。

"裘式刀法"技术精湛，在裘法祖近70年的医学生涯中，它是技术上千锤百炼和丰富的经验累积，享有"不多开一刀，不少缝一针"的美誉。其手术操作和手术风格对国内普通外科产生了巨大影响，被公认为是中国外科界的一把宝刀。他操作稳、准、快、细，在不少疑难复杂及再次手术中独具"绝招"。他被称为外科全才，在腹部外科、神经外科、泌尿外科、骨科等领域均有很深造诣。其手术之精准，被誉为"要划破两张纸，下面的第三张一定完好"。

不仅在临床医学上，裘法祖还把大半精力花在了医学教育上。目前国内外科医学的主要教材都是裘老一手策划和组织编写的。他经常说：做人要知足，做事要知不足，做学问要不知足。桃李不言，下自成蹊。至今，裘法祖已培养出三代学术带头人，如国内肝外科专家吴孟超、首创断手再植术成功者之一钱允庆、器官移植专家夏穗生等。他曾言，只有弟子做得更好，这个科学家才是成功的。他主张对青年医师要"大胆放手、具体指导、严格要求"，强调外科医生要"会做、会写、会讲"，是谓"三会"的学风。当然，医术不论高低，医德最重要。裘法祖认为，医生在技术上有高低之分，但医德必须是高尚的。一个好的医生就应该做到急病人之所急，想病人之所想，把病人当作自己的亲人。

2004年，医学泰斗裘法祖院士将他个人多年来获得的各种奖金全部捐赠出来，设立"裘法祖外科医学青年基金"，主要用于奖励在普通外科领域做出突出成绩的45岁以下（含45岁）青年外科医师。该基金于2005年设立后，每年评选、奖励1名至2名中国杰出的外科年轻人才。

2008年5月27日，在裘老去世前的18天，这位94岁高龄的老人一手拄着拐杖，一手举着X光片，为在四川地震中受伤来武汉接受救治的伤患诊断病情的画面，成了那段时间所有人心中最感人的镜头之一。

案例出处

杨新建、魏子柠编著：《中国医魂》，河北人民出版社2014年版，第86页。（有删减）

案例解析

裘法祖从医69年，未错一刀。他从医的69年，正是中国外科扶摇直上的

221

69年。20世纪50年代,他在我国开展分流术和断流术,并创建了"贲门周围血管离断术";60年代,在手术中确诊全世界第一例临床脑血吸虫病,是我国晚期血吸虫病外科治疗的开创者;80年代,在无数次临床实践的基础上筹建起我国第一所器官移植研究所,并建立起全国第一个器官移植病房。他自创的"裘式刀法"点燃患者生命之灯,这套刀法最大的特点是"稳、准、轻、细、快"。他敢为天下先、技术精益求精;悬壶济世,大医大爱;做人知足,做事知不足,做学问不知足。

案例启思

1. 改革开放是如何全面展开的?
2. 医学外科领域是怎样推动社会主义现代化建设事业的?

教学建议

敢为人先的外科泰斗裘法祖,给我们留下了一条医界的大河,一座医界的大山,一座医学外科领域的丰碑。他以严谨的工作作风著称,敢于挑战疑难复杂手术,技术过硬,被称为"外科全才",在腹部外科、神经外科、泌尿外科、骨科等领域均有很深造诣。他经历了新中国成立之前祖国的凄苦与母亲因病去世的不幸,他能以己度人,为病人着想,认为医生手术的失误会让病人付出沉重的代价。在新中国外科领域中,裘法祖一直走在前列,创建了多个第一。他坚持"三足"精神(做人知足,做事知不足,做学问不知足),生活中不骄不矜,平淡自然,技术上实事求是,精益求精,科研领域内永攀科学高峰。他的科学态度、技术特色、道德情操和人格风范影响了几代人。他在改革开放和社会主义现代化建设的新局面中做出了卓越贡献。本案例适用于第十章中"改革开放和现代化建设新局面的展开"相关内容的辅助教学。

第十章　中国特色社会主义的开创与接续发展

▶ 案例四　大医为人——吴孟超

 案例

吴孟超，1922年8月31日生于福建闽清，1949年毕业于上海同济大学医学院。中国科学院院士，中华医学会副会长，中德医学协会副理事长，解放军原总后勤部医科委副主任，《中华医学》（英文版）、《中华外科》等20余种杂志的主编、副主编或编委。曾任第二军医大学副校长等职。现任第二军医大学附属东方肝胆外科医院院长、中国人民解放军肝胆外科研究所所长、原总后勤部专家副组长。当选过中共十四大代表，第七、八、九、十、十一届上海市人大代表。我国肝胆外科主要创始人。最先提出中国人肝脏五叶四段的临床解剖学理论。在国内首创常温下间歇肝门阻断切肝法，率先突破人体中肝叶手术禁区，建立了完整的肝脏海绵状血管瘤和小肝癌的早期诊治体系。发明了肝脏手术及止血的一系列新方法。在肝癌的早诊早治、晚期治疗、肝脏移植以及肝癌的免疫、生物、导向和基因治疗等方面取得重大成果。他主持建立了肝胆外科疾病治疗及研究专科中心，先后获国家、军队和上海市科技进步奖24项；出版《腹部外科手术学图谱》《肝脏外科学》等医学专著19部，发表论文220余篇，多次获国家科技进步奖。1996年被中央军委授予"模范医学专家"称号。曾五次获全军医疗保健特殊贡献奖。2004年获国际肝胆协会杰出成就金奖、英国爱丁堡皇家外科医学院荣誉院士等学术荣誉。2006年获国家最高科学技术奖。2012年初当选"感动中国2011年度人物"。

从1958年起，吴孟超进行了肝脏解剖的研究。在建立人体肝脏灌注腐蚀模型并进行详尽观察研究和外科实践的基础上，创造性地提出了"五叶四段"的解剖学理论；为解决肝脏手术出血这一重要难题，在动物实验和临床探索的基础上，建立了"常温下间歇肝门阻断"的肝脏止血技术；为掌握肝脏术后生化代谢的改变以降低手术死亡率，通过临床和肝脏生化研究，发现了"正常和肝硬化肝脏术后生化代谢规律"，并据此提出了纠正肝癌术后常见的致命性生化代谢紊乱的新策略；为进一步扩大肝脏外科手术适应证，提高肝脏外科治疗水平，他率先成功施行了以中肝叶切除为代表的一系列标志性手术。以上

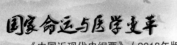

述工作为基础,他创立了独具特色的肝脏外科关键理论和技术,建立了中国肝脏外科的学科体系,并使之逐步发展、壮大。

针对肝癌发现时多晚期、肿瘤巨大且不易切除者居多的特点,吴孟超提出"二期手术"的概念,即对巨大肝癌先经综合治疗,待肿瘤缩小后再进行手术切除,为晚期肝癌的治疗开辟了一条新的治疗途径;针对肝癌术后复发多但又缺乏有效治疗的特点,率先提出"肝癌复发再手术"的观点,显著延长了肝癌患者的生存时间;针对中国肝癌合并肝硬化多、术后极易导致肝功能衰竭的特点,提出肝癌的局部根治性治疗策略,使肝癌外科的疗效和安全性得到有机统一。上述研究使肝癌术后 5 年存活率由 60 年代的 16%,上升到 80 年代的 30.6% 和 90 年代以来的 48.6%,不断丰富和发展了中国的肝脏外科事业。

为了提高中国肝脏外科的科学研究水平,使肝脏外科事业持续、深入地发展,吴孟超院士组建了国际上规模最大的肝脏外科专业研究所,牵头指导了一系列具有国际先进水平的基础研究工作,研制了细胞融合和双特异性单抗修饰两种肿瘤疫苗,发明了携带抗癌基因的增殖性病毒载体等,研究结果发表于《Science》《Nature Med》《Hepatology》《Oncogene》《Cancer Research》等知名学术刊物上。

他创建了世界上规模最大的肝脏疾病研究和诊疗中心,培养了大批高层次专业人才。他领导的学科规模从一个"三人研究小组"发展到目前的三级甲等专科医院和肝胆外科研究所,成为国际上规模最大的肝胆疾病诊疗中心和科研基地;设立吴孟超肝胆外科医学基金,奖励为中国肝胆外科事业做出卓著贡献的杰出人才和创新性研究;培养了大批高层次专门人才。通过他和同行们的共同努力,推动了国内外肝脏外科的发展,多数肝癌外科治疗的理论和技术原创于中国,使中国在该领域的研究和诊治水平居国际领先地位。

同时,吴孟超是一位特别求真的人。他常说:"对待病人来不得半点马虎。我们的工作关系着他们的生命,一定要认真、认真、再认真,精确、精确、再精确。"在他领导的东方肝胆外科医院,绝不允许医生对病人敷衍了事。他著名的"主任查房"就"真"得让医生害怕。查房时,吴孟超的严格近于苛刻,查看医嘱记录单,他用食指一行行指点着,逐字逐句读下去,哪个数据不准确、哪个字迹不清楚都逃不过他的眼睛。病例上错漏一个字,他都会"咚咚咚"地敲桌子,点名批评你粗心。他总爱在学生熟悉的领域找他们的"毛病"。

案例出处

吴孟超主编:《吴孟超院士集》,人民军医出版社 2014 年版。(节选)

第十章 中国特色社会主义的开创与接续发展

张黎总主编：《跨越时代的百位中国科学家》（第2册），科学普及出版社2017版。（节选）

案例解析

吴孟超认为"大医精诚"，所谓大医，即医务工作者既具有科学精神，又具有人文精神。科学精神与人文精神是一体两翼，只有科学精神与人文精神的统一，才能造就真正意义上的健全的医务工作者。求真务实是吴孟超大医的真实写照。他是求真的楷模，实事求是、严谨细致的作风已经化为医生们的习惯。他能勇敢承认自己手术中的失误，想方设法为病人解决问题，保有大医之节；同时能以无尽赤忱善待病人，以赤子之爱对待肝胆外科事业，将自己的一生献给了祖国的医疗事业。

案例启思

1. 中国特色社会主义是怎样开创的？
2. "三个代表"重要思想的科学内涵是什么？

教学建议

吴孟超医生不仅具有精湛的专业技术，同时具备高尚的医德与爱国爱民的情怀。医者仁心，大医精诚，他与患者肝胆相照。在肝胆学领域的研究，他与共和国同步，建立了中国肝脏外科的学科体系，并使之逐步发展、壮大。他为晚期肝癌的治疗开辟了一条新的治疗途径，建立了世界上规模最大的肝脏疾病研究和诊疗中心，使中国在肝胆领域的研究和诊治水平居国际领先地位。他在医学领域内推动了中国的改革开放和现代化建设。他践行实事求是，认为科学来不得半点虚假，失真造假、欺世骗人是不能容忍的。他认为实事求是、讲诚信是对医生的基本要求，医院中不能给造假医生任何容身之地。吴孟超医生成为现代化建设的一座丰碑，是现代化建设中"两手抓，两手都硬"的楷模。本案例适用于第十章中"中国特色社会主义事业的跨世纪发展"相关内容的辅助教学。

第十一章 中国特色社会主义进入新时代

▶ 案例一 健康中国战略

案例

"健康中国战略"是习近平总书记于2017年10月18日在党的十九大报告中提出的治国理政方针理论。国民健康是国家可持续发展能力的重要标志,健康日益成为国际社会的重要议题。党的十八大以来,以习近平同志为核心的党中央把全民健康作为全面小康的重要基础,强调把人民健康放在优先发展的战略位置,从经济社会发展全局统筹谋划,加快推进"健康中国"建设。从党的十八届五中全会做出"推进健康中国建设"的重大决策,到隆重召开新世纪第一次全国卫生与健康大会,开启健康中国建设新征程;从印发建设健康中国的行动纲领——《"健康中国2030"规划纲要》,到党的十九大提出"实施健康中国战略",以人民为中心,加快健康中国建设的指导思想、顶层设计和实施路径一步步深化、系统化、具体化。

其实,"健康中国"战略已酝酿多年。早在2007年中国科协年会上,时任卫生部部长陈竺即公布了"健康护小康,小康看健康"的"三步走"战略。2012年8月,卫生部组织数百名专家讨论,最终形成《"健康中国2020"战略研究报告》。报告提出,到2020年,完善覆盖城乡居民的基本医疗卫生制度,实现人人享有基本医疗卫生服务,医疗保障水平不断提高,卫生服务利用明显改善,地区间人群健康差异进一步缩小,国民健康水平达到中等发达国家水平。值得关注的是,"健康中国"概念在2015年全国"两会"期间再次亮相,并在2015年9月进入战略编制工作。李克强总理在《政府工作报告》中

强调:"健康是群众的基本需求,要不断提高医疗卫生水平,打造健康中国。"

党的十八届五中全会指出,推进健康中国建设,深化医药卫生体制改革,理顺药品价格,实行医疗、医保、医药联动,建立覆盖城乡的基本医疗卫生制度和现代医院管理制度,实施食品安全战略。具体来讲,党的十八届五中全会通过的《中共中央关于制定国民经济和社会发展第十三个五年规划的建议》(以下简称《建议》)对"十三五"时期如何推进健康中国建设提出以下几点要求。

一是深化医药卫生体制改革,实行医疗、医保、医药联动,推进医药分开,实行分级诊疗,建立覆盖城乡的基本医疗卫生制度和现代医院管理制度。全面推进公立医院综合改革,坚持公益属性,破除逐利机制,建立符合医疗行业特点的人事薪酬制度。优化医疗卫生机构布局,健全上下联动、衔接互补的医疗服务体系,完善基层医疗服务模式,发展远程医疗。促进医疗资源向基层、农村流动,推进全科医生、家庭医生、急需领域医疗服务能力提高、电子健康档案等工作。鼓励社会力量兴办健康服务业,推进非营利性民营医院和公立医院同等待遇。加强医疗质量监管,完善纠纷调解机制,构建和谐医患关系。

二是健全全民医保体系,完善筹资机制和管理服务。全面实施城乡居民大病保险制度,健全重特大疾病保障机制,深化医保支付制度改革,大力发展商业健康保险。

三是坚持中西医并重,促进中医药、民族医药发展。完善基本药物制度,健全药品供应保障机制,理顺药品价格,增加艾滋病防治等特殊药物免费供给。提高药品质量,确保用药安全。加强传染病、慢性病、地方病等重大疾病综合防治和职业病危害防治,通过多种方式降低大病慢性病医疗费用。倡导健康生活方式,加强心理健康服务。大力发展社会办医。进一步完善社会办医政策,加强监督管理,规范服务行为。

四是健全药品供应保障机制。落实公立医院药品集中采购办法,深化药品生产流通领域改革,积极推进药品价格改革,保障药品供应配送,完善创新药和医疗器械评审制度等。

五是完善分级诊疗体系。提升基层服务能力和加快建立基层首诊、双向转诊制度。

六是深化基层医疗卫生机构综合改革。调动基层积极性,加强乡村医生队伍建设,加快促进基本公共卫生服务均等化。

七是统筹推进各项配套改革。推进卫生信息化建设,加强卫生人才队伍建设,健全医药卫生监管体制等有关工作。

八是实施食品安全战略,形成严密高效、社会共治的食品安全治理体系,让人民群众吃得放心。

除了《建议》提出的要求之外,推进健康中国建设还应包括疾病的预防问题。健康不是孤立的,除了有病治病,还包括无病早防,包括人们健康意识的养成,而这些,已经超出了医药卫生领域的范畴。因此健康中国不是孤立的,除了解决好"看病难""看病贵",还要以人的健康为中心绸缪布局,与经济社会发展的一系列政策融合并进,通过综合性的政策举措,实现健康发展目标。比如,社会保障相关政策的公平与可持续,收入分配机制的进一步完善,消费新增长点的打造,生态环境的治理改善,等等。

案例出处

本书编写组:《提问"十三五"》,中国计划出版社2015年版,第136页。(有删减)

案例解析

健康是人民最具普遍意义的美好生活需要,而疾病医疗、食品安全、生态环境污染等则是民生的后顾之忧。将健康中国建设提升至国家战略地位是国家治理理念与国家发展目标的升华,有助于促使关注健康、促进健康成为国家、社会、个人及家庭的共同责任与行动。当健康中国成为各方共识时,才能激发国家、社会与家庭凝聚共识,为共同的目标而努力。综合落实全民医保,全民治理食品药品安全及环境污染等是我们的一项长期任务。

案例启思

1. 如何认识习近平新时代中国特色社会主义思想的历史地位?
2. 健康中国战略的具体内涵是什么?

教学建议

健康是一切生活的根本,无健康则无美好的生活。"人民健康是民族昌盛和国家富强的重要标志",健康关系着国家的发展、社会的和谐、家庭的美满、人民的幸福。健康中国战略是新时代一项重要举措。本案例适用于第十一章中"开拓中国特色社会主义更为广阔的发展前景"相关内容的辅助教学。

第十一章 中国特色社会主义进入新时代

▶ 案例二 改革开放四十年中的计划生育工作

 案例

改革开放的四十年也是计划生育写入宪法四十周年。四十年来，计划生育工作取得了举世瞩目的成就，人口过快增长得到有效控制，人口对资源环境的压力有效缓解，有力促进了经济发展、社会进步和民生改善。为现代化建设提供了重要保障和基础性支撑，为全面建成小康社会奠定了坚实基础。

改革开放前的计划生育政策虽然列入国家计划，但主要是避孕宣传和节育指导，人口数量增长势头强劲。为此，1980年，中共中央发出《关于控制我国人口增长问题致全体共产党员、共青团员的公开信》，提倡一对夫妇只生育一个孩子。1982年9月，党的十二大确定"实行计划生育，是我国的一项基本国策"。同年12月，全国人大通过的《中华人民共和国宪法》明确规定，"国家推行计划生育，使人口的增长同经济和社会发展计划相适应"。

在当时经济社会的状况下，严格的独生子女政策与农村落后的生产力发展水平不相适应，也与联产承包责任制对多生育孩子的内在需求相矛盾。没有区分城市与农村的差异，政策推进十分困难。1984年，生育政策调整完善，首次对计划生育政策进行了分城乡、分地区、分汉族和少数民族的解释，为后来计划生育工作在农村推行奠定了重要的政策基础。20世纪90年代初，各地将经过一段实践证明是"群众满意、干部好做工作"的计划生育政策陆续以地方法规的形式固定下来，逐渐形成了城乡有别，分民族、分区域的多层次的计划生育政策体系。

1991年，中共中央国务院首次召开计划生育工作座谈会，强调各级党政一把手要亲自抓，负总责，并做出《关于加强计划生育工作 严格控制人口增长的决定》。这一时期，计划生育工作吸收国际生殖健康理念，推行"优质服务"，极大地改善了国际形象；同时，主动适应市场经济环境，建立利益导向与社会制约相结合的工作机制，探索"扶贫开发与计划生育相结合"，落实以宣传教育、避孕节育、经常性工作为主的"三为主"方针，推广计划生育工作与发展经济、帮助农民勤劳致富奔小康、建立文明幸福家庭的"三结合"

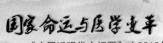

国家命运与医学变革

——《中国近现代史纲要》（2018年版）教学案例集

经验，有效促进了人口与经济社会协调发展。

进入21世纪，我国人口惯性增长趋缓，党中央国务院做出《关于加强人口与计划生育工作 稳定低生育水平的决定》。2001年，《人口与计划生育法》颁布，首次以法律的形式确立了计划生育作为基本国策的地位，将计划生育工作纳入法制轨道。2003年，国家计划生育委员会更名为国家人口和计划生育委员会，国家人口政策转向促进人口长期均衡发展和人口与经济社会资源环境协调发展。2006年，中共中央国务院做出《关于全面加强人口和计划生育工作 统筹解决人口问题的决定》，成为中国特色统筹解决人口问题政策的标志。

随着市场经济体制改革的深入，计划生育工作的方式方法不断完善。计划生育家庭奖励扶助制度、西部地区开展"少生快富"工程、计划生育特殊扶助制度等三项基本制度逐步建立，彻底改变了通过事后处罚控制人口增长的思路，探索了在市场经济条件下，引导人们少生优生的工作机制。人口总量低速惯性增长的态势、丰富的劳动力资源、较低的抚养水平与我国经济体制改革相结合，产生巨大的人口红利，促进了我国经济起飞和社会事业的全面发展。

随着经济社会发展，人们的生育意愿不断降低，低生育水平保持稳定，生育政策迎来重大调整的时机。2013年11月，《中共中央关于全面深化改革若干重大问题的决定》提出启动实施一方是独生子女的夫妇可生育两个孩子的政策。2014年，"单独两孩"政策开始在全国实施。2015年10月，党的十八届五中全会又进一步提出全面实施一对夫妇可生育两个孩子的政策；12月，全国人大修订《人口与计划生育法》，提倡一对夫妻生育两个孩子，自2016年1月1日起施行。各地取消一孩、二孩生育审批，实施生育备案制度，增加产假等福利，鼓励家庭按政策生育。

展望未来，计划生育政策将不断调整完善。在以人民为中心发展理念的指导下，国家将更加重视人的全面发展，更加重视家庭和谐幸福，不断完善相关经济社会政策，促进人口长期均衡发展。

案例出处

贺丹：《改革开放四十年中的计划生育工作》，载《人口与计划生育》2018年第10期。（有删减）

案例解析

计划生育政策，即按人口政策有计划地生育，它曾是我国的一项基本国策。其遵循的客观规律是，使人口的增长必须与经济社会发展及资源环境相适应，这也是社会发展的客观需要。中华人民共和国成立初期，党和政府大力支持人口的生育，为社会生产力的发展提供充足的劳动力，但人口的快速增长影响到了社会资源的配备。故而国家实施计划生育政策，使得人口规模得到了有效的控制，在一定程度上缓解了人与自然的矛盾，促进了我国经济稳定的发展。进入当代以来，党和政府提出了"单独二孩"政策、"全面二孩"政策，以缓解生育水平过低的问题。

案例启思

2013年11月，《中共中央关于全面深化改革若干重大问题的决定》提出启动实施一方是独生子女的夫妇可生育两个孩子的政策。2015年10月，党的十八届五中全会又进一步提出全面实施一对夫妇可生育两个孩子政策。为何党和国家要全面深化改革计划生育政策？

教学建议

计划生育政策作为国家公共政策的重要组成部分，它的调整关系到每个公民的利益，也关系到国家未来的发展。大学生对人口生育政策的调整、"全面二孩"政策的实施也比较关注，同时涉及大学生能否客观评价党的人口生育政策的问题。因此，可以选取这一问题与第十一章中"协调推进'四个全面'战略布局"的相关内容进行关联讲解。

案例三　屠呦呦用一株小草改变世界

案例

"青蒿素是传统中医药送给世界人民的礼物。"

中国中医科学院研究员屠呦呦获得2015年诺贝尔生理学或医学奖。一时间，各大新闻网站、朋友圈被这位85岁的老太太刷屏了。外界热闹，她却出人意料的平静。"青蒿素的发现，是中药集体发掘的成功范例，由此获奖是中国科学事业、中医中药走向世界的一个荣誉。"

"恭喜屠呦呦，恭喜中国！"

2015年10月5日上午10时，瑞典卡罗琳医学院的诺贝尔大厅挤满了来自

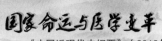

世界各国的记者。11时30分,诺贝尔生理学或医学奖评委会常务秘书乌尔班·林达尔和3位评委进入诺贝尔大厅。林达尔先后用瑞典语、英语宣布,将2015年诺贝尔生理学或医学奖的一半授予中国药学家屠呦呦,另外一半授予爱尔兰科学家威廉·坎贝尔和日本科学家大村智。屠呦呦的获奖理由是"有关疟疾新疗法的发现"。在林达尔宣布的同时,大屏幕上出现的照片和简介,让世界认识了这位来自中国的科学家。照片中,屠呦呦戴着眼镜,嘴角微微带笑,简介中写着:生于1930年,中国中医科学院,北京,中国。

接着,评委们介绍了获奖科学家的贡献:屠呦呦发现了青蒿素——一种可以显著降低疟疾患者死亡率的药物。在20世纪60年代末,常用于治疗疟疾的药物——通氯喹或奎宁已经失效,但疟疾患者却在持续增加。那时,中国的屠呦呦将目光转向了传统中草药学,并发现了植物青蒿中的提取物有疗效。屠呦呦翻阅典籍,找到提取的办法,并将该物质命名为青蒿素。青蒿素代表了一种新型的抗疟载体,能够在疟疾寄生虫发展的早期就迅速杀死它们,因此在治疗严重疟疾方面产生了前所未有的疗效。

诺贝尔生理学或医学奖评委让·安德森在接受本报专访时表达了祝贺:"恭喜屠呦呦,恭喜中国!这是诺贝尔医学奖历史上首次奖励寄生虫疾病的治疗领域。因为这3位科学家的贡献,千百万人得到了对症治疗的药物,这具有里程碑式的意义。"

屠呦呦是诺贝尔生理学或医学奖首位中国得主,也是该奖项的第十二位女性得主。"因疟疾死亡的人每年可以达到两亿人,她以惊人的毅力发现青蒿素,是第一个证实青蒿素可以在动物体和人体内有效抵抗疟疾的科学家。青蒿素可以将受疟疾感染的死亡率下降20%,她的研发对人类的生命健康贡献突出。她的研究跟所有其他科研成果都不同,为科研人员打开了一扇崭新的窗户。"安德森说,"中医关于中草药有着丰富的知识,而西方科学家可以从分子生物学的角度对中草药进行分析提炼。屠呦呦既有中医学知识,也了解药理学和化学,她完美地把这些结合在一起。因此东西方医学研究携手合作,会得到丰硕成果。"

1971年10月4日,一双双眼睛紧张地盯着191号青蒿提取物样品,等待抗疟实验的最后成果。随着检测结果的揭晓,实验室沸腾了:该样品对疟原虫的抑制率达到了100%!44年后的2015年10月5日,屠呦呦收获了诺贝尔奖。

青蒿,南北方都很常见的一种植物,郁郁葱葱地长在山野里,外表朴实无华,却内蕴治病救人的魔力。屠呦呦正是用一株小草改变了世界。

屠呦呦的名字出自《诗经》"呦呦鹿鸣,食野之蒿",是父亲起的;当时,

第十一章 中国特色社会主义进入新时代

并没人预料到诗句中的那株野草会改变这个女孩的一生。

1930年底,屠呦呦出生在浙江宁波。她是家里5个孩子中唯一的女孩。作为一名生物制药专业的学生,屠呦呦考入北京大学医学院时,就和植物等天然药物的研发应用结下不解之缘。1955年进入中医研究院(现为中国中医科学院),除参加过为期两年半的"西医离职学习中医班",她几乎没有长时间离开过东直门附近的那座小楼。1969年,屠呦呦所在的中医研究院接到了一个"中草药抗疟"的研发任务,那是一个不小的军事计划的一部分,代号523。39岁的屠呦呦临危受命,开始征服疟疾的艰难历程。

从1969年1月开始,历经380多次实验、190多个样品、2000多张卡片,屠呦呦和课题组以鼠疟原虫为模型,发现青蒿物对鼠疟原虫的抑制率可达68%。但是,后续的实验结果显示,青蒿物对鼠疟原虫的抑制率只有12%~40%。屠呦呦分析,抑制率上不去的原因,可能是提取物中有效成分浓度过低。

为什么在实验室里,青蒿物不能很有效地抑制疟疾呢?是提取方法有问题,还是做实验的老鼠有问题?屠呦呦心有不甘,她重新把古代文献搬了出来,细细翻查。有一天,东晋葛洪《肘后备急方》中的几句话吸引了屠呦呦的目光:"青蒿一握,以水二升渍,绞取汁,尽服之。"为什么这和中药常用的煎熬法不同?原来里面用的是青蒿鲜汁!

"温度!这两者的差别是温度!很有可能在高温的情况下,青蒿的有效成分就被破坏掉了。如此说来,以前进行实验的方法都错了。"屠呦呦立即改用沸点较低的乙醚进行实验,终于发现了青蒿素。从12%到100%,用乙醚提取青蒿素,这个看似简单的提取过程,却弥足珍贵。

那一幕,屠呦呦记忆犹新:"太高兴了!千千万万人的生命得以挽救,这是最值得欣慰的事情。青蒿素是属于我们中国的发明成果,而且是从中医药里集成发掘的,是中医药造福人类的体现。我们倍感自豪。"此后,屠呦呦并未止步,1992年,针对青蒿素成本高、对疟疾难以根治等缺点,她又发明出双氢青蒿素这一抗疟疗效为前者10倍的"升级版"。

2011年9月,屠呦呦获得有"诺贝尔奖风向标"之誉的拉斯克奖。这项荣誉属于中国科学家群体。"科学研究不是为了争名争利。"她说,那时候大家工作都很努力,工资待遇挺低的,但大家也不考虑这些,自觉来加班,争取快速推进工作。

中国中医科学院中药研究所原所长姜廷良研究员说,在做青蒿素动物实验时,曾发现一次性转氨酶升高等现象。屠呦呦和她的两位同事决定亲自试服,证实了药物安全,然后才投入临床给病人服用。当时的科研条件简陋,环境差，盛放乙醚浸泡青蒿的大缸，时时发出刺鼻的气味……后来，屠呦呦得了中毒性肝炎。

屠呦呦自己也没想到，40多年后，青蒿素研究能被国际认可。"您的获奖，是中国科学界的骄傲，我相信，这必将激励更多的中国科学家不断攀登世界科学高峰，为人类文明和人民福祉做出更多更大的贡献。"中国科学院院长白春礼在贺信中说。"我们应该学习屠呦呦研究员这种埋头苦干、潜心钻研、坚韧不拔、持之以恒的工作作风，去掉浮躁、淡泊名利，始终围绕科学目标脚踏实地勤奋工作。"中国中医科学院院长张伯礼说。

国家卫生计生委、国家中医药管理局在贺辞中称，屠呦呦的获奖表明了国际医学界对中国医学研究的深切关注，表明了中医药对维护人类健康的深刻意义，展现了中国科学家的学术精神和创新能力，是中国医药卫生界的骄傲。

"这是中医中药走向世界的一项荣誉。"屠呦呦说，"它属于科研团队中的每一个人，属于中国科学家群体。"屠呦呦强调，中医中药是一个伟大的宝库，经过继承、创新、发扬，它的精华能更好地被世人认识，能为世界医学做出更大的贡献。我们中国人的成果被国际认可，关键是真正解决了问题，挽救了许多生命。用现代科学手段不断认识中医药，这是我们这一代和下一代科研工作者的责任。

🔘 案例出处

王君平、刘仲华、吴月辉：《屠呦呦：打开一扇崭新的窗户》，载《人民日报》2015年10月6日第04版。（有删减）

🔘 案例解析

青蒿与青蒿素，一字之差，相去甚远。青蒿是中药，青蒿素是西药。但是从青蒿到青蒿素，是一条血脉相连、无法割断的创新链。屠呦呦团队既吸收了中医的精华，也运用了西医的智慧。科学的通途有很多走法，无论头衔和身份、领域和方法，"科学家"才是唯一的、纯粹的标签。屠呦呦的成功，偶然之中有必然，正是"梅花香自苦寒来"的写照。新时代，中国在强国征程中，仍需要"历经苦寒"的科学家持续付出，致力于为中国特色现代化事业做奉献。

🔘 案例启思

1. 党的十八大以来，党和国家事业发生怎样的历史性变革？意义是什么？
2. 中国特色社会主义进入新时代，我国创新驱动发展战略的内涵是什么？

第十一章　中国特色社会主义进入新时代

🎤 教学建议

屠呦呦发现了青蒿素，为世界带来了一种全新的抗疟药。她也因此获得诺贝尔生理学或医学奖，这是中国医学界迄今为止获得的最高奖项，也是中医药成果获得的最高奖项。屠呦呦的成功源自她坚持不懈的努力、持之以恒的付出、淡泊名利的心态，这正是优秀科学家的品质，也是当代青年科技工作者的榜样。本案例适用于第十一章中"夺取新时代中国特色社会主义伟大胜利"相关内容的辅助教学。

▶ 案例四　不凡医者——侯凡凡

案例

侯凡凡，女，1950 年 10 月出生，中国科学院院士，南方医科大学南方医院肾内科主任、教授、博士生导师，中国人民解放军肾脏病研究所所长。

1996 年，侯凡凡进入美国哈佛大学医学院学习；1998 年回国后担任了第一军医大学第一附属医院全军肾脏病中心主任；1999 年任解放军肾脏病研究所所长；2003 年获解放军总后勤部"科技金星"称号；2009 年 12 月当选为中国科学院院士；2011 年 2 月被全国妇联授予全国三八红旗手标兵荣誉称号；2012 年当选中国共产党第十八次全国代表大会代表，同年当选发展中国家科学院院士。侯凡凡长期从事防治慢性肾脏病的研究，是国际 AGE 协研会执行委员，香港肾脏教育基金会客座教授，中华肾脏病学会常委，全军肾脏病学会副主委，《J NEPHROL》《中华肾脏病》《中华内科杂志》等 11 家国内外期刊副主编或常务编委；中华肾脏病学会常务理事；香港肾脏教育研究基金会客座教授等学术职务和 14 家国内外期刊的栏目主编、副主编或编委；曾主持国家自然科学基金重点项目 1 项、面上项目 5 项，省部级重点基金 3 项；发表论著 292 篇，多次在国际肾脏病学会、美国肾脏病学会等国际学会获奖；获省部级以上科技一等奖 4 项、二等奖 4 项。

1990 年，侯凡凡凭借主任医师的资格考上中山医科大学，攻读博士，但攻读博士，要先读硕士。当时已经 40 岁的侯凡凡早已过了国家规定读硕士的

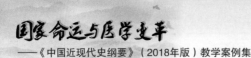

35岁最高年龄,因为身在改革开放前沿的广东省,政策比较好,学校破格录取了她。回忆这段经历时,侯凡凡很感激广东的好政策和好的人才培养环境,这给了她深造的机会。

虽然是破格录取,但并不意味着可以"跳"过硕士的相关课程,因此在三年间,要把硕士、博士课程一起读完,全部通过考核,才能真正毕业。"当时所有的心思都在学习上,一门心思地学习,压力真的很大,也很累,根本就没有精力管其他。"侯凡凡谈到当时的经历,脸上流露出的却是无比坚毅的表情。

因为在读博士之前都有进行一些相关的研究,进入研究生的学习后,侯凡凡的研究工作相对比较轻松。在完成博士课题研究后,共有10篇论文发表,其中博士研究的课题——《Tamm—Horsfall蛋白在肾小管间质性肾炎免疫发病机理中的作用》还获得国家教委的科技进步一等奖。

在三年的拼搏学习中,侯凡凡获得4个"最":年龄最大,职称最高,学位最低,成绩最好。在毕业之际,时任中山医科大学校长说:"希望将来的博士生都能像侯凡凡一样。"她治学严谨,曾教导学生:"科学界只有第一,没有第二。要做就要做到最好。如果你们只是为了混个学位,那劝你们尽早撤离,我们要培养的是具有创新性思维并对科研真正热爱的人才。"她始终心系病患,她说:"评上院士是国家对我工作最大的肯定,但院士不是万能的,不可能什么都懂。评上院士后的事情太多太繁杂,我可是一名医生啊,有很多的病患在等着我看病啊,他们心急一刻我忧心一天。""既然当了医生,就得当位好医生。"这是侯院士的行医格言。

侯凡凡在临床第一线从事医疗工作40多年。她要求身边的医护人员奉行两条铁律。

其一,绝对不允许对病人发脾气,不管病人是否有理。对此,科室的年轻医生起初很不理解。侯凡凡开解他们说:"病人的心理状态与健康人不一样,很焦虑,而且不懂医学知识。绝大多数病人都不是特意来跟医生吵架的,因此一定要尽可能地对他们进行解释,尽可能耐心。"

在她任内,肾内科形成了一套说服程序:如果病人不接受医生的解释,就由上级医生出面劝说,直至病人冷静下来。从1989年至今,南方医院肾内科没有一起医疗纠纷,保持着20年"零投诉的纪录"。

其二,不能把行医当作牟利,不该用的药不能用,尤其是不能乱用抗生素进行预防性治疗。如今一些医生为避免与病人争吵,愿意按病人要求开药,侯凡凡却坚决拒绝病人不合理的"点药"行为。有一次,一位已在外院透析一年的患者来到肾内科,请求侯凡凡替他修复已经堵塞的血管内瘘,以便他继续接受血液透析。侯教授没有贸然答应他的要求,而是做了认真检查,结果发现引起患者肾功能衰退的病因是肾结核,若对症治疗,患者完全可以不用透析。

当她把这一诊断结果告诉病人时,病人一脸疑惑,甚至责怪她不负责任。侯凡凡恳切地对病人说:"我可以为你继续透析,但是你想想,我们为什么到手的钱不赚而要你选择药物治疗?因为你不需要透析!"一个月后,这位病人健步走出肾内科,甩掉了透析的"包袱",重返工作岗位。

侯凡凡深切体会到,为病人提供最经济的治疗方案,不仅是对患者的关爱,也是对国家医疗卫生体制改革的支持。在 2006 年卫生部医院管理年活动检查中,南方医院肾内科被评为"患者满意度最高、抗生素使用控制最严格、医保付费患者自费率最低"的科室。

凭借自己高超的医术和高洁的医风,她在患者中赢得了很高信誉和威望。到她"著名专家门诊"就诊的患者有一半来自省外各地以及中国港澳台地区和美国、澳大利亚等国家。2009 年,侯凡凡当选为中国科学院院士。当被问及如何处理院士和医生的关系时,侯凡凡笑答:"院士只是一种荣誉,我还是要当好一个医生。做院士不是原始动力!如果说为了得诺贝尔奖去做科研是很危险的;而为了发表论文去做临床研究的话,就更加危险!"

案例出处

侯凡凡主编:《侯凡凡院士集》,人民军医出版社 2014 年版。(节选)

案例解析

侯凡凡的成功,源于她敢拼敢闯、不懈努力、不断进取。从养猪女兵到工农兵学员,40 岁读博士,45 岁留学哈佛,59 岁当选中国科学院院士。她的当选改变了广东连续 8 年没有女院士的局面。侯凡凡率领团队一直努力攻关,科研一丝不苟、精益求精,一个结果经过多次的实验验证才使用,一篇论文经过反复修改方出稿。她的一项项研究成果被国际誉为"改变了慢性肾脏病治疗的策略"。正是设身处地地为患者着想,从未与患者发生医患纠纷,她入选"全国医患和谐典型人物"。她敢闯敢干和务实拼搏的精神正是广东精神的体现,她的事业与广东大地紧密相连。

案例启思

1. 怎样认识中国特色社会主义进入新时代我国社会主要矛盾的新变化?
2. 改革开放以来,广东发挥了什么作用?启示是什么?

教学建议

在新时代改革开放的征程中,广东继续探索攻关改革难题,弘扬广东精神。实现国家富强、民族振兴、人民幸福,是亿万中华儿女的共同梦想。本案例适用于第十一章中"党和国家事业的历史性成就和历史性变革"相关内容的辅助教学。

后　　记

《国家命运与医学变革——〈中国近现代史纲要〉（2018年版）教学案例集》是为了配合医学类院校本科生的《中国近现代史纲要》教学工作而编写的。全书以医学人物和医学变革的重要事件为素材，回顾了鸦片战争以来中国近现代历史的进程，展现了社会变革对医学发展的深远影响，特别是中国共产党领导中国人民进行革命、建设和改革对事关人民生命安全和身体健康的医疗事业的推动。另外，通过重要医学人物对中国近代医学发展及国家出路的探索，呈现了近代医学领域的仁人志士为争取民族独立、人民解放和实现国家富强、人民富裕的奋斗历程。同时，本案例集还关注自近代以来中西医学及其文化的交流、碰撞和融合过程，辩证分析中西医学之争的社会环境和文化因素，正确认识文化传统，树立文化自信。

本书选题紧密结合本科院校医学生的实际，注重通过中国近现代历史上的医学案例，激发医学专业学生对本门课程的学习兴趣，以权威性的资料和深入浅出的案例解析，助力《中国近现代史纲要》的教学实效性，具有重要的现实意义。同时，本书结合教材教学体系，融入与中国近现代医学发展相关的内容，旨在提高课程教学的针对性，为实现教材体系内容向教学体系的有效转化进行了有益尝试。本书立足于马克思主义理论和中国近现代历史，案例史料的选择和编辑均力求突出权威性、可读性和科学性，有利于培养学生的历史思维和树立正确的历史观。

本教学案例集的编写分工如下：何火萍（综述、第一章、第二章）、朱文哲（第三章、第四章）、毛圣泰（第五章、第六章、第七章）、党彦虹（第八章、第九章、第十章、第十一章）。